OS LIVRES PODEM SER IGUAIS?

OS LIVRES PODEM SER IGUAIS?
Liberalismo e Direito

Fábio Ulhoa Coelho

Copyright © 2022, Editora WMF Martins Fontes Ltda.,
São Paulo, para a presente edição.

Todos os direitos reservados. Este livro não pode ser reproduzido, no todo ou em parte, armazenado em sistemas eletrônicos recuperáveis nem transmitido por nenhuma forma ou meio eletrônico, mecânico ou outros, sem a prévia autorização por escrito do editor.

1ª edição 2022

Acompanhamento editorial
Márcia Leme
Preparação de texto
Márcia Leme
Revisão
Sandra Regina de Souza
Ana Maria Barbosa
Edição de arte
Gisleine Scandiuzzi
Produção gráfica
Geraldo Alves
Paginação
Renato Carbone

Dados Internacionais de Catalogação na Publicação (CIP)
(Câmara Brasileira do Livro, SP, Brasil)

Coelho, Fábio Ulhoa
  Os livros podem ser iguais? : liberalismo e direito / Fábio Ulhoa Coelho. – São Paulo, SP : Editora WMF Martins Fontes, 2022.

  Bibliografia.
  ISBN 978-85-469-0354-2

  1. Direito 2. Desigualdade 3. Igualdade 4. Liberdade 5. Liberalismo I. Título.

22-97956   CDU-340.12

Índices para catálogo sistemático:
1. Liberalismo e Direito   340.12

Eliete Marques da Silva – Bibliotecária – CRB-8/9380

Todos os direitos desta edição reservados à
Editora WMF Martins Fontes Ltda.
Rua Prof. Laerte Ramos de Carvalho, 133 01325-030 São Paulo SP Brasil
Tel. (11) 3293-8150 e-mail: info@wmfmartinsfontes.com.br
http://www.wmfmartinsfontes.com.br

Sumário

Apresentação ix

1. Liberdade e igualdade 1
2. Liberdade e desigualdade 43
3. Poder e desigualdade 99
4. Poder e igualdade 149
5. Livres e iguais 203

Bibliografia 243

Dedico a três grandes e generosos amigos
Ana Frazão
Rodrigo Monteiro de Castro
Sérgio Campinho

Apresentação

Este livro é sobre uma ideia – a de que os *livros não podem ser iguais*.

Nela, a liberdade é defendida como um valor supremo, que deve prevalecer sempre, mesmo que isso torne as pessoas cada vez mais desiguais. Não se poderia nunca limitar a liberdade, nem mesmo para promover a igualdade. Um sistema de cotas de ingresso nas universidades públicas combate desigualdades, ao possibilitar o acesso ao ensino superior a determinadas categorias de pessoas (as oriundas do ensino público, por exemplo); mas ele restringe a liberdade dos candidatos excluídos da cota por reduzir a quantidade de vagas pelas quais eles podem concorrer. Uma bem-vinda ação afirmativa desse tipo é fortemente repudiada por quem considera a liberdade um valor intocável.

Muita gente se entusiasmou pela ideia da supremacia da liberdade quando teve fim a experiência soviética de planificação econômica, simbolizada pela queda do Muro de Berlim, em 1989. A partir de então e por quase duas décadas, o neoliberalismo e o Estado mínimo se espraiaram como as premissas mais consistentes da organização econômica. O entusiasmo se arrefeceu após a crise de 2008, a segunda maior depressão do capitalismo. De um lado, viu-se a falta que fez uma regulamentação bancária eficiente; de outro, assistiu-se ao enorme socorro, dado com o dinheiro dos contribuintes, a vários bancos responsáveis pela crise. A indignação foi geral: o Estado é um espectador omisso na hora de impedir alavancagens irresponsáveis, mas é um pródigo benfeitor quando se trata de salvar banqueiros e administradores de banco? Ele fica mínimo ou se torna máximo apenas para proteger os interesses dos poderosos?

Encontramos a ideia *os livres não podem ser iguais* no núcleo do "liberalismo", uma corrente de pensamento com forte influência em determinadas questões jurídicas, principalmente em áreas como direito constitucional, administrativo, econômico e comercial. O objetivo deste livro é discutir a pertinência dessa ideia.

Estrutura

O livro se estrutura em quatro capítulos e uma conclusão, além desta apresentação. Os títulos dos capítulos foram escolhidos com base em combinações entre a "liberdade" e a "igualdade" e seus opostos, o "poder" e a "desigualdade".

No capítulo 1, chamado "Liberdade e igualdade", apresento o liberalismo como uma tradição de pensamento *construída* a partir dos escritos de John Locke em defesa da monarquia constitucional em face da absolutista. Os inimigos da liberdade identificados pelos liberais mudaram e dois deles são os mais importantes: os marxistas até 1989 e os burocratas do Estado, desde então. Vê-se também nesse capítulo que o "homem livre" que o liberalismo quer proteger é um axioma, isto é, uma premissa cuja existência não se discute nem se precisa comprovar; é, assim, uma pura abstração, sem correspondência na realidade.

O capítulo 2, com o título de "Liberdade e desigualdade", mostra como não era universal a igualdade proclamada nas revoluções Americana (1776) e Francesa (1789). Iguais eram apenas os homens brancos, letrados e proprietários, dando continuidade ao que vinha acontecendo desde a Antiguidade greco-romana. Na essência, isto é, na exclusão da maioria das pessoas, não se diferencia a liberdade dos antigos da dos modernos. Até mesmo na Revolução

APRESENTAÇÃO

Haitiana (1791-1825), a igualdade não era para todos e excluiu as mulheres da vida política.

Intitulado "Poder e desigualdade", o capítulo 3 fala do giro conceitual do liberalismo em reação à Revolução Russa (1917) e no contexto da Grande Depressão (anos 1930), em que ele deixa de ter o foco nas liberdades políticas e se volta às liberdades econômicas. Se antes lutava por um regime representativo de liberdade política, acreditando que a liberdade econômica seria uma decorrência natural, agora, bate-se pela liberdade econômica, porque, com ela, não seria necessário um Estado agigantado constrangedor das liberdades políticas. Nesse capítulo conheceremos a história do lápis dos Friedmans.

Por fim, o capítulo 4 ostenta o título "Poder e igualdade". Aqui, mostra-se como o Estado não tem um tamanho mensurável pela ciência ou definível pelas discussões ideológicas. Ele é, na verdade, o gestor do capitalismo, isto é, de suas crises periódicas e injustiças permanentes. Deve constantemente aumentar ou diminuir de tamanho em razão das demandas da gestão de que está encarregado. Mais que isso: não há somente uma régua para esses aumentos e reduções da intervenção do Estado na vida das pessoas. Ao contrário: o Estado que, de um lado, deve interferir minimamente nos negócios entre os empresários para possibilitar que os estímulos e desestímulos do regime de livre mercado cumpram as suas funções, é o mesmo que, de outro, deve interferir firmemente na promoção da igualdade.

A conclusão chamei de "Livres e iguais". O liberalismo contemporâneo não compartilha da mesma visão sobre o aparecimento da sociedade civil (no sentido de civilização) de John Locke. Este foi um dos elaboradores da teoria do contrato social, que pressupõe uma organização social *criada* por vontade das pessoas. Os liberais adotaram no século XX uma antropologia evolucionista, que não vê um degrau separando o estado de natureza e a civilização. Estão certos ao descartarem algo assim como um contrato social na organização da sociedade política, mas se equivocam ao identificar na trajetória evolutiva da espécie humana a afirmação da liberdade; ela mostra, a rigor, a afirmação da igualdade. Os livres podem sim ser iguais.

Nota sobre as notas de rodapé

O leitor de meus livros e artigos jurídicos pode estranhar a quantidade de notas de rodapé. A razão é que estou resgatando, com este trabalho, uma dívida de cerca de trinta anos – uma dívida comigo mesmo.

Eu estava cumprindo os créditos do meu doutorado em filosofia do direito na Pontifícia Universidade Católica de São Paulo (PUC-SP) quando se tornou evidente o completo fracasso da planificação econômica de inspiração marxista mundo afora. Durante a arguição da minha tese, cheguei a dizer que "umas pedras do Muro de Berlim tinham caído sobre o meu trabalho". Naqueles anos, os neoliberais reivindicavam para si uma vitória que não tiveram. A experiência soviética colapsara por conta de seus muitos defeitos e desacertos e não porque todos repentinamente haviam se convertido em convictos defensores da superioridade e eficiência do livre mercado. E os créditos oferecidos pelo meu orientador, Tércio Sampaio Ferraz Júnior, não poderiam ter sido mais oportunos: "Direito e Poder" num semestre, "Direito e Liberdade" no seguinte.

Aconteceu, no entanto, que um conjunto de pressões no plano profissional e pessoal me impediu de elaborar o trabalho de conclusão do "Direito e Liberdade" com a profundidade devida. O prazo para a entrega se aproximava e eu não encontrava tempo para rever e ampliar a bibliografia e caprichar na escrita para chegar a um texto estruturado e claro. Naquela época, ainda era necessário reservar alguns dias para a datilografia do trabalho. Eu não podia estar mais frustrado: o resultado que tinha em mãos decididamente não me satisfazia.

Recebi nota de aprovação, mas isso não diminuiu em nada a minha frustração. Fiz-me, então, a promessa de um dia produzir algo sobre o tema da liberdade em que eu pudesse explorar todas as riquíssimas reflexões feitas naqueles tempos agitados. Como

APRESENTAÇÃO

acontece com a maioria das promessas, dela se encarregou o tempo... até o período de *home office* da covid-19, em que me deu vontade de escrever sobre "liberalismo e direito". Vez por outra, sou questionado sobre a minha visão acerca da presença do Estado na economia, que parece ser e não ser liberal. Na verdade, a dúvida talvez exista porque o meu entendimento é apresentado e fundamentado em livros e artigos esparsos. Poderia ser uma boa ideia tratar o assunto de modo sistemático. Nesse momento, nasceu *Os livros podem ser iguais?*

Ao reunir o material de pesquisa, reencontrei o que estava guardado desde os tempos em que cumpri o crédito "Direito e Liberdade". O doutorando insatisfeito reapareceu e, para atendê-lo, decidi escrever este livro com o máximo de rigor acadêmico ao meu alcance. Daí as notas de rodapé.

Ninguém lê notas de rodapé. Elas servem apenas para o pós-graduando demonstrar que aprendeu a metodologia acadêmica. Há uma imagem muito usual entre os intelectuais, quando se deseja ressaltar que, se conseguimos dar alguma contribuição original, estamos apenas levando um pouquinho adiante o trabalho de gerações de pensadores laboriosos e geniais que nos antecederam. É a imagem de "subir nos ombros de gigantes"[1]. Para receberem os títulos de mestre ou doutor, os candidatos devem provar que conseguem pelo menos enxergar onde estão os ombros dos gigantes e para isso servem as notas de rodapé. Eu não tenho nenhuma paciência para essa parte do trabalho acadêmico e nutro por ela uma antipatia que suspeito ser compartilhada por autores como Weber, Russell e Berlin. Na verdade, sempre estimulo os meus orientandos a tentar subir de vez nos ombros: quem está lá é porque enxergou aonde deveria ir. Mas eu não conseguiria ficar em paz com a frustração de trinta anos se não me dedicasse ao apuro minucioso e tedioso de conferir e anotar a exata página do muito bem identificado livro ou artigo da qual extraí inspirações, ideias, citações e transcrições.

---

[1] O aforismo tem sido usado pelos pensadores desde pelo menos o século VI (cf. ECO, Umberto. *Nos ombros de gigantes*. Tradução de Eliana Aguiar. Rio de Janeiro: Record, 2018. p. 23).

Agradecimentos

Para escrever este livro, contei com a inestimável ajuda de alguns colegas e amigos no levantamento da bibliografia dos autores liberais ou na leitura dos rascunhos: Ana Frazão, André Santa Cruz, Isac Silveira da Costa, João Accioly, Marcelo Guedes Nunes, Rodrigo Ulhoa Cintra e Uinie Caminha. Quero registrar aqui o meu agradecimento, bem como dizer que eles não têm nenhuma responsabilidade pelo conteúdo ou pela forma do livro. Aliás, a rigor, nenhum deles concordaria integralmente com tudo o que escrevi. A gentileza em cooperar comigo nesta obra, a despeito das nossas discordâncias, é mostra cabal da seriedade acadêmica deles; e, sobretudo, da amizade que nos une.

São Paulo, outubro de 2021

1. Liberdade e igualdade

Os livros podem ser iguais? Se você estranhou a pergunta, talvez ainda não lhe tenha ocorrido que dois valores tão importantes, como são a liberdade e a igualdade, não sejam sempre conciliáveis. Em algumas situações, aliás, eles de certo modo se excluem: só se aumenta a liberdade reduzindo a igualdade e vice-versa.

É difícil vivenciarem-se as tensões entre os dois valores. Um empresário defensor da mais ampla liberdade para todos provavelmente reclamaria se fosse excluído, em razão de sua religião, da lista de convidados para uma reunião na associação empresarial de que é membro: o organizador da reunião, pensaria, não pode ser livre para discriminá-lo dessa maneira. Os militantes LGBTQIA+ paladinos da plena igualdade de todos talvez ficassem contrariados em ter que mudar os planos de uma manifestação porque a praça já estava ocupada por colecionadores de carros antigos: somos todos iguais, ponderariam, mas não é justo sermos obrigados a cancelar, adiar ou transferir de lugar um ato público importante em razão de um encontro de natureza puramente lúdica e elitista.

Liberdade e igualdade são dois valores importantes, ninguém discute isso. Correspondem a direitos assegurados como fundamentais – a Constituição diz que ninguém é obrigado a fazer ou deixar de fazer algo senão em virtude de lei (art. 5º, II) e que todos são iguais perante a lei (art. 5º, *caput* e I). Mas, como acontece com todos os valores, eles precisam ser hierarquizados por quem deve tomar decisões de efeitos práticos. Valoram-se os valores, dando primazia a um em relação ao outro. Não sendo possível prestigiar, numa decisão em particular, tanto a liberdade como a igualdade, será necessário optar por uma delas.

Este livro é sobre uma ideia – a de que a liberdade, quando não puder conviver com a igualdade, deve ter sempre primazia sobre ela. É uma ideia compartilhada por vários pensadores e economistas que se identificam com o *liberalismo*[1]. Essa expressão abarca uma variedade bastante considerável de visões de mundo e doutrinas, nem sempre compatíveis umas com as outras. A associação do liberalismo à afirmação de ser a liberdade, em termos absolutos, o valor mais importante é o elemento comum às muitas concepções do vasto ambiente teórico em que habitam os liberais de hoje e do passado.

Anoto, desde logo, que não valorizo os valores da liberdade e igualdade ao modo do liberalismo. Tampouco adoto a hierarquização oposta, isto é, a dos que não veem problema em sacrificar por completo a liberdade em nome da igualdade, como os marxistas-leninistas. Essas duas valorizações extremadas, ao fornecerem

---

[1] Em termos gerais, o posicionamento do liberalismo em relação à questão foi o sintetizado por Norberto Bobbio em 1984: "[l]iberdade e igualdade são valores antitéticos, no sentido de que não se pode realizar plenamente um sem que se limite fortemente o outro: uma sociedade liberal-liberista é inevitavelmente inigualitária, assim como uma sociedade igualitária é inevitavelmente iliberal. Libertarismo e igualitarismo fundam suas raízes em concepções do homem e da sociedade profundamente diversas: individualista, conflitualista e pluralista a liberal; totalizante, harmônica e monista a igualitária. [...] A única forma de igualdade que não só é compatível com a liberdade tal como entendida pela doutrina liberal, mas é até mesmo exigida por ela, é a igualdade na liberdade: o que significa que cada um deve gozar de tanta liberdade quanto for compatível com a liberdade dos outros e pode fazer tudo o que não ofenda à igual liberdade dos outros. Praticamente, desde as origens do Estado liberal essa forma de igualdade inspira dois princípios fundamentais, que são enunciados em nomes constitucionais: a) a igualdade perante a lei; b) a igualdade dos direitos. [...] Nenhum dos princípios de igualdade, acima ilustrados, vinculados ao surgimento do Estado liberal, tem a ver com o igualitarismo democrático, o qual se estende até o ponto de perseguir o ideal de certo igualmente econômico, estranho à tradição do pensamento liberal" (*Liberalismo e democracia*. Tradução de Marco Aurélio Nogueira. São Paulo: Edipro, 2017. pp. 62 e 64).

uma orientação única e rígida, poderiam facilitar bastante a tomada de decisões no cotidiano de nossas vidas privadas ou nas instâncias públicas. Infelizmente, porém, nem sempre podemos contar com simplificações, diante da complexidade crescente nas relações sociais[2]. Por isso, entendo – e o meu objetivo aqui neste livro é demonstrar a razoabilidade desse entendimento – que, entre liberdade e igualdade, não devemos eleger uma delas como valor absoluto. Em vez disso, temos que buscar os graus de liberdade e de igualdade que convêm em cada caso.

Em suma, o que precisamos discutir não é qual o valor, entre a liberdade e a igualdade, que deveria sempre prevalecer; e sim quais são os critérios que devem nortear nossos constantes ajustes entre eles. É uma discussão bem mais difícil.

Três revoluções

Na Revolução Francesa, liberdade e igualdade eram ideais convergentes. O lema do movimento insurrecional evocava os dois, juntamente com a fraternidade: *liberté, egalité et fraternité*. Esses valores nem sempre se distinguiam na pauta essencialmente política dos revolucionários de 1789[3]. Queriam a deposição do monarca absolutista, para que pudessem desfrutar da liberdade de pensamento e de associação e do tratamento como iguais em direitos perante o Estado. A liberdade era vista como condição para o aperfeiçoamento do homem em seu rumo em direção à igualdade[4].

---

[2] Escrevi este livro para ser compreendido mesmo pelo meu primeiro leitor. Se, contudo, você já tiver lido o meu *Biografia não autorizada do Direito* (São Paulo: WMF Martins Fontes, 2021), terá uma compreensão mais acurada dos argumentos aqui desenvolvidos.
[3] Há pouca clareza na distinção entre igualdade e liberdade na teoria política do início da modernidade. Em Locke, por exemplo, igualdade é um conceito assimilável pelo liberdade, não havendo nenhuma distinção clara entre os dois valores. Ele fala da igualdade no estado de natureza como inexistência de "subordinação ou sujeição" ou como ausência de "superioridade ou jurisdição de um sobre outro" (*Segundo tratado sobre o governo*. Tradução de E. Jacy Monteiro. São Paulo: Victor Civita Editor, 1973. v. XVIII, pp. 41 e 42. Coleção Os Pensadores).
[4] Conceito que ainda repercute por algum tempo, como no pensamento de Benjamin Constant (cf. QUIRINO, Célia N. Galvão. Introdução. *In*: CONSTANT, Benjamin. *Escritos de política*. São Paulo: Martins Fontes, 2005. p. XXII).

Na Revolução Americana, os pais fundadores dos Estados Unidos consideravam uma verdade indiscutível que os homens nascem iguais e têm, entre outros direitos inalienáveis, o da liberdade[5]. Dizem isso no preâmbulo da Declaração de Independência de 1776. A igualdade, agora, extrapola a esfera dos direitos políticos. Almeja-se a igualdade de condições para todos poderem ter acesso à educação e adotar a religião e profissão que desejarem. Será, porém, na nascente democracia americana que se questionará pela primeira vez a convergência entre os dois valores: teme-se que a igualdade ponha em risco a liberdade.

Na Revolução Russa, os marxistas-leninistas não tinham o menor apreço pela liberdade. Na bandeira agitada em 1917 viu-se apenas o ideal da igualdade. Além disso, não proclamavam a mesma igualdade de que falaram franceses e norte-americanos, cada um a seu tempo. Não os contentava a liberdade perante a lei ou a liberdade de condições. Os russos defendiam uma igualdade material, que assegurasse a todos a equidade na distribuição dos bens socialmente produzidos. Mais que isso: defendiam que, para conquistar essa igualdade, a humanidade teria que renunciar à liberdade pelo menos por um tempo.

Tempos que abalaram o mundo

A ideia de oposição incontornável entre liberdade e igualdade surge no fim do século XIX. Em termos históricos, portanto, ela é recente. Antes de seu aparecimento, liberdade e igualdade eram associadas como valores de mesma importância. Havia apenas que atentar para que a igualdade não suprimisse a liberdade, tomando-se certos cuidados na organização política. A liberdade não impli-

---

[5] Para Jill Lepore, "muito antes de tiros serem disparados em Lexington e Concord, muito antes de George Washington cruzar o Delaware, muito antes de a independência americana surgir como ideia, ou mesmo como possibilidade, uma tradição revolucionária estava sendo forjada, não pelos ingleses na América, mas pelos índios declarando guerras e pelos escravos promovendo rebeliões" (*Estas verdades*: a história da formação dos Estados Unidos. Tradução de André Czarnobai e Antenor Savoldi Júnior. Rio de Janeiro: Intrínseca, 2020. p. 79).

cava necessariamente igualdade, nem esta levava sempre àquela, mas as duas podiam e deviam ser ansiadas na construção de uma sociedade mais justa. Não havia por que renunciar a qualquer um desses valores e, assim, ninguém enunciava o dilema de escolher uma em prejuízo da outra, muito menos precisava discutir critérios de calibração.

A Revolução Russa de outubro de 1917 tornou a questão teórica assustadoramente real. Os seus líderes defendiam, com toda a convicção e sem meias-palavras, que o completo aniquilamento da liberdade era indispensável para se alcançar a plena igualdade[6]. Essa concepção foi propagandeada sem subterfúgios desde o início do movimento revolucionário russo e durante as sete décadas em que a experiência soviética durou.

Os líderes da Revolução Russa (os bolcheviques) acreditavam numa sociedade socialista construída pelos operários, sob a liderança de um partido político, encastelada no controle absoluto de um Estado ditatorial. A ditadura do proletariado seria a única via, na visão dos bolcheviques, para a expropriação de fábricas, bancos e demais bens de produção e implantação do planejamento econômico central.

Marx achava inevitável a violência na transição do modo capitalista para o comunismo. Mas ele não se ocupou muito com os detalhes de sua utopia[7]. Estava convicto de que as leis da história, que pensava ter descoberto, inevitavelmente conduziriam a humanida-

---

[6] No Terror, defendeu-se que a violenta supressão da liberdade era necessária para a defesa dos ideais da Revolução Francesa (cf. COMPARATO, Fábio Konder. *Ética*: direito, moral e religião no mundo moderno. São Paulo: Companhia das Letras, 2006. p. 553). Mas a supressão circunstancial não figurava, como na Revolução Russa, entre os itens essenciais da pauta revolucionária. Ademais, ninguém na França sob o Terror deu voz especificamente ao sacrifício da liberdade para gerar a igualdade, mas sim para salvar a própria liberdade. É em 1917, portanto, e não em 1793, que devemos assinalar a origem do conceito de sacrificar a liberdade como meio necessário para se alcançar a igualdade.

[7] Na *Crítica do programa de Gotha*, Marx escreveu: "Entre a sociedade capitalista e a comunista, situa-se o período da transformação revolucionária de uma na outra. A ele corresponde também um período político de transição, cujo Estado não pode ser senão *a ditadura revolucionária do proletariado*" (*Crítica do programa de Gotha*. Tradução de Rubens Enderle. São Paulo: Boitempo, 2012. p. 43).

de ao comunismo; e, uma vez vitoriosa a revolução proletária e desaparecidas as classes sociais, os cientistas e técnicos encontrariam sem dificuldade as soluções para os desafios que apareceriam.

Na utopia marxista, o fim das classes sociais possibilitaria um substancial incremento nas forças produtivas, isto é, no desenvolvimento da ciência e da técnica destinadas à produção econômica. E, após o amadurecimento desse novo patamar de domínio do homem sobre a natureza, estariam criadas as condições para o surgimento de uma sociedade de iguais. Marx projetava, no comunismo, que cada um contribuiria para a produção econômica de acordo com sua capacidade (maiores ou menores acuidade intelectual, destreza manual, força física etc.), recebendo em troca tudo o que precisasse para ter plenamente atendidas as suas necessidades (de saúde, alimentação, lazer etc.). A igualdade estaria assegurada pela proporcionalidade na hora de trabalhar (quem conseguisse produzir mais, contribuiria mais para a produção dos bens necessitados por todos) e pela proporcionalidade no acesso às necessidades (quem precisasse de mais saúde, teria mais saúde; quem precisasse de mais tempo ocioso, teria mais tempo ocioso etc.)[8].

Mas, como dito, para a humanidade chegar a esse estado de plena igualdade seria necessária uma revolução violenta, na qual o Partido Comunista, na liderança da classe operária, tomasse para si o Estado, expropriando da burguesia todos os bens de produção (fábricas, bancos, seguradoras etc.) e passando a organizar cientificamente a economia. O fim da anarquia na produção inerente ao capitalismo criaria as condições para um extraordinário desenvolvimento da capacidade humana de dominar a natureza. Em razão do planejamento central e científico da economia, de um lado, não

---

[8] "Numa fase superior da sociedade comunista, quando tiver sido eliminada a subordinação escravizadora dos indivíduos à divisão do trabalho e, com ela, a oposição entre trabalho intelectual e manual; quando o trabalho tiver deixado de ser meio de vida e tiver se tornado a primeira necessidade vital; quando, juntamente com o desenvolvimento multifacetado dos indivíduos, suas forças produtivas também tiverem crescido e todas as fontes da riqueza coletiva jorrarem em abundância, apenas então o estreito horizonte jurídico burguês poderá ser plenamente superado e a sociedade poderá escrever em sua bandeira: '*De cada um segundo suas capacidades, a cada um segundo suas necessidades!*'" (MARX, Karl. *Crítica do programa de Gotha*, obra citada, pp. 31-32, destaque acrescido).

seriam mais produzidos bens desnecessários e, de outro, não faltariam bens para a satisfação das necessidades de todos.

Os marxistas anteviam a natural reação da burguesia para salvar o capitalismo e manter os privilégios de classe, enquanto a revolução proletária não fosse vitoriosa em todo o mundo. Assim, para a humanidade poder concretizar o objetivo de uma sociedade igualitária, precisaria forçosamente atravessar um período em que seria indispensável a supressão de todas as liberdades democráticas (de associação, pensamento, manifestação, imprensa, eleição dos governantes etc.) naqueles países em que a transição para o comunismo tivesse se iniciado. O sacrifício da liberdade era visto pelos marxistas como uma defesa legítima e necessária do processo histórico de ascensão da humanidade às benesses da sociedade de iguais que surgiria com o comunismo.

A ditadura soviética

Partindo das referências muito vagas de Marx às ações e medidas de construção do comunismo, as lideranças bolcheviques precisaram proceder ao detalhamento tático da revolução proletária[9]. Nessa tarefa destacaram-se principalmente Lênin e Trótski, que não somente se dedicaram à reflexão a respeito[10] como, sobretudo, deram forma e conteúdo para a ditadura do proletariado.

---

[9] HOBSBAWM, Eric J. Aspectos políticos da transição do capitalismo ao socialismo. *In*: HOBSBAWM, Eric J. (coord). *História do marxismo*. Tradução de Carlos Nelson Coutinho e Nemésio Salles. Rio de Janeiro: Paz e Terra, 1979. v. 1, pp. 301-346.

[10] Lênin, em seus enfrentamentos com os sociais-democratas às vésperas da Revolução Russa, afirma que "a doutrina da luta de classes, aplicada por Marx à questão do Estado e da revolução socialista, conduz necessariamente ao reconhecimento do *domínio político* do proletariado, da sua ditadura, isto é, de um poder não partilhado com ninguém e que se apoia diretamente na força armada das massas. O derrubamento da burguesia só pode ser realizado pela transformação do proletariado em *classe dominante* capaz de reprimir a resistência inevitável, desesperada, da burguesia e de organizar para um novo regime de economia *todas* as massas trabalhadoras e exploradas. O proletariado necessita do poder de Estado, de uma organização centralizada da força, de uma organização da violência, tanto para reprimir a resistência dos exploradores como para *dirigir* a imensa massa da população, o campesinato, a pequena burguesia, os semiproletários, na obra de organização da economia socialista" (O Estado e a revolução. *In*: LÊNIN, Vladimir I. *Obras escolhidas*. Lisboa: Edições Avante!, 1978. v. 2, p. 239).

OS LIVROS PODEM SER IGUAIS?

Não hesitaram em deixar patente a inexistência de qualquer disposição de fazer concessão às liberdades democráticas, por mínima que fosse[11, 12]. Assim que puderam, os bolcheviques esvaziaram o poder político dos conselhos populares (os *soviets*, em russo), a despeito do crucial papel deles de grande impulsionador da Revolução Russa no período chamado por Lênin de "dualidade de poderes"[13]; reprimiram com extrema severidade a insurreição de Kronstadt (1921), em que marinheiros apoiadores da revolução queriam novas eleições para os sovietes e pluralidade partidária entre os comunistas e anarquistas; mataram impiedosamente os membros da família imperial; durante a feroz Guerra Civil, aplicaram penas severas, incluindo execuções sumárias, aos combatentes do Exército Vermelho, quando não tinham sucesso no campo de batalha.

A ditadura perdurou mesmo após a consolidação do golpe de Estado bolchevique. Uma furiosa disputa pelo poder aconteceu em seguida à morte de Lênin (1924). Venceu-a Stálin, que, num intervalo de pouco mais de cinco anos (1934-1940), mandou matar todos os líderes e participantes da Revolução Russa que tomou por adversários. Às vezes, o assassinato era precedido de um simulacro de julgamento por traição à revolução (Zinoviev, Kamenev e

---

[11] Lênin, em 1917, explicou: "[a] ditadura do proletariado, isto é, a organização da vanguarda dos oprimidos como classe dominante para a repressão dos opressores, não pode conduzir a um simples alargamento da democracia. Juntamente com uma imensa ampliação do democratismo, que se transforma pela primeira vez em democratismo para os pobres, em democratismo para o povo, e não em democratismo para os ricos, a ditadura do proletariado impõe uma série de exceções à liberdade em relação aos opressores, aos exploradores, aos capitalistas. Temos de os reprimir para libertar a humanidade da escravidão assalariada; é preciso quebrar a sua resistência pela força; é claro que, onde há repressão, há violência, não há liberdade, não há democracia" (O Estado e a revolução... obra citada, p. 282).

[12] Trótski, em 1938, discutindo como o movimento comunista deveria se posicionar diante dos regimes totalitários do fascismo e nazismo, reiterou o desprezo pelas liberdades democráticas: "as fórmulas da democracia (liberdade de reunião, de associação, de imprensa etc.) são, para nós, palavras de ordem passageiras ou episódicas no movimento independente do proletariado e não um laço corrediço democrático passado em torno do pescoço do proletariado pelos agentes da burguesia" (A agonia do capitalismo e as tarefas da IV Internacional. *In*: LÊNIN, Vladimir I.; TRÓTSKI, Leon. *A questão do programa*. Tradução de Francisco Solano. São Paulo: Kairós, 1979. p. 107).

[13] *Obras escolhidas...* obra citada, pp. 17-19.

Bukharin), mas nem sempre (Trótski). Mesmo após Khruschov denunciar as consequências criminosas do culto à personalidade da era estalinista (1956), não se realizou nenhuma reforma política destinada verdadeiramente a abrandar a ditadura. Prisioneiros políticos e comuns encarcerados em campos de "trabalho corretivo" (os *gulags*) continuaram submetidos a condições degradantes e à tortura. Como demonstrou Alexander Soljenítsyn, Prêmio Nobel de Literatura (1970), o horrendo sistema de repressão política tem suas raízes nos primeiros anos da experiência soviética e a acompanha até o fim[14]. A completa falta de liberdade na União Soviética era replicada nos demais países comunistas do Leste Europeu e do Sudoeste Asiático, na China e em Cuba.

Foi a violenta aniquilação da liberdade para buscar a igualdade, praticada nos países comunistas, que suscitou a questão da compatibilidade ou não desses dois valores[15]. Em reação, o liberalismo

---

[14] Alexander Soljenítsyn não tinha nenhuma militância política quando foi preso, em 1945. Ao contrário, com 26 anos, era capitão do Exército Vermelho. Tinha iniciado sua rápida carreira militar em plena Guerra Patriótica (é como os soviéticos chamavam a Segunda Guerra Mundial). Havia recebido duas medalhas após uma participação destacada em batalhas contra os alemães. Foi preso porque interceptaram uma carta dele, dirigida a um amigo de infância também militar, em que criticava Stálin. Sua pena foi de oito anos nos campos de trabalhos forçados e exílio perpétuo ao término desse período. Após onze anos preso e exilado, foi beneficiado pelo breve respiro no totalitarismo soviético que se seguiu à ascensão de Khruschov. Com a autorização do novo líder, publicou um relato de um dia normal na vida de um prisioneiro, o *Um dia na vida de Ivan Deníssovitch*. A publicação estimulou pessoas de todos os cantos da União Soviética a escreverem para Soljenítsyn contando seus dramas vividos nos campos de trabalhos forçados. Tendo caído novamente em desgraça, em razão da repercussão de seu livro, Soljenítsyn ainda aguardaria muitos anos até conseguir escrever e mandar secretamente para uma editora francesa os originais de sua obra mais conhecida, em que reproduz duas centenas dos relatos que lhe tinham sido enviados e descreve a rede de campos de concentração designados pela sigla *gulag* como um país oculto, espalhado em várias ilhas de um grande arquipélago. Ele deixou de ir a Estocolmo receber pessoalmente o Prêmio Nobel em 1970 com receio de não poder retornar à sua terra. O livro foi publicado em 1973 e, no ano seguinte, tiraram-lhe a cidadania e o expulsam da União Soviética (*Arquipélago Gulag. Um experimento de investigação artística 1918-1956*. Tradução de Lucas Simone com Irineu Franco Perpétuo, Francisco de Araújo, Odomiro Fonseca e Rafael Bonavina. Prefácio de Natália Soljenítsyna e posfácio de Daniel Aarão Reis. São Paulo: Carambaia, 2019. pp. 12-29, 32 e 658-667).

[15] Mário Vargas Llosa, ao falar de Isaiah Berlin, situa a percepção dessa oposição na Revolução Francesa: "os revolucionários franceses descobriram, assombrados, que a liberdade

se renova afirmando a liberdade como o valor que deve sempre prevalecer, quando não for factível a conciliação com a igualdade. A renovação surge no contexto das críticas à ditadura nos países comunistas, batendo-se em prol da liberdade como um valor inegociável. Para os liberais: (i) os marxistas nunca estiveram sinceramente interessados em igualdade; (ii) ainda que estivessem, decididamente não a alcançariam sacrificando a liberdade; e (iii) mesmo que o fim da liberdade fosse o preço da construção de uma sociedade de iguais, isso não valeria a pena.

O aristocrata francês entusiasta da democracia americana

A maioria dos franceses, no início do século XIX, tinha verdadeiro horror da democracia, porque a associava à desastrosa experiência da Primeira República. Foram tempos conturbados, de extrema instabilidade econômica e social, violência política e guerras que marcaram a França na década subsequente à Revolução (1792-1799). Os anos seguintes à Primeira República também haviam sido bastante tumultuados. Napoleão deu o golpe de Estado (1799), coroou-se imperador (1804) e governou ditatorialmente até ser derrotado em definitivo pela Inglaterra e seus aliados (1815). Chamou-se, então, a dinastia dos Bourbons de volta ao poder, para reinar numa monarquia constitucional – Restauração é o nome dado a esse período da história francesa (1814-1830). Com a Revolução de 1830, subiu ao poder o rei Luís Filipe, perten-

---

era uma fonte de desigualdades e que um país onde os cidadãos gozassem de uma total ou amplíssima capacidade de iniciativa e governo dos seus atos e bens seria, mais cedo ou mais tarde, um país cindido por numerosas diferenças materiais e espirituais. Assim, para estabelecer a igualdade não haveria outro remédio senão sacrificar a liberdade, impor a coação, a vigilância e a ação todo-poderosa e niveladora do Estado. Que a injustiça social seja o preço da liberdade e a ditadura, da igualdade – e que a fraternidade só possa se concretizar de forma relativa e transitiva, por causas mais negativas que positivas, como no caso de uma guerra ou cataclismo que aglutine a população num movimento solidário – é algo lamentável e difícil de aceitar" (*O chamado da tribo*. Grandes pensadores para o nosso tempo. Tradução de Paulina Wacht e Ari Roitman. Rio de Janeiro: Objetiva, 2019. p. 165). Mas minhas pesquisas não encontraram a consciência da tensão entre liberdade e igualdade nos autores que refletiram sobre 1789 antes do século XX.

cente a uma dinastia (Orleans) que havia apoiado a Revolução Francesa. Ele reinaria até 1848, quando nova revolução instaurou a Segunda República.

Alexis de Tocqueville, aristocrata de formação jurídica, era um dos franceses que tinham avaliação negativa sobre a democracia. E, embora visse também com reservas a monarquia constitucional de seu país, aceitou empreender uma viagem aos Estados Unidos à custa do governo de Luís Filipe. O objetivo era produzir um relatório sobre o sistema penitenciário norte-americano. Tocqueville mudou sua opinião sobre a democracia ao se deparar com uma sociedade que, tendo adotado um regime político de igualdade de oportunidades e liberdades públicas, mostrava-se bem organizada, educada e próspera. Com as informações que reuniu em sua estada na América do Norte (maio de 1831 a fevereiro de 1832), escreveu o livro *Democracia na América*, publicado em quatro volumes entre 1832 e 1840.

A obra tornou-se uma das principais referências da tradição de pensadores construída pelos liberais e foi a primeira em que a convergência entre liberdade e igualdade é vista como potencialmente problemática.

Tocqueville observava a igualdade crescendo no mundo todo. Suas observações o levavam a crer que o número de pobres estaria diminuindo e que, num horizonte não muito distante no tempo, não haveria diferença significativa entre as pessoas em razão da riqueza[16]. Não o agradava essa perspectiva, mas admitia que não existia mais a sociedade aristocrática de desiguais de que tinha saudades[17]. Não tinha dúvidas de que a igualdade de oportunidades, que constatou na democracia americana, se espalharia por todo o mundo. Mas era preciso ter cuidado, alertou, para que a igualdade não trouxesse riscos à liberdade.

O poder, na democracia, está nas mãos da maioria dos cidadãos, e o aristocrata francês temia que ela o usasse ditatorialmente

---

[16] *A democracia na América*. São Paulo: Victor Civita, 1973. v. XXIX, pp. 187-188. (Coleção Os Pensadores).
[17] Obra citada, p. 319.

para suprimir a liberdade[18]. Não era um risco que identificava na monarquia constitucional, por conta da descentralização do poder que limitava as decisões do rei. A igualdade na democracia, para Tocqueville, é fator de incremento da centralização administrativa, que cria as condições para a ditadura da maioria[19]. Por isso, é sempre necessário cuidar para que o poder da maioria fique limitado pela "humanidade, justiça e razão"[20]. O tema dos perigos da centralização administrativa seria retomado em seu último livro, *O Antigo Regime e a Revolução*, publicado em 1856.

Tocqueville não acertou evidentemente todas as predições que fez. Não se assistiu ao nivelamento das riquezas. Pelo contrário, o distanciamento entre ricos e pobres tem aumentado sistematicamente[21].

Mas há uma predição em que o acerto de Tocqueville é impressionante. Com cerca de mais de cem anos de antecedência, ele antecipou a divisão geopolítica do planeta em dois grandes polos antagônicos liderados, de um lado, pelos Estados Unidos e, de outro, pela Rússia[22]. A impressionante acuidade com que anteviu a Guerra Fria é vista pelos liberais como credencial para levar muito a sério as demais preocupações que Tocqueville externou no estudo da democracia, principalmente o de seus limites. O perigo da ditadura da maioria se avoluma aos olhos dos liberais, já predispostos a duvidar de qualquer benefício na igualdade.

A dissociação entre liberdade e igualdade feita por Tocqueville é diferente da que farão os liberais no século XX em reação à experiência soviética. Esta é sintetizada pela indagação se "os livres podem ser iguais". O aristocrata francês fizera a pergunta invertida.

---

[18] Obra citada, pp. 240-244
[19] Obra citada, pp. 204 e 205.
[20] Obra citada, p. 266.
[21] Cf., por todos, PIKETTY, Thomas. *Capital in the Twenty-First Century*. Tradução de Arthur Goldhammer. Londres: Cambridge, 2014; PIKETTY, Thomas. *Capital e ideologia*. Tradução de Dorothée de Bruchard e Maria de Fátima Oliva do Couto. Rio de Janeiro: Intrínseca, 2020.
[22] Obra citada, p. 273.

LIBERDADE E IGUALDADE

Os iguais podem ser livres?

Ao tratar das relações entre igualdade e liberdade, a partir da Revolução Americana, Tocqueville parece propor a pergunta inversa àquela com que os liberais se depararão diante da Revolução Russa. Não usa essas palavras, evidentemente. A indagação tocquevilliana seria "se os iguais podem ser livres".

Diante da ameaça da ditadura da maioria, surge a preocupação sobre a possibilidade de se garantir que a igualdade não leve a minoria à servidão. É diferente da indagação "se os livres podem ser iguais". A diferença não se encontra somente na formulação das perguntas que sintetizam as tensões entre os dois valores. Os seus contextos também são diferentes. Na formulação tocquevilliana, muita igualdade podia colocar em risco a liberdade, enquanto na marxista qualquer grau de liberdade certamente comprometeria a igualdade.

São, assim, duas dissociações entre liberdade e igualdade muito diferentes. Em Tocqueville, o sacrifício da liberdade pelos iguais é apenas uma possibilidade. Um cenário decididamente muito ruim, mas que se consegue prevenir limitando-se o poder da maioria a partir das diretrizes da "humanidade, justiça e razão". Há, portanto, como encontrar um meio de convivência entre os dois valores. Já os marxistas-leninistas não vislumbram a mínima chance para isso e não só afirmaram o sacrifício da liberdade em prol da igualdade na teoria, como levaram-no a cabo à testa do governo do país de maior extensão territorial no mundo.

Liberalismo conservador e liberalismo democrático

Nem sempre o liberalismo esteve irmanado aos valores democráticos. Na verdade, de meados do século XIX até o Entreguerras, ele descreve uma "inflexão" conservadora, visível nas obras de pensadores considerados liberais que não nutriam especial apreço à democracia[23]. Para Benedetto Croce, por exemplo, a liberdade

---

[23] Para José Guilherme Merquior, "em meados do século XIX, ocorreu uma importante inflexão na teoria liberal, quando o medo da democracia levou muitos pensadores proeminentes

admite diferentes arranjos políticos e econômicos exatamente porque, de tempos em tempos, os rejeita: é a história acontecendo, em seu fluir imprevisível e incontrolável. Numa guerra, a supressão das liberdades, o fechamento do Parlamento, o aumento de impostos e as proibições ao livre-comércio são medidas bem-aceitas pelos cidadãos, que até se sentem mais livres ao entender tais renúncias como meios de enfrentar ameaças existentes. Apenas o comunismo, por ser a "mais flagrante opressão e o mais desdenhoso pisoteamento da liberdade"[24], seria um arranjo com o qual o liberalismo não poderia conviver.

O amálgama entre liberalismo e democracia é, assim, uma reação à despudorada supressão da liberdade nos países em que se fez a experiência soviética. Com o espetacular fracasso da economia de planejamento central marxista, houve quem comemorasse a vitória do liberalismo vislumbrando a definitiva ligação entre o regime político democrático e o livre mercado, em que viu o "fim da história"[25, 26]. Mas, como mostra o liberalismo conservador,

---

a defender um *liberalismo distintamente conservador*" (*O liberalismo antigo e moderno*. 3. ed. Tradução de Henrique de Araújo Mesquita. São Paulo: É Realizações, 2014. p. 263).

[24] *História como história da liberdade*. Tradução de Julio Castañon Guimarães. Rio de Janeiro: Topbooks, 2006. p. 327.

[25] Francis Fukuyama escreveu, em 1898, um artigo defendendo a tese de que a combinação de democracia liberal e livre mercado havia se mostrado definitivamente a melhor alternativa para a organização política e econômica. Usou da hipérbole de "fim da história", causando com isso bastante polêmica. Hegel, Kojève e Marx já haviam usado antes a expressão. Para Hegel, a história terminou com o Espírito Absoluto encarnado na monarquia absolutista prussiana; para Kojève, a história terminou em 1806, quando Napoleão venceu os prussianos e teria com isso imposto o mundo burguês aos povos germânicos; para Marx, ela *terminará* quando sobrevier o comunismo superior. Em 2006, publicou um livro para contextualizar a tese numa visão mais ampla de identificação científica de uma história (uni)direcional (*The end of history and the last man*. 3. ed. London: Penguin Books, 2020. E-book).

[26] Há formas mais sutis de decretar o fim da história. Uma delas parece ser a psicologia evolucionista, abordagem que considera as ações e emoções humanas meras programações de genes "empenhados" em sua constante reprodução. Essas programações teriam surgido como adaptação da espécie na seleção natural ao tempo do Pleistoceno; e, desde então, vem moldando as relações entre os indivíduos – coincidentemente do mesmo modo como o liberalismo as vê. Para Susan Mckinnon, "a psicologia evolucionista não passa da mais recente de uma longa linha de narrativas científicas reducionistas que naturalizam categorias e

essa associação é meramente circunstancial. Não há nenhuma garantia de que os liberais sempre se alinharão com os defensores da democracia.

A reflexão sobre a liberdade e o liberalismo

Qualquer marxista consegue se inserir facilmente em uma das muitas tradições iniciadas em Karl Marx. Reconhece-se como tal, ou seja, vê-se como o legatário do pensamento de outros marxistas que o antecederam – com os quais dialoga, concordando ou divergindo – sem dificuldade. Os liberais, porém, precisaram construir a tradição do liberalismo reunindo autores liberólogos, isto é, que haviam refletido sobre a liberdade: um conjunto de pensadores que nem ao menos se denominavam liberais e tampouco se viam imersos no fluxo de uma corrente própria de pensamento[27].

O marxismo é uma tradição acontecida, mas o liberalismo é uma tradição construída.

Para erguer a sua tradição, os liberais dedicam particular atenção à história do liberalismo; isto é, à história que eles contam para enraizar suas ideias numa corrente "três vezes secular": iniciada nos trabalhos do médico, filósofo e político inglês John Locke em defesa do regime representativo e contra a monarquia absolutista (no contexto da Revolução Gloriosa, de 1688 a 1689); transitando pelas preleções de pais fundadores dos Estados Unidos (antes e depois da Declaração de Independência, em 1776); frequentando as recepções elegantes de Madame de Staël (na pressão pela Res-

---

hierarquias sociais – em particular, aquelas ligadas ao sexo, ao gênero e ao parentesco"; trata-se, para ela, de uma "genética neoliberal [na qual] aspectos universais do sexo, do gênero e da família se revelam, na verdade, convenções euro-estadunidenses dominantes" (*Genética neoliberal*: uma crítica antropológica da psicologia evolucionista. Tradução de Humberto do Amaral. São Paulo: Ubu, 2021. pp. 32-35).

[27] Não à toa Mario Vargas Llosa sente a falta, na literatura de cunho liberal, de uma obra similar à escrita por Edmund Wilson sobre o marxismo (*Rumo à estação Finlândia*: escritores e atores da história. Tradução de Paulo Henriques Britto. São Paulo: Companhia das Letras, 1986). Llosa teve "a ideia de um livro que fizesse pelo liberalismo o mesmo que o crítico norte-americano tinha feito pelo socialismo" (*O chamado da tribo*... obra citada, p. 9).

tauração como monarquia constitucional, após 1815); viajando da Áustria para Londres com Friedrich Hayek (quando é convidado, em 1932, a lecionar na London Scholl of Economics e fortalecer a instituição na competição com a keynesiana Cambridge); e celebrando o dia em que Isaiah Berlin finalmente concordou em autorizar a reunião e edição de sua obra dispersa (foi em 1974, graças à insistência de Henry Hard, então um estudante de filosofia em Oxford).

A expressão "liberal" aparece pela primeira vez em contexto político na proclamação que Napoleão Bonaparte fez ao dar seu golpe de Estado em 18 Brumário (1799). Consolidou-se o significado político quando os partidários das liberdades públicas e o fim do absolutismo passaram a se chamar de "liberais", como se viu na assembleia que elaborou a Constituição Espanhola de 1812 (as cortes de Cádiz) e com os *whigs* no rearranjo da política inglesa dos anos 1830. Antes disso, o termo não tinha significado político e identificava a profissão exercida por homens livres (como ainda hoje, ao se falar em "profissão liberal") ou era referência à tolerância e generosidade com os outros[28, 29].

"Liberalismo" passa a ser expressão empregada no sentido de visão de mundo em que a liberdade individual é o valor central no século XX. Ludwig von Mises, em 1927, é o primeiro a usá-la na identificação de um corpo coerente de ideias. Benedetto Croce, em 1938, descreve-o como a religião do desenvolvimento e da história, que rejeita todas as utopias do advento de um Estado definitivo e perfeito para a humanidade (nas quais ele incluía a democracia). Para o filósofo italiano, o liberalismo não pretende transformar todos os homens em políticos porque necessita da variedade, da diversidade e da oposição para "tecer a realidade". Sua finalidade é converter "súditos em cidadãos"[30]. Em 1944, Hayek define como

---

[28] MERQUIOR, José Guilherme, obra citada, p. 106.
[29] LIBERALISMO. *In*: MATTEUCCI, Nicola; BOBBIO, Norberto; PASQUINO, Gianfranco. *Dicionário de política*. Tradução de Carmen Varrialle, Gaetano Lo Mônaco, João Ferreira, Luís Guerreiro Pinto Cacais e Renzo Dini. 4. ed. Brasília: EdUnb, 1992. v. 2, p. 687.
[30] CROCE, Benedetto, obra citada, pp. 86 e 339-353. Religiões, em Croce, têm o significado mais amplo de concepções atuantes do mundo associadas a uma moral. Como pontua

princípio fundamental do liberalismo o emprego ao máximo das forças espontâneas da sociedade, com recurso à coerção no mínimo possível[31].

Os inimigos da liberdade

Uma maneira de se visualizar a tradição em que o liberalismo reivindica a sua inserção consiste em sequenciar as etapas de acordo com os inimigos da liberdade. Por ela, chega-se a uma trajetória de quatro momentos, em que os liberais enfrentaram sucessivamente a monarquia absolutista, a burocracia estatal, a experiência soviética e novamente os burocratas. Há naturalmente certa sobreposição entre os marcos temporais das etapas assinaladas, mas pode-se, por meio delas, descrever uma trajetória fiel da tradição construída pelo liberalismo[32].

Na etapa em que o inimigo preferencial era a monarquia absolutista, os pensadores da tradição construída pelos liberais ainda não se identificavam dessa maneira e tampouco pensavam estar dando origem a uma corrente de pensamento que poderiam chamar de "liberalismo". Aqui, o inimigo mais visível é o absolutismo, mas os pensadores da tradição liberal também se envolveram em

---

Gramsci, "para Croce, a religião é uma concepção da realidade, com uma moral adequada a esta concepção, apresentada em forma mitológica. Portanto, é religião toda filosofia – ou seja, toda concepção do mundo – enquanto se tornou 'fé', isto é, enquanto é considerada não como atividade teórica (de criação de um novo pensamento), mas sim como estímulo à ação (atividade ético-política concreta, de criação de nova história)" (*Concepção dialética da história*. 6. ed. Tradução de Carlos Nelson Coutinho. Rio de Janeiro: Civilização Brasileira, 1986. p. 212).

[31] *O caminho da servidão*. 6. ed. Tradução de Anna Maria Capovilla, José Ítalo Stelle e Liane de Morais Ribeiro. São Paulo: Instituto Ludwig von Mises Brasil, 2010. p. 42.

[32] No dizer de José Guilherme Merquior: "uma vista geral [...] da história três vezes secular das ideias liberais mostra, acima de tudo, a impressionante variedade dos liberalismos: há vários tipos históricos de credo liberal e, não menos significantes, várias espécies de discurso liberal. Tal diversidade parece decorrer principalmente de duas fontes. Em primeiro lugar, há diferentes obstáculos à liberdade; o que assustava Locke – o absolutismo – já não era obviamente o que assustava Mill ou, ainda, Hayek. Em segundo lugar, há diferentes conceitos de liberdade, o que permite uma redefinição periódica do liberalismo" (*O liberalismo antigo e moderno...* obra citada, p. 262).

outras lutas, enfrentando por exemplo a intolerância religiosa e a dependência econômica colonialista.

Na Holanda, onde estava exilado desde 1863, John Locke escreve "cartas" em defesa da tolerância religiosa. Sustenta que cada pessoa podia professar a religião que quisesse porque a salvação da alma não era definitivamente uma questão de Estado[33]. Precisava de certa coragem para um inglês se posicionar a favor da separação entre Igreja e Estado naquela época porque, havia vários séculos, católicos e anglicanos estavam numa luta sangrenta pelo poder na Inglaterra. As cartas dele só serão publicadas, anonimamente, em 1689.

E a liberdade é a bandeira agitada no solo das treze colônias da Inglaterra na costa oeste da América do Norte em luta pelo rompimento dos entraves comerciais impostos pelo colonialismo britânico. Thomas Paine, inglês fervorosamente engajado na luta pela separação das colônias americanas, considerava a sucessão hereditária na monarquia um absurdo[34].

A percepção de que um inimigo da liberdade se escondia na estrutura administrativa do Estado ocorre ao perspicaz Tocqueville. No *A democracia na América*, ele já se preocupara com o pro-

---

[33] "[é necessário] distinguir entre as funções do governo civil e da religião, e para demarcar as verdadeiras fronteiras entre a Igreja e a comunidade. Se isso não for feito, não se pode pôr um fim às controvérsias entre os que realmente têm, ou pretendem ter, um profundo interesse pela salvação das almas de um lado, e, por outro, pela segurança da comunidade. Parece-me que a comunidade é uma sociedade de homens constituída apenas para a preservação e melhoria dos bens civis de seus membros. Denomino de bens civis a vida, a liberdade, a saúde física e a libertação da dor, e a posse de coisas externas, tais como terras, dinheiro, móveis etc. [T]odo direito e o domínio do poder civil se limita unicamente a fiscalizar e melhorar esses bens civis, e [...] não deve e não pode ser de modo algum estendido à salvação das almas [...]" (*Carta acerca da tolerância*. São Paulo: Victor Civita Editor, 1973. v. XVIII, p. 11. Coleção Os Pensadores).

[34] "Os que se consideram nascidos para reinar e julgam os outros nascidos para obedecer não tardam em tornar-se insolentes. Separados do resto da humanidade, a importância cedo lhes envenena o espírito; e o mundo em que agem difere tão materialmente do mundo em geral que pouca oportunidade têm de saber quais são os verdadeiros interesses deste e, quando sucedem no governo, são a maioria das vezes os mais ignorantes e inadequados em todos os domínios" (*Senso comum*. Tradução de A. Della Nina. São Paulo: Victor Civita Editor, 1973. v. XXIX, p. 59. Coleção Os Pensadores).

cesso de centralização da administração induzido pela igualdade de condições e alertara para o perigo de despotismo[35]. Em *O Antigo Regime e a Revolução*, ele aprofunda o assunto. Está convicto de que a burocracia existente na França do *Ancien Régime* servia de limitação ao poder real por ser descentralizada. A partir de 1789, a direção da administração foi aos poucos centralizada em Paris, e a burocracia se moldou sem dificuldades à nova configuração política do Estado. Em suas palavras, ela "passou a oprimir menos e a dirigir mais". Eram as mesmas pessoas nas mesmas funções (tanto no Antigo Regime como na República), mas com "outro espírito"[36].

Foi, contudo, Max Weber o primeiro a refletir mais detidamente sobre a burocracia, tomando a associação entre os tipos de poder e o aparato administrativo como objeto do conhecimento sociológico. Distinguiu três tipos ideais: o poder legal de legitimação racional, o legitimado pela tradição e o baseado no carisma de um líder. Apontou, em relação a cada um deles, a existência ou não de um aparato administrativo e, quando existente, listou as respectivas características. Ao poder legal Weber associou um corpo estável e racionalmente hierarquizado de funcionários, a que chamou de burocracia. O instrumento de superioridade do poder burocrático, tanto nas economias capitalistas como nas socialistas, é o saber especializado, indispensável em razão da evolução das técnicas e da economia. Weber admitia que a burocracia era o núcleo do Estado ocidental moderno, mas desconfiava do crescente poder burocrático[37, 38].

---

[35] *A democracia na América...* obra citada, p. 314.
[36] *O Antigo Regime e a Revolução*. Tradução de Francisco C. Weffort. São Paulo: Victor Civita Editor, 1973. v. XXIX, pp. 343-345. (Coleção Os Pensadores).
[37] *Economia e società*. Tradução de Tullio Bagiotti, Franco Casabianca e Pietro Rossi. Milão: Edizioni di comunità, 1981. v. 1, pp. 207-260.
[38] Para José Guilherme Merquior: "aos olhos de Weber, a modernidade também significava um crescimento de racionalidade *formal*, um número crescente de normas cuja aplicação exige competências específicas. Essa espécie de competência em normas era, tanto quanto a eficiência, a alma do vasto processo social de *burocratização*. Weber alimentava graves desconfianças quanto à marcha da racionalização porque ela poderia firmar um domínio dos meios sobre os fins, enquanto a burocracia poderia trancar a sociedade moderna numa 'gaiola de ferro' da servidão" (*O liberalismo antigo e moderno...* obra citada, p. 169).

Há uma mudança notável no liberalismo, no século XX, quando o inimigo se torna o Estado soviético. De um lado, no plano político, não mais se aceita a convergência de liberdade e igualdade, adotando-se a mesma oposição entre os valores dos marxistas-leninistas, embora com o sinal invertido. Em 1938, por exemplo, Croce qualificou o comunismo como uma organização ético-política que "recorre a um princípio oposto ao da liberdade, ou seja, a igualdade"[39]. De outro lado, desloca o foco da questão da liberdade política e passa a conferir maior importância à da liberdade econômica, também como contraposição ao regime de planejamento central marxista.

Com o fracasso da experiência soviética, cujo marco temporal é a queda do Muro de Berlim (1989), desaparece o inimigo. À exceção dos que acreditaram que a história tinha terminado com a definitiva supremacia da democracia e do livre mercado (Fukuyama), o liberalismo se voltou ao seu inimigo anterior, a burocracia estatal. Era como se o comunismo tivesse representado um desvio meio impertinente e aborrecido, uma urgência que não se poderia ignorar entravando a verdadeira trajetória da luta liberal. Ela pôde ser retomada tão logo se abateram os lunáticos marxistas-leninistas. Os neoliberais irão reposicionar sua artilharia argumentativa contra o Estado capitalista agigantado do final do século XX; os mais radicais dentre eles, os libertários, dirão que o Estado é desnecessário.

Os marxistas não leninistas

Lênin, Trótski, Stálin e os bolcheviques em geral não se enrubesciam em defender na teoria e realizar na prática o aniquilamento das liberdades. Interpretaram literalmente a alusão de Marx à "ditadura do proletariado". Outros marxistas, porém, formularam táticas diferentes para a transição ao comunismo, em que essa expressão foi interpretada de modo diverso. Para eles, a supressão da liberdade não seria a condição apriorística da luta pela igualdade

---

[39] Obra citada, p. 327.

material. Ao contrário, defendiam que, no Estado tomado pelo proletariado, as liberdades democráticas deviam ser mantidas na maior extensão possível, limitando-a somente na medida do que fosse necessário ao enfrentamento da reação da burguesia. A ideologia do partido comunista único não era uniformemente aceita entre os marxistas, dentro e fora da União Soviética, mesmo entre aqueles que sinceramente admiravam a revolução levada a cabo pelos bolcheviques e torciam pelo seu sucesso.

Há, assim, vertentes do marxismo que não compartilharam da tática leninista de sacrifício da liberdade como etapa indispensável para a igualdade material (tática pela qual até mesmo bolcheviques inimigos mortais, como Trótski e Stálin, nutriam a mais absoluta concordância). Entre os marxistas que questionaram a pertinência dessa tática e reservaram algum espaço para as liberdades democráticas durante a ditadura do proletariado encontram-se a polaco-alemã Rosa de Luxemburgo e o italiano Antonio Gramsci.

Em 1915, numa das várias vezes em que esteve encarcerada, Rosa de Luxemburgo escreveu sobre os acontecimentos daquele ano na Rússia. Apoiou os bolcheviques, coerente com a crítica ao reformismo apontado como a tática correta por alguns marxistas[40], mas alertou-os do perigo do totalitarismo. Para ela, Lênin e Trótski erraram ao desqualificar a representação popular eleita para a Duma e se preocuparam apenas em fortalecer o poder dos sovietes. Acreditava que a tarefa histórica do proletariado, ao tomar o poder, não era suprimir a democracia, mas substituir a "democracia burguesa" pela "socialista"[41]. Mesmo sendo uma vigorosa defensora dos conselhos populares, Luxemburgo anteviu o esvaziamento político deles após a estabilização dos bolcheviques no poder[42].

---

[40] No desenvolvimento dessa crítica, Rosa faz referência passageira ao "exercício pacífico da ditadura proletária" como uma das alternativas com que contava Marx (*Reforma ou revolução?* 2. ed. Tradução de Livio Xavier. São Paulo: Expressão Popular, 2019. p. 107).
[41] FRÖLICH, Paul. *Rosa Luxemburgo*: pensamento e ação. Tradução de Nélio Schneider e Erica Ziegler. São Paulo: Boitempo: Iskra, 2019. pp. 252-261.
[42] POULANTZAS, Nicos. *O Estado, o poder, o socialismo*. 2. ed. Tradução de Rita Lima. Rio de Janeiro: Graal, 1985. pp. 289-290.

Nos oito anos em que esteve encarcerado (1926-1934), Antonio Gramsci fez anotações esparsas em cadernos. Os pouco mais de trinta que sobreviveram aos controles dos carcereiros foram publicados por familiares e editores, posteriormente à sua precoce morte, em 1937. Nessas anotações percebe-se a descrença do filósofo italiano sobre a possibilidade de acontecer nos países mais desenvolvidos da Europa (que cifrou como "ocidente") uma revolução nos moldes da empreendida pelos bolcheviques na Rússia ("oriente"). A tática de assalto repentino ao Estado foi vitoriosa no oriente, mas não seria replicável no ocidente. Primeiro, porque o exército ocidental é mais bem preparado, sendo ilusório imaginar que os operários poderiam se armar de modo eficiente nos momentos de folga de sua cansativa jornada de trabalho. Além disso, mesmo que os comunistas conseguissem armar os operários e tivessem sucesso na tomada do Estado, ainda teriam um forte inimigo a enfrentar: uma sociedade civil mais orgânica, que não estaria propensa a prontamente apoiar a revolução marxista. A tática no ocidente deveria ser outra, privilegiando a disputa ideológica no âmbito da sociedade civil[43]. Gramsci comunicou à Internacional Comunista (Terceira) suas críticas à oposição de esquerda, que Trótski e Zinoviev empreendiam contra Stálin, mas ao mesmo tempo se posicionou firmemente contra a expulsão deles (e de quaisquer militantes divergentes) do Partido Comunista.

Luxemburgo e Gramsci não lideraram nenhum movimento vitorioso em que tivessem a oportunidade de mostrar a viabilidade de táticas marxistas com a preservação de algumas liberdades democráticas durante a ditadura do proletário. Uma transição do capitalismo ao comunismo sob um regime político em que o poder fosse disputado por diferentes partidos comunistas em eleições livres e periódicas, em que se assegurasse a plena liberdade de imprensa a vários jornais comunistas, em que os sindicatos pudessem organizar greves etc. não teve chance para ser experimentada.

---

[43] *Maquiavel, a política e o estado moderno*. 5. ed. Tradução de Luiz Mário Gazzaneo. Rio de Janeiro: Civilização Brasileira, 1984. pp. 67-75.

Recorrermos diretamente a Marx para entender qual dessas posições seria a mais autenticamente marxista é uma empreitada infrutífera. O pensamento marxiano[44] não se ocupou do detalhamento da ditadura do proletariado. E nisso não há nenhuma lacuna: no marxismo, a importância epistemológica da práxis é uma contribuição original. Fiéis aos fundamentos de sua filosofia, Marx e Engels só se ocupariam do perfil da ditadura do proletariado se e quando fosse o momento, isto é, apenas se tivesse acontecido de eles liderarem um regime de transição do capitalismo para o comunismo[45]. Aliás, se eles tivessem tido a oportunidade de liderar uma revolução comunista e não revissem a estatura epistemológica da práxis, certamente iriam mudar os fundamentos de sua teoria revolucionária. Afinal, como mostra José Guilherme Merquior, as revoluções comunistas foram infiéis ao pensamento marxiano[46]. Na Rússia de 1917, o capitalismo estava longe de se encontrar suficientemente amadurecido para entrar em contradição com a evolução das forças produtivas – não havia, portanto, as condições objetivas da revolução; e, na China de 1949, não foi o proletariado e sim o campesinato que arrebatou o poder do Estado e expropriou os meios de produção – as condições subjetivas da revolução tiveram, assim, um perfil que Marx não admitia em teoria.

Os liberals *e os liberais*

Tradutores derrapam no heterossemântico: o que os norte-americanos conhecem hoje por "liberal" é o oposto de nós, no restante

---

[44] "Pensamento marxiano" é referência ao exposto por Karl Marx em suas obras, enquanto "pensamento marxista" compreende também o de seus seguidores.
[45] Eric Hobsbawm, obra e local citados.
[46] "o que a doutrina [marxiana] prevê absolutamente não rima com o que acontece de fato na história. O socialismo não foi um produto democrático engendrado pela crise do capitalismo industrial amadurecido; foi uma forma autoritária de resposta aos impasses criados pelo impacto da modernização socioeconômica em regiões periféricas ou coloniais do sistema capitalista. Na prática, o comunismo não serviu de solução para a sociedade industrial – serviu foi para introduzir à força a industrialização em contextos econômicos retardatários e contextos sociais refratários à cultura moderna" (*O argumento liberal*. São Paulo: É Realizações, 2019, p. 98).

do mundo. Vou empregar os substantivos no plural para facilitar as coisas: os *liberals* defendem a atuação do Estado como promotor de maior igualdade entre os cidadãos[47]; bem ao contrário, os *liberais* querem o Estado à maior distância possível da sociedade civil, mesmo que à custa de políticas de enfrentamento às desigualdades.

Schumpeter, ao historiar o pensamento econômico, registrou que os inimigos da livre empresa tinham se apropriado sem querer do rótulo "liberalismo" nos Estados Unidos[48]. Segundo Milton Friedman, a "corrupção do termo" aconteceu principalmente depois de 1930, época em que o liberalismo não era mais associado à liberdade e sim ao "bem-estar e igualdade"[49]. O livro *Liberalismus* ("liberalismo"), que Mises publicou em 1927 na Alemanha, teve o título alterado para *The Free and Prosperous Commonwealth* ("a sociedade livre e próspera") ao ser traduzido para o inglês, em 1962, com o objetivo de contornar o falso cognato. O autor logo se arrependeu e passou a defender que os adeptos da sociedade fundada no livre mercado deveriam disputar o termo "liberalismo" com os *liberals*[50]. Ao prefaciar a edição norte-americana, de 1975, de seu *O caminho da servidão*, Friedrich Hayek adverte o leitor sobre a questão de terminologia, esclarecendo usar "liberal" no sentido originário e não na linguagem corrente nos Estados Unidos, em que o significado é "quase o oposto"[51]. E, ao contar a história do libertarianismo, Murray Rothbard trata esse fenômeno exclusivamente norte-americano como se tivesse ocorrido também na Europa[52].

---

[47] Os progressistas passaram a se chamar de *liberals* após o fim da Primeira Guerra Mundial (Jill Lepore, obra citada, pp. 403-404).
[48] *History of economic analysis*. New York: Oxford Press, 1954. p. 394.
[49] *Capitalismo e liberdade*. Tradução de Afonso Celso da Cunha Serra. Rio de Janeiro: LTC, 2020. p. 6.
[50] GREAVES, Bettina Bien. Prefácio à edição de 1985. *In*: MISES, Ludwig von. *Liberalismo*. Tradução de Haydn Coutinho Pimenta. São Paulo: Instituto Ludwig von Mises Brasil, 2010. p. 29.
[51] *O caminho da servidão*... obra citada, pp. 16-17.
[52] *O manifesto libertário*: por uma nova liberdade. Tradução de Rafael de Sales Azevedo. São Paulo: Instituto Ludwig von Mises Brasil, 2013. pp. 25-27. Para Rothbard, a apropriação do termo "liberal" e "progressista" por "intelectuais e acadêmicos estatistas" é apontada por

Qual liberdade?

Advogar a liberdade como valor absoluto, no sentido de que sempre deve prevalecer quando não for possível a conciliação com a igualdade, não significa pretender que homens e mulheres sejam ilimitadamente livres. Nunca houve dúvida de que a vida em sociedade reprime parte dos desejos e vontades. De um modo mais preciso, as alternativas que se abrem à decisão de cada um são inevitavelmente balizadas pela convivência com as demais pessoas. E os liberais nunca questionaram isso.

O constrangimento às possibilidades de ação ditado pela vida em sociedade é visto como um ganho pelo liberalismo. É o preço a pagar para ter acesso aos benefícios da sociedade civil[53]. Acreditam os liberais que ninguém abriria mão da liberdade plena de que desfrutava no estado de natureza a menos que recebesse em troca uma melhoria substancial de sua condição. Não há consenso na identificação do precioso bem em nome do qual se teria renunciado à liberdade ilimitada: fim da guerra de todos contra todos (Hobbes), proteção da propriedade privada (Locke) ou elevação da estupidez animal para a inteligência humana (Rousseau) – mas a isso não se dá importância.

Pois bem. Se os humanos não podem ser ilimitadamente livres e sempre terão as alternativas de ação balizadas pela vida em sociedade, as questões em torno da liberdade como valor absoluto devem dizer respeito à legitimidade do balizamento. De um lado, os liberais sustentam existir um grau mínimo de liberdade, à qual não se renunciou no ingresso na sociedade civil por não haver

---

ele como um dos principais ingredientes da "gigantesca trapaça" – empreendida por Bismark na Alemanha e Disraeli na Grã-Bretanha, com tons gramiscinianos – com a qual os conservadores vêm iludindo o povo desde o fim do século XIX. Essa abordagem, porém, está errada porque somente nos Estados Unidos os *liberals* não são liberais.

[53] Emprego nessa passagem o conceito de "sociedade civil" dos pensadores jusnaturalistas, cujo significado corresponde à "civilização" em contraposição ao "estado de natureza". Sobre este e os demais significados da expressão, ver BOBBIO, Norberto. *Estado, governo, sociedade*: fragmentos de um dicionário político. 24. ed. Tradução de Marco Aurélio Nogueira. Rio de Janeiro: Paz e Terra, 2020. pp. 41-67.

nada que pudesse compensar a perda. De outro, a delimitação das alternativas à ação oferecidas à decisão de cada um (o que se pode e o que não se pode fazer) só é legítima quando estabelecida por um sistema político de representação.

Note que o liberalismo continua concebendo homens e mulheres titulares de uma vontade amplamente livre. Se não podem fazer o que imediatamente desejam é apenas porque tiveram e têm a vontade de desfrutar dos benefícios da civilização. Quando obedecem às proibições ou aos comandos da lei estão também fazendo algo de acordo com a própria vontade, expressa na ordem jurídica indiretamente por seus representantes (os legisladores). Assim como o mandante se vincula aos atos praticados pelo mandatário por ter outorgado o mandato livremente, também o cidadão se vincula às leis porque elas foram aprovadas pelos representantes da maioria[54].

Mas, mesmo no interior das balizas ditadas pela lei legítima, há momentos em que a liberdade de uma pessoa é constrangida pela liberdade de outra. Os liberais não ignoram as situações em que dois sujeitos não conseguem realizar simultaneamente as suas vontades e nenhuma delas pode ser excluída por representar um ilícito. Se não houver uma solução econômica (em que um realiza o interesse pagando ao outro para obter a concordância dele), os conflitos são resolvidos por regras morais ou de etiqueta. E uma vez mais o fundamento último é a vontade desses sujeitos, que livremente quiseram e querem conviver um com o outro, que ponderaram a alternativa de retorno ao estado de natureza e continuaram tomando-a como menos vantajosa do que a permanência na civilização.

Em suma, não se pensa a liberdade como a faculdade de se fazer o que quer, sem qualquer obstáculo. Até se admite essa definição

---

[54] Alguns liberais brasileiros afirmam que a representação não é das pessoas, mas dos interesses, sem deixarem muito claro o que isso significa exatamente. Consideram que essa maneira peculiar de tratar a questão da representação política teria sido consensual no Segundo Reinado, mas não o demonstram (cf. PAIM, Antonio. *História do liberalismo brasileiro*. São Paulo: LVM, 2018. pp. 113-115 e 186).

para a liberdade, quando se mira o homem no estado de natureza[55]; mas, na sociedade política, a liberdade é limitada pela lei legitimamente estabelecida[56]. Essa abordagem ilumina os argumentos em torno do tema, e as discussões sobre a liberdade passam a dizer respeito à questão dos critérios para definir quando o cerceamento da liberdade é legítimo. Se devemos nos conformar com o fim da liberdade ilimitada, desde que ingressados na sociedade política, então a defesa desse valor se circunscreve à delimitação do mínimo de liberdade, aquele conjunto de faculdades que a lei civil não pode suprimir sem perder a legitimidade[57]. Era dessa delimitação que falou Locke em seu discurso contra a monarquia absolutista[58]; é a apontada por John Stuart Mill, na substituição dos direitos naturais pela mensuração utilitarista[59]; e é essa deli-

---

[55] LOCKE, John. *Segundo tratado sobre o governo...* obra citada, pp. 41 e 49.

[56] Celso Lafer: "num Estado, isto é, numa sociedade onde existem leis, liberdade não é fazer o que se bem entende, na subjetividade, por assim dizer, irrestrita do estado de natureza. Numa sociedade politicamente organizada, a liberdade adquire, como ensina Montesquieu, uma objetividade que pode ser definida como '*le droit de faire tout ce que les lois permettent*'. Nessa acepção, o conceito de liberdade coincide com o do lícito, vale dizer, está na esfera, como diz Bobbio, daquilo que, não sendo nem comandado nem proibido, é permitido" (*Ensaios sobre a liberdade*. São Paulo: Perspectiva, 2011. pp. 18-19).

[57] É o que Isaiah Berlin denominou de "liberdade negativa": "temos de preservar uma área mínima de liberdade pessoal se não quisermos 'degradar ou negar nossa natureza'. Não podemos permanecer livres em termos absolutos e precisamos deixar de lado uma parcela da nossa liberdade para preservar o restante. Mas a submissão total constitui autoderrota. Qual, então, deverá ser esse mínimo? Deverá ser aquele que um homem não pode abandonar sem causar prejuízos à essência de sua natureza humana. O que constitui essa essência? Quais são os padrões que ela origina? São questões que sempre representaram – e provavelmente sempre representarão – ilimitado campo de discussão. Mas, qualquer que seja o princípio segundo o qual deve ser traçada a área de não interferência, seja ele o do direito objetivo natural ou o dos direitos subjetivos naturais, da utilidade ou dos termos de um imperativo categórico, da sacralidade do contrato social ou de qualquer outro conceito com o qual os homens têm procurado esclarecer e justificar suas convicções, a liberdade nesse sentido significa liberdade *de*: nenhuma interferência além da fronteira móvel, mas sempre identificável" (*Quatro ensaios sobre a liberdade*. Tradução de Wamberto Hudson Ferreira. Brasília: Editora UnB, 1981. p. 139-140).

[58] LOCKE, John. *Segundo tratado sobre o governo...* obra citada, p. 74.

[59] MILL, John Stuart. *A liberdade/utilitarismo*. Tradução de Eunice Ostrensky. São Paulo: Martins Fontes, 2000. pp. 16-18.

mitação que Hayek tinha em mente ao combater os totalitarismos coletivistas[60].

Liberdade como axioma

Para o liberalismo, a liberdade é, na verdade, um axioma. Tal como o ponto, a reta e o plano na geometria euclidiana, ela é uma premissa de veracidade não demonstrada.

Ninguém sabe de mim mais que eu

Alguns liberais parecem sugerir a felicidade como um terceiro valor, apto a arbitrar as tensões entre liberdade e igualdade. Definem liberdade pela perspectiva da autonomia e da autorrealização[61]. Ninguém − afirmam, evocando Kant − pode definir como deve ser a *minha felicidade*. Qualquer imposição de igualdade em detrimento da liberdade partiria, de acordo com essa abordagem, da equivocada pressuposição de que alguém (o legislador ou o burocrata) estaria em melhores condições que nós todos para definirmos como seremos felizes.

Essa pressuposição não é, porém, inteiramente correta. Crianças e adolescentes vítimas de abuso sexual praticado pelos próprios pais encontram-se submetidos a um grau tão elevado de perturbação psicológica que não conseguem discernir se estão felizes ou não. É necessária a intervenção de terceiros para resgatá-los da situação abusiva. São terceiros que, sim, sabem mais da felicidade dessas pessoas vulneráveis do que elas próprias.

---

[60] HAYEK, Friedrich A. *O caminho da servidão...* obra citada, pp. 97-98; *Os erros fatais do socialismo*. Tradução de Eduardo Levy. Barueri: Faro, 2017. pp. 87-88.
[61] A abordagem está associada ao que Isaiah Berlin chamou de "liberdade positiva": "o sentido 'positivo' da palavra 'liberdade' tem origem no desejo do indivíduo de ser seu próprio amo e senhor. Quero que minha vida e minhas decisões dependam de mim mesmo e não de forças externas de qualquer tipo. Quero ser instrumento de mim mesmo e não dos atos de vontade de outros homens. Quero ser sujeito e não objeto, ser movido por razões, por propósitos conscientes que sejam meus, não por causas que me afetem, por assim dizer, a partir de fora" (obra citada, p. 142). Ver, também, MERQUIOR, José Guilherme, obra citada, pp. 45-49.

LIBERDADE E IGUALDADE

É carnaval em Toritama

Na pernambucana Toritama a população inteira trabalha na indústria de confecção de *jeans*. Lá produzem-se 15% de todas as roupas fabricadas com esse tecido vendidas no país. Cada família se organiza, quase sempre numa empresa informal, para prestar serviços especializados na cadeia de agregação de valor do produto (uma lava o tecido, outra corta os bolsos, a terceira costura o zíper etc.). Essas organizações têm o sugestivo nome de *facções*.

O toritamense está submetido a uma carga de trabalho insana[62], mas nutre a autoimagem de um orgulhoso empreendedor, e não a de um trabalhador precarizado[63]. Nas últimas décadas, o IDH de Toritama tem crescido, mas em percentuais inferiores aos do crescimento do índice no estado de Pernambuco[64].

Assim como o toritamense, o motorista do aplicativo de transporte e o motociclista ou ciclista do aplicativo de entregas se consideram empreendedores. O que chamam de felicidade, contudo, é uma superexploração do trabalho deles – precisam que outros lhes mostrem isso.

---

[62] *Estou me guardando para quando o carnaval chegar*, documentário de Marcelo Gomes, produzido em 2019. É descrito no *site* Adoro Cinema da seguinte forma: "na cidade de Toritama, considerada um centro ativo do capitalismo local, mais de 20 milhões de *jeans* são produzidos anualmente em fábricas caseiras. Orgulhosos de serem os próprios chefes, os proprietários destas fábricas trabalham sem parar em todas as épocas do ano, exceto o carnaval: quando chega a semana de folga eles vendem tudo que acumularam e descansam em praias paradisíacas". Disponível em: https://www.adorocinema.com/filmes/filme-270566/. Acesso em: 6 jun. 2021.

[63] De acordo com Erica Paula Elias Vidal de Negreiros: "o desenrolar da vida em Toritama está associado ao trabalho, sendo os espaços sociais utilizados para atender às suas necessidades. Essa 'invasão' do trabalho nas práticas sociais por vezes é compreendida como positiva, ficando perceptível a ideologia do empreendedorismo na cidade". *Viver em Toritama é trabalhar*. 2010. Dissertação (Mestrado em Serviço Social) – Universidade Federal de Pernambuco, Recife, 2010. Disponível em: https://repositorio.ufpe.br/bitstream/123456789/9198/1/arquivo2552_1.pdf. Acesso em: 6 jun. 2021.

[64] O IDH-M Total de Toritama era 0,448 em 1991 e chegou a 0,618 em 2010, enquanto o de Pernambuco, no mesmo período, variou de 0,440 para 0,673 (*Estudo Econômico das Indústrias de Confecções de Toritama/PE*. Sebrae, 2019, p. 18. Disponível em: https://www.sebrae.com.br. Acesso em: 6 jun. 2021).

O que faço com os dados de que sou senhor?

Mesmo se adotarmos, para argumentar, o axioma da liberdade dos liberais, não podemos atualmente nos contentar com a mesma conclusão de Locke. Quer dizer, abstraindo o extenso conhecimento adquirido pela humanidade – principalmente a partir de Freud – sobre como tomamos decisões, o mundo ao redor é muito mais complexo que o do início da modernidade.

Pense na autodeterminação informativa. Trata-se do reconhecimento, por lei, do direito de livremente decidirmos sobre o uso dos nossos dados pessoais. Exceção feita a determinadas hipóteses de interesse público (estudos, regulação etc.), ninguém pode tratar os dados pessoais sem o consentimento do seu titular (Lei n. 13.709/18, art. 7º, I). Se consumo bons vinhos com frequência e costumo pagá-los com cartão de crédito, esse comportamento gera dados sobre a minha pessoa: sou apreciador de vinho. A administradora do cartão de crédito não pode, sem a minha autorização, repassar esse dado, juntamente com minha identidade e meios de contato, às vinícolas interessadas em promover publicidade direcionada, a menos que eu consinta.

Não há atualmente mais nenhuma controvérsia acerca da autodeterminação informativa, isto é, da absoluta liberdade de cada pessoa decidir sobre o uso dos seus dados pessoais. É um direito claramente assegurado pela LGPD, a Lei Geral de Proteção de Dados (Lei n. 13.709/18, art. 1º, II)[65]. Mas que faço eu com essa liberdade? Se eu simplesmente não autorizar o uso dos meus dados pessoais por nenhum empresário, não terei acesso ao mercado de consumo; não poderei, na verdade, desfrutar dos benefícios que os recursos digitais proporcionam.

---

[65] Em razão da adoção, por diversos países, incluindo o Brasil, de leis de proteção dos dados pessoais, subitamente perderam impacto os rompantes alarmistas denunciando que os dados pessoais haviam se tornado insumos empresariais: Soshana Zuboff visualiza um novo estágio do sistema econômico capitalista, ao qual chamou de "capitalismo de vigilância" (*The age of surveillance capitalim*. The fight for a human future at a new frontier of Power. New York: PublicAffairs, 2020. cap. 3, pp. 1-12 de 53 *et passim*. *E-book*), para deleite dos persecutórios.

Nenhuma pessoa sã lê os termos de uso e política de privacidade antes de concordar com a instalação dos *cookies* (ou programas de efeitos semelhantes) em seus equipamentos. Melhor assim. Se os lesse e não se sentisse confortável com o consentimento que daria a determinado uso de seu dado pessoal, só lhe restaria a opção de não navegar nas páginas daquela empresa. Como os termos de uso e políticas de privacidade são extremamente semelhantes, essa pessoa muito ciosa de seus dados pessoais estaria, afinal, excluída do mercado de consumo e das comodidades proporcionadas pela internet.

Se eu relutar em autorizar o pleno acesso aos meus dados bancários por uma prestadora de serviços de *open banking*, não serei informado sobre o oferecimento, por uma instituição financeira concorrente, de condições mais vantajosas para mim. E o que é de fácil percepção no caso do *open banking* acontece de modo fundamentalmente idêntico em qualquer outra navegação pela internet. Se estou pensando em adquirir uma geladeira (e não mais serviços financeiros) e digito determinada marca numa ferramenta de busca, os resultados não orgânicos exibirão anúncios publicitários também de fabricantes concorrentes. O meu dado pessoal *"Fábio está precisando adquirir uma geladeira"* foi usado pela ferramenta de busca para vender espaços publicitários aos fabricantes desse produto. Eu certamente não me lembro, mas consenti com esse uso quando cliquei, em algum dia no passado, o botão concordando com os termos de uso e a política de privacidade. Se eu não tivesse consentido, não teria tido acesso aos serviços de busca, o que é bastante justo. A ferramenta de busca é um serviço oferecido por uma empresa capitalista, que, embora não me cobre por pesquisa, existe apenas para ter lucro. Se me incomoda a publicidade dirigida porque me sinto invadido na privacidade, só me resta pesquisar a geladeira saindo de casa e visitando as lojas de eletrodomésticos (sem pesquisar os endereços das lojas na internet, bem entendido, caso contrário deixarei rastros que atiçarão as vorazes máquinas de aprendizado).

Em suma, sou o senhor absoluto dos meus dados pessoais. Tenho toda a liberdade de decidir que uso poderá ser feito deles. Ninguém discute essa minha liberdade. Se alguém se atrever a desrespeitá-la, o Poder Judiciário me protegerá. Mas e daí? Se quero aproveitar os benefícios da vida em sociedade nesse início do século XXI, não posso exercer a autodeterminação informativa senão franqueando o uso dos meus dados pessoais captados pelas muitas empresas com que me relaciono diariamente. Se tenho só essas duas alternativas (preservar os meus dados pessoais ou me tornar um ermitão), não sou assim tão livre como a LGPD diz.

Liberdade abstrata e concreta

Partindo de seu axioma, os liberais pouco conhecem sobre a liberdade. Definida como inexistência de coerção ou mesmo como autorrealização, a liberdade não passa de uma abstração[66]. Na verdade, descartada a hipótese da liberdade absoluta, resta a de *graus* de liberdade: algumas pessoas são mais livres que outras. Os graus de liberdade não são mensuráveis com exatidão, mas são perfeitamente visualizáveis no plano conceitual. Os mais livres são os que possuem um número maior de alternativas de decisão ao seu alcance.

A liberdade concreta, assim, é definida pela quantidade de alternativas abertas à decisão: quanto mais possibilidades eu tenho para escolher, mais livre sou. E, nesse caso, não podemos descartar as inúmeras interferências e balizamentos que a restringem ou ampliam e que não se enquadram nem na noção da coerção nem na de modulação da autonomia.

Em primeiro lugar, os ricos são mais livres que os pobres. Tanto nas escolhas triviais (o que farei neste fim de semana para relaxar?)

---

[66] Como diz Fábio Konder Comparato: "o terrível sofisma da ideologia liberal-individualista, que se afirmou no curso do século XIX, consistiu em apresentar a liberdade como um valor independente da concreta situação socioeconômica em que se encontram os cidadãos de um Estado, ou o conjunto dos povos na cena internacional. A experiência constante e jamais desmentida aponta para o fato de que o estado de carência ou miserabilidade é um obstáculo insuperável à concreta fruição da liberdade. Reciprocamente, sem a garantia de liberdade em todas as dimensões da vida humana, é impossível construir uma autêntica igualdade entre os cidadãos do mesmo Estado ou entre os povos nas relações internacionais" (obra citada, p. 537).

como nas mais importantes ao longo da vida (farei curso superior? Qual?), quem possui mais dinheiro no bolso pode escolher entre alternativas em maior quantidade do que os menos abonados.

Outro balizamento tão relevante quanto o econômico é o psicológico. Somos fortemente comandados em nossas escolhas por forças do inconsciente[67]. As pessoas que convivem melhor com essas forças têm sempre à frente, para as suas decisões, um leque maior de alternativas. Se você não entende bem a razão pela qual determinado colega de trabalho o incomoda em demasia ou o motivo de sua forte empatia com outro, provavelmente não se conhece o suficiente para ter maior liberdade no trabalho. Não conhece o suficiente de si mesmo por desconhecer o que habita no inconsciente. Os analisados e os resilientes são mais livres que os demais.

Também não se pode ignorar, em qualquer consideração da liberdade concreta (quantidade de alternativas que se tem ao tomar uma decisão), os vieses do processo cognitivo. Os profissionais intuitivos (raposas) são mais livres que os racionais (ouriços), porque não excluem uma possibilidade apenas por carecer de quantifica-

---

[67] Essa é uma questão desconfortável para alguns liberais. Sobre José Guilherme Merquior, por exemplo, diz Sérgio Paulo Rouanet: "[a] hipótese de que grande parte da vida psíquica do indivíduo se dê numa esfera inconsciente era para Merquior um escândalo intolerável. Em grande parte, é o que está por trás do seu visceral antifreudismo. Merquior negava em primeiro lugar qualquer estatuto científico à psicanálise. [...]. Ele criticava, em segundo lugar, a ilusão terapêutica da psicanálise. [...] Critica analisandos obsessivos, que querem interpretar todos os atos falhos e deitar num divã todos os amigos. Critica os analistas, sacerdotes de um ritual esotérico. Critica os pacientes, todos de origem burguesa, que pagam emolumentos altíssimos para submeter-se à massagem do Ego. E por tabela não se esquece de criticar Lacan, impostor incorrigível [...]. Que dizer de tanta virulência? Os que passaram pela experiência analítica sabem como é difícil discutir com os que não a viveram. O diálogo acaba sendo um diálogo de surdos, porque o interlocutor simplesmente está falando de coisas sobre as quais não tem um conhecimento direto. Além disso um *fair play* mínimo nos impede de usar intuições que devemos ao processo psicanalítico. Dizer que a veemência de nosso interlocutor se deve a uma atitude defensiva, à angústia diante da análise, seria possivelmente verdadeiro, mas irrelevante, porque as regras do jogo da argumentação pública nos proíbem de invocar no debate um saber privilegiado e incomunicável" (Merquior: obra política, filosófica e literária – posfácio. *In*: MERQUIOR, José Guilherme. *O liberalismo antigo e moderno...* obra citada, pp. 364-366). Mises, a seu turno, considera que os antiliberais têm uma "atitude mental patológica" e sugere que precisariam todos se livrar da neurose do "complexo de Fourier" por esforço próprio (obra citada, pp. 43-47).

ções, mensurações e dados objetivos. O acidente com o ônibus espacial Challenger em 1986 poderia ter sido evitado se as alternativas de decisão não estivessem limitadas pela cultura excessivamente racionalista da NASA (*in God we trust; all others must bring data*): alguns engenheiros desconfiaram que o frio excessivo daquela manhã poderia representar um risco sério, mas não estavam em condições de apontar com precisão a temperatura mínima para um lançamento com segurança[68, 69].

Os ricos são mais livres que os pobres?

Para os liberais, essa é uma questão formulada indevidamente. Eles consideram a pobreza um obstáculo à realização de objetivos ou desejos similar à deficiência física. Quer dizer, para eles, assim como a cegueira não é um limite à liberdade de leitura do deficiente visual, a pobreza também não limita a liberdade do pobre. Pensar a falta de dinheiro como uma hipótese de limitação à liberdade pressuporia uma premissa não aceita pelos liberais: a condição de pobreza de uma pessoa deveria ser resultante de uma coerção ou escravidão[70]. Os liberais não deixam de reconhecer que a liberdade tem sentido diferente para um "diplomado em Oxford" e para um "camponês egípcio"[71]. Mas esse sentido diferente não faz dos ricos

---

[68] EPSTEIN, David. *Por que os generalistas vencem em um mundo de especialistas.* Tradução de Marcelo Barbão e Fal Azevedo. Rio de Janeiro: Globo, 2020. pp. 239-267.

[69] As relações entre intuição (que se encontra no Sistema 1) e racionalização (que está no Sistema 2) são um tanto mais complexas, mas, de modo geral, pode-se dizer que o Sistema 2 opera para reduzir as alternativas de decisão vislumbradas pelo Sistema 1 (cf. KAHNEMAN, Daniel. *Rápido e devagar:* duas formas de pensar. Tradução de Cássio de Arantes Leite. Rio de Janeiro: Objetiva, 2012. pp. 234-246, principalmente).

[70] Isaiah Berlin afirma: "sustenta-se, muito plausivelmente, que, se um homem é muito pobre para poder dispor de algo sobre o qual não há proibição legal – uma fatia de pão, uma viagem em volta do mundo, um recurso aos tribunais –, ele é tão pouco livre para ter uma dessas coisas quanto o seria se fosse proibido por lei. Se minha pobreza fosse uma espécie de doença que me impedisse de comprar pão ou de pagar pela viagem ao redor do mundo ou de ter minha apelação ouvida, da mesma forma que a incapacidade física me impede de correr, essa incapacidade não seria naturalmente descrita como uma falta de liberdade, muito menos de liberdade política" (*Quatro ensaios sobre a liberdade...* obra citada, p. 136).

[71] Isaiah Berlin. *Quatro ensaios sobre a liberdade...* obra citada, pp. 137-138.

pessoas mais livres que os pobres, segundo o liberalismo. Ao contrário, os dois possuiriam idênticos graus mínimos de liberdade[72].

A maior liberdade do rico fica difícil de se enxergar quando se comparam duas pessoas diante de desafios cotidianos bem diversos, como o letrado no Reino Unido e o agricultor no Egito. Quando, porém, se consideram duas pessoas diante do mesmo desafio, as alternativas de escolha abertas à decisão do rico são significativamente maiores que as dispostas ao alcance do pobre. A recomendação da Organização Mundial de Saúde, no contexto das medidas de contenção da pandemia da covid-19, de ficarmos todos em casa, saindo apenas em caso de incontornável necessidade, pôde ser observada pela grande maioria dos ricos, mas não pela dos pobres. É falacioso dizer "estamos todos no mesmo barco"; a imagem correta seria "estamos todos na mesma tempestade em alto-mar, mas alguns em iates e outros em jangadas".

Postos na mesma situação (enfrentar a tempestade da covid-19), percebe-se que o advogado formado em Oxford é um homem mais livre porque teve efetivamente como escolher entre aceitar ou não a recomendação da OMS, sopesar os riscos e decidir quais estava disposto a correr; ao passo que o agricultor em Sharqiya não tinha alternativa senão ir trabalhar na plantação de algodão, sem poder escolher os riscos a que se exporia.

A pobreza pode também ser definida não em termos de renda, mas como privação de capacidades, como propõe Amartya Sen[73].

---

[72] Para Isaiah Berlin, "o camponês egípcio antes precisa muito mais de roupas ou de remédios do que de liberdade pessoal, mas o mínimo de liberdade de que ele precisa hoje – e o maior grau de liberdade de que pode vir a precisar amanhã – não é de uma espécie de liberdade que lhe é peculiar, mas idêntica àquela de professores, artistas e milionários" (*Quatro ensaios sobre a liberdade...* obra citada, p. 138).

[73] Amartya Sen pontua: "deprivation of elementary capabilities can be reflected in premature mortatlity, significant undernourishment (especially of children), persistent morbidity, widespread illiteracy and other failures. For example, the terrible phenomenon of 'missing women' (resulting from unusually higher age-specific mortality rates of women in some societies, particularly in South Asia, North Afraica and China) has to be analyzed with demographic, medical and social information, rather than in terms of low incomes, which sometimes tell us rather little about the phenomonon of gender inequality" (*Development as freedom*. New York: Anchor, 2000. pp. 20 e 87-90).

OS LIVRES PODEM SER IGUAIS?

Nessa perspectiva, a quantidade de alternativas efetivamente postas às decisões das pessoas, no plano do cotidiano ou nas grandes questões, é comprimida pelas capacidades reduzidas, ou seja, pelo acesso incompleto à educação, à saúde, à alimentação de qualidade etc. Comparando-se duas pessoas do mesmo sexo, mesma idade e mesma condição física geral, a mais rica é normalmente a que tem as capacidades que lhe proporcionam um grau maior de liberdade[74].

A igualdade marxista

Do mesmo modo que os advogados da liberdade como valor absoluto não argumentam a partir de uma liberdade ilimitada, também os que advogam pela prevalência da igualdade, em caso de conflito de valores, não cogitam da supressão de todas as diferenças entre os seres humanos. Marx, como visto, desenha uma utopia em que a igualdade é proporcionalidade: os que tiverem mais capacidades darão mais e os que tiverem mais necessidades receberão mais. De que igualdade falam, portanto, os que consideram justo o sacrifício da liberdade em seu nome? Não é a igualdade jurídica, que afasta apenas as discriminações pela lei, mas a igualdade chamada material[75]. Mesmo ao valorizarem a igualdade a ponto de não verem problema em sacrificar a liberdade, os marxistas nunca pensaram numa igualização plena, na completa eliminação das diferenças.

---

[74] O desenvolvimento econômico por meio da supressão de obstáculos à liberdade compreende, para Amartya Sen, a redução de diferenças em determinadas capacidades, mas sem enveredar pela busca de uma plena igualdade de capacidades, que poderia ser injusta (*The idea of justice*. Cambridge: The Belknap Press of Harvard University Press, 2009. pp. 295-298).

[75] Na descrição da utopia marxista por Lênin: "democracia significa igualdade. Compreende-se a grande importância que tem a luta do proletariado pela igualdade e a palavra de ordem de igualdade se compreendermos corretamente no sentido da supressão das classes. Mas democracia significa apenas igualdade *formal*. E imediatamente depois da realização da igualdade de todos os membros da sociedade em relação à propriedade dos meios de produção, isto é, a igualdade do trabalho, a igualdade do salário, levantar-se-á inevitavelmente perante a humanidade a questão de avançar da igualdade formal para a igualdade de fato, isto é, para a realização da regra 'de cada um segundo as suas capacidades, a cada um segundo as suas necessidades'" (O Estado e a revolução... obra citada, p. 289).

A igualdade buscada é a de efetivo acesso aos bens e serviços de que as pessoas necessitam. Imaginam uma reorganização da sociedade em que todos se encontrem igualmente satisfeitos em suas necessidades ou o mais próximo disso. Marx acreditava que essa igualdade seria possível, mas não no capitalismo. Enquanto a economia se organiza em torno da liberdade de iniciativa e competição, não se escapa da anarquia na produção. Se cada um que deseja empreender pode livremente decidir o que produzir, quanto produzir e por quanto vender, o resultado será anárquico no sentido de que, de um lado, haverá bens produzidos a mais do que os necessários e, de outro, bens necessários não produzidos.

Em outros termos, na visão marxiana, o desperdício (produção de bens não necessários) e a escassez (não produção de bens necessários) fazem o capitalismo experimentar, de tempos em tempos, crises econômicas. Em suas ponderações dialéticas, Marx contrapõe a produção necessariamente organizada dentro das fábricas à anarquia do mercado fora delas. Essa contradição não pode se perpetuar. Como típico pensador do século XIX, Marx cultivava a fé inabalável na ilimitada capacidade humana de dominar a natureza pela ciência. Pois bem: o desenvolvimento das forças produtivas (designação que dá ao domínio do homem sobre a natureza) forçará inevitavelmente a substituição do capitalismo por outro modo de produção, mais elevado. Na utopia marxista, sobrevirá um sistema econômico em que não haverá anarquia na produção. As decisões sobre o que, como e quanto produzir, bem como sobre a distribuição dos produtos passarão a ser tomadas não mais por uma infinidade de empresários dispersos e egoístas, mas por um órgão do Estado de planejamento científico.

Esse planejamento central asseguraria que todos teriam as suas necessidades atendidas e, assim, estariam sendo tratadas com igualdade material.

Há pelo menos quatro razões pelas quais se percebe a irrealidade dessa igualdade afirmada por Marx. São razões que se expressam na disfuncionalidade das experiências soviética, maoista, cubana, norte-coreana etc.

A primeira razão é a incomensurabilidade das necessidades. Numa oposição dialética, que estranhamente não ocorreu a Marx, as necessidades satisfeitas geram necessidades insatisfeitas. Quem tem fome quer comida, quem tem comida quer roupas, quem tem roupas quer saúde, quem tem saúde quer educação, quem tem educação quer lazer, quem tem lazer quer economias para a velhice, quem tem economias para velhice quer ajudar os filhos a criar os netos, atendendo às necessidades deles de comida, vestuário, saúde etc. Não há como quantificar as necessidades satisfeitas, porque surgem constantemente novas necessidades. Ter internet e *wi-fi* em casa, bons equipamentos de computador e um cômodo silencioso em que possa se conectar são necessidades para os estudantes do ensino a distância.

A segunda razão da patente disfuncionalidade dos sistemas que sacrificaram a liberdade em nome da igualdade está na impossibilidade de se limitarem as necessidades a um patamar mínimo. Sem essa limitação, o planejamento é impossível. Os que consideram factível definir as necessidades básicas costumam chegar a resultados muito abstratos. Imagine que cheguemos ao consenso de que todos têm direito ao ensino superior; pois bem, como trataremos a demanda daqueles estudantes que, após alguns anos de formação, concluem ter feito a escolha errada? Não parece nada sensato respondermos que a necessidade básica é a de um único curso superior, a despeito de ter sido mal escolhido pelo estudante. Seria o mesmo que negar a essa parcela da juventude o atendimento à necessidade básica do ensino superior. Mas qual é o limite? Todos teriam direito a quantas tentativas até se identificar com o curso? Em que momento o planejador central poderia dizer "Basta! Você fica sem a necessidade básica de um curso superior satisfeito porque é muito indeciso"?

Outra razão decorre dos incentivos oferecidos às pessoas encarregadas do planejamento. No capitalismo, a distribuição fica a cargo de pessoas que escolhem ser comerciantes; no regime de planejamento estatal, fica sob a responsabilidade de um funcionário público. Imagine que determinado vilarejo está desabastecido de certo produto: papel higiênico. No capitalismo, os que se propuserem a prover o abastecimento estarão motivados pelos lucros que ganharão com a atividade comercial. Se empenharão na busca de meios para vender o produto em falta, pelo modo mais rápido e eficaz. Se houver dois ou mais comerciantes agindo para resolver o nó na distribuição, a competição entre eles tende a reduzir o preço do produto. Que incentivos, contudo, são oferecidos ao funcionário público lotado no órgão de planejamento estatal para ele buscar uma solução, rápida e eficaz, para a questão do desabastecimento? Em geral, o salário dele não será afetado, quer o papel higiênico chegue às gôndolas dos armazéns do vilarejo, ou não. E ainda que se pense num sistema de estímulos salariais, as iniciativas do funcionário mais diligente tendem a ser constrangidas pelo emaranhado da teia burocrática de divisões de competência. Ele está administrando dinheiro público e tende a não ter autonomia para aumentar ou diminuir o preço a ser pago pelo papel higiênico.

Em quarto lugar, a razão mais importante. Não existe planejamento científico. Na época em que Marx viveu, ainda se acreditava na possibilidade de se transpor para o conhecimento das humanidades o mesmo rigor que as ciências naturais haviam alcançado. O marxismo, aliás, é o último empreendimento da humanidade que acreditou ser possível a reorganização científica da sociedade[76].

Mensurações revelam que as revoluções feitas sob a inspiração do marxismo podem ter conseguido, durante certo tempo, mitigar as desigualdades. O feito, porém, parece ter decorrido mais da violência das expropriações, das diásporas forçadas e da centena de milhões de mortes do que de um planejamento econômico central científico[77].

Qual igualdade?

Somos e continuaremos a ser diferentes: uns mais fortes, mais saudáveis, mais inteligentes, mais jeitosos com as tarefas práticas,

---

[76] Meu *Biografia não autorizada do Direito...* obra citada, pp. 247-252.
[77] SCHEIDEL, Walter. *A violência e a história da desigualdade*: da Idade da Pedra ao século XXI. Tradução de Jaime Araújo. Lisboa: Edições 70, 2018. pp. 297-321.

mais talentosos nos instrumentos musicais, mais competentes no uso da linguagem, mais habilidosos na culinária, mais ágeis e dispostos, com mais facilidade para aprender, mais desenvoltura para o trato social, mais sensibilidade para ser curador de exposição de arte etc. que outros. A diversidade (isto é, desigualdades por diferenças e não por diferenciações) é uma riqueza da humanidade de que não devemos abrir mão.

A igualdade concreta

A liberdade concreta, como visto, é a quantidade de alternativas que se abrem às decisões das pessoas. A lei, a moralidade, as regras de etiqueta, a condição econômica, a saúde psíquica e outros fatores aumentam ou reduzem essa quantidade; ampliam ou constrangem a liberdade. Ninguém é tão livre a ponto de não se deparar com nenhum balizamento às alternativas sobre as quais pode decidir.

A igualdade concreta é a equalização da liberdade. Quanto mais próximas forem as quantidades de alternativas que se abrem às decisões de duas pessoas, mais iguais elas são. Essa equalização se alcança por dois modos: aumentando a quantidade de alternativas abertas à decisão dos menos livres ou diminuindo a dos mais livres. Em alguns casos, são movimentos sincrônicos, de soma zero.

Quer dizer, uma das maneiras de ampliar a igualdade é aumentar a liberdade dos menos livres; outra é reduzir a dos mais livres; uma terceira é aumentar a liberdade dos menos livres à custa da diminuição da liberdade dos mais livres. Para induzir um ou outro movimento, deve-se agir nos fatores que impactam a quantidade de alternativas abertas às decisões: regime político, condição econômica, saúde psíquica, vieses no processo cognitivo etc.

Quando se pensa na liberdade concreta, vê-se que nem mesmo a experiência soviética a aniquilou por completo. Nunca houve a mínima concessão, claro, para as liberdades democráticas, mas se pensássemos na quantidade de alternativas que os altos escalões da burocracia estatal viam abertas às suas decisões, no dia a dia ou no curso da vida, encontraremos uma dose considerável de liberdade. Do mesmo modo, se a comparássemos com a quantidade de alternativas abertas às decisões da maioria dos trabalhadores russos, ucranianos, georgianos e das demais nacionalidades da União Soviética, encontraríamos uma gritante desigualdade.

Igualdade de oportunidades

Os liberais costumam identificar somente uma igualdade compatível com a liberdade – a "igualdade de oportunidades"[78]. Mas é preciso atentar para o fato de que o liberalismo tem uma visão bastante restrita sobre a questão. Os dois valores são conciliáveis, no pensamento liberal, apenas enquanto a igualdade de oportunidades se define pelas ações dos governos feitas com o objetivo de neutralizar as vantagens do nascimento; ações estas, ademais, limitadas estritamente às áreas em que o Estado mínimo pode intervir (um concurso para policiais ou juízes, por exemplo). Para os liberais, ações do governo destinadas a assegurar a todos o mesmo ponto de partida seriam não só infrutíferas, mas totalmente opostas à liberdade[79]. O liberalismo, assim, classifica como agressão ao valor da liberdade qualquer ação afirmativa. De outro lado, ressaltam que igualdade de oportunidades é um subproduto desejável da sociedade livre, mas não a sua justificativa[80].

Administração da liberdade e da igualdade

Aonde chegamos? A liberdade defendida pelos liberais é um axioma e, se um dia existiu, não mais existe na complexa sociedade contemporânea. A igualdade defendida pelos marxistas também

---

[78] É necessário excepcionar os libertários. Conforme ressalta Murray Rothbard, "a única 'igualdade' que [o liberátio] defende é o direito igual de todo homem à propriedade de sua própria pessoa, da propriedade dos recursos ainda não usados de que ele 'primeiro se apropriou,' e da propriedade de outros que ele tenha adquirido através de doação ou troca voluntária' (*O manifesto libertário...* obra citada, p. 58).
[79] HAYEK, Friedrich. *The constitution of liberty*: the definitive edition. Chicago: University of Chicago Press, 2011. pp. 154-156.
[80] FRIEDMAN, Milton. *Capitalismo e liberdade...* obra citada, p. 171.

não existe e, quando se tentou dar-lhe concretude, não se obteve sucesso. Por isso só, já se percebe o despropósito do debate sobre qual desses valores deveria sempre prevalecer sobre o outro, em caso de tensões. É um debate sem referencial semântico, uma discussão sobre nada.

Por isso, devemos discutir a liberdade e a igualdade concretas. Isto é, o cabimento, ou não, de ações visando à equalização da quantidade de alternativas entre os mais livres e os menos livres[81]. Como disse, tais ações têm por objeto induzir ou retrair os efeitos dos fatores que podem ampliar ou reduzir essa quantidade. Não tratarei de todas as ações dessa natureza. (Na verdade, não conseguiria tratar pela vastidão do assunto. Vou cuidar da mais importante delas para o Brasil de hoje, que são as ações afirmativas visando reduzir a desigualdade racial.) De outro lado, com o objetivo de focar as relações entre liberalismo e direito, pretendo me concentrar no tema da intervenção do Estado na economia e as políticas públicas.

Um leitor poderia redarguir: se o tema é pontual assim, qual é a razão desse primeiro capítulo, com problematizações em torno de valores e suas hierarquizações? A razão é a seguinte: é necessário desencastelar a discussão do axioma do liberalismo. Os liberais ainda precisam demonstrar os fundamentos pelos quais a liberdade seria um valor que sempre deve prevalecer sobre a igualdade, em caso de conflito. O retumbante fracasso da experiência soviética demonstra os muitos desacertos do marxismo, mas não prova que os liberais estão ou estavam certos.

---

[81] Minha abordagem não transitará pela discussão por assim dizer ética das tensões e formas de compatibilização entre os valores da igualdade e liberdade, como é a de autores como, por exemplo, Ronald Dworkin (*A raposa e o porco-espinho*: justiça e valor. Tradução de Marcelo Brandão Cipolla. São Paulo: WMF Martins Fontes, 2014. pp. 537-578).

2. Liberdade e desigualdade

O "homem livre" não existe. É uma abstração, um axioma[1]. Existem "pessoas mais livres" e "menos livres": a liberdade concreta é sempre relacional.

Os graus de liberdade de uma pessoa estão em razão direta com a quantidade de alternativas que se abrem à decisão dela. Tanto nas inumeráveis decisões pontuais a tomar a cada instante (*por qual tarefa inicio a minha jornada de trabalho? Que peso eu consigo levantar nesse exercício de fortalecimento muscular? Em que restaurante vou almoçar?* etc.) até nas cruciais para o direcionamento da vida (*caso ou permaneço solteiro? Tenho filhos? Em que profissão eu me gratificarei mais?* etc.), sempre há maior ou menor número de alternativas ao alcance das pessoas. Fiquemos apenas com as alternativas por assim dizer reais, excluindo as fantasiosas e os desejos irrealizáveis. Aquele que cumpre pena de reclusão em sistema fechado tem pouca liberdade porque pode decidir sobre uma quantidade de alternativas bem reduzida. A vítima de um grave atropelamento que está completamente imobilizada numa cama de hospital tem ainda menos liberdade porque as suas alternativas de decisão são diminutas, eventualmente nenhuma[2].

---

[1] ARENDT, Hannah. *Entre o passado e o futuro.* 2. ed. Tradução de Mauro W. Barbosa de Almeida. São Paulo: Perspectiva, 1979. pp. 188-190.
[2] Há certa proximidade entre o conceito de liberdade concreta que apresento aqui e a liberdade no contexto da abordagem da capacidade (*capability approach*) de Amartya Sen: "in

É útil, para conceituar "liberdade", trazer à cena o seu oposto: o poder. Essa é, aliás, uma abordagem bastante corriqueira no tema³. Particularmente, considero elucidativo um esquema teórico de vaga inspiração luhmanniana⁴ em que o poder é visto como meio de comunicação⁵. E, como tal, ele é a influência que uma pessoa (*alter*) exerce nas seleções de outra (*ego*), reduzindo as alternativas de decisão desta última. Vivemos num mundo cada vez mais complexo. É incontornável. A complexidade amplia as alternativas de decisão abertas às pessoas, que precisam escolher. Das muitas alternativas, apenas *uma* será selecionada, ainda que seja a de não fazer nada naquele momento em relação a determinada demanda. Escolher não escolher também é uma escolha. Quando a decisão de *ego* é influenciada por *alter*, no sentido de excluir determinadas alternativas, há entre eles uma relação de poder.

Note a diferença com a coação – no poder, *alter* não elimina todas menos uma das alternativas de decisão de *ego*, como aconte-

---

contrast with the utility-based or resource-based lines of thinking, individual advantage is judged in the capability approach by a person's advantage in terms of opportunities is judged to be lower than that of another if she has less capacbility – less real oportunity – to achieve those things that she has reason to value. The focus here is on the freedom that a person actually has to do this or be that – things that he or she may value doing or being" (*The idea of justice...* obra citada, pp. 231-232). Essa proximidade inicial se desfaz, porém, ao longo das reflexões, como procurarei assinalar em notas de rodapé.

³ Para Norberto Bobbio, "a diferença entre liberalismo e autoritarismo (melhor que totalitarismo) está na diversa conotação positiva ou negativa dos dois polos opostos, poder e liberdade, e das consequências que disso derivam. O liberalismo é a doutrina na qual a conotação positiva cabe ao termo 'liberdade', com a consequência de que uma sociedade é tanto melhor quanto mais extensa é a esfera da liberdade e quanto mais restrita é a do poder" (*Liberalismo e democracia...* obra citada, p. 100).

⁴ As categorias "complexidade", "seletividade", "dupla seletividade" e "contingência" estão nas bases da teoria sociológica de Niklas Luhmann destinada à compreensão do direito (*Sociologia do direito I*. Tradução de Gustavo Bayer. Rio de Janeiro: Tempo Brasileiro, 1983. pp. 42-53). Meu esquema sobre a liberdade é uma inspiração vaga em tais utopias porque está inteiramente descontextualizado da teoria dos sistemas. Aliás, a teoria de Luhmann não lida facilmente com a questão das desigualdades, mesmo quando recorre à forma inclusão/exclusão (cf. BACHUR, João Paulo. Desigualdade, classe social e conflito: uma releitura a partir da teoria de sistemas de Niklas Luhmann. *In*: DUTRA, Roberto; BACHUR, João Paulo (org.). *Dossiê Niklas Luhmann*. Belo Horizonte: Editora UFMG, 2013. pp. 183-217).

⁵ FERRAZ JÚNIOR, Tércio Sampaio. *Estudos de filosofia do direito*: reflexões sobre o poder, a liberdade, a justiça e o direito. São Paulo: Atlas, 2002. pp. 35-41.

ceria se o estivesse coagindo; somente as reduz. Quem não está sob o poder de ninguém é mais livre do que quem está porque, não se sujeitando à influência de outrem, pode optar entre uma quantidade maior de alternativas.

Se A e B estão na mesma situação jurídica, a lei do país em que vivem exclui igual quantidade de alternativas de decisão para as duas. Se A e B possuem condição econômica equivalentes, ela também exclui igual quantidade de alternativas para ambas. Se a idade, o local de moradia, o preparo físico, educação, a acuidade mental e a saúde de A e B se aproximam, mais uma vez a quantidade de alternativas postas à decisão delas diminuem na mesma extensão. A e B, em tais circunstâncias, são pessoas que desfrutam do mesmo grau de liberdade.

Ao seu turno, se C é mais rica, forte, saudável e educada que D, terá para as suas decisões uma quantidade de alternativas *normalmente* maior. Ela é a mais livre entre essas duas pessoas. Claro que se, apesar dessas vantagens todas, C tiver sido sequestrada, suas alternativas no cativeiro se reduzem de forma drástica (*reagir agora ou aguardar, ser simpática ou carrancuda, tentar o suicídio ou manter-se viva* etc.) e ela subitamente se torna menos livre que D[6].

A definição da liberdade em função de graus medidos pela quantidade de alternativas de decisão permite contextualizar também a discussão sobre a sua tensão com a igualdade concreta. Quanto mais próximos forem os graus da liberdade desfrutada por duas pessoas, maior igualdade haverá entre elas. Quando essa aproxi-

---

[6] Amartya Sen observa que a avaliação da quantidade de alternativas postas ao alcance das decisões de alguém não pode desconsiderar, por outro lado, o crivo dos objetivos gerais e específicos dela (*Develompent as freedom...* obra citada, pp. 117-118). Assim, dizer que uma jovem casada teria sempre a alternativa de optar entre ser empregada doméstica ou dona de casa é não levar em conta os objetivos dela, com os quais eventualmente não se compatibilizam nem uma nem outra dessas possibilidades; se a jovem queria, na verdade, continuar os estudos, mas não tinha meios para isso, é uma idealização dizer que ela estava livre para escolher entre duas opções não desejadas. Em outra obra, ele esclarece que, atendidos os objetivos da pessoa, é irrelevante para mensurar a maior ou menor liberdade se a realização da alternativa escolhida depende de interferência de terceiros (serviços públicos ou caridade privada) ou dos próprios recursos (*The idea of justice...* obra citada, pp. 304-307).

mação se faz pelo aumento das alternativas ao alcance daquela que era a menos livre, sem reduzir as abertas à decisão da que era mais livre, os dois valores são inteiramente conciliáveis. Não há conflito entre os valores liberdade e igualdade, nesse caso.

Mas quando essa aproximação é feita com o aumento das alternativas de decisão de uma pessoa e a simultânea redução das da outra, a igualdade é o valor prevalecente sobre o da liberdade. Assim como a liberdade prepondera sobre a igualdade quando os números de alternativas de decisão de duas pessoas não estão se aproximando, seja por se preservar o distanciamento entre eles ou até mesmo por ampliação da diferença.

A qualidade das alternativas

A comparação entre a quantidade de alternativas postas à decisão de duas pessoas para definir o grau de igualdade existente entre elas não pode deixar de levar em conta também a "qualidade". Se A e B estão com uma doença cardíaca e precisam passar por cirurgia, não é suficiente para considerá-los iguais o fato de eles possuírem planos de saúde que cobrem o tratamento. Se o plano de saúde de A permite a escolha do segurado entre três hospitais de primeira linha, mas o de B só permite escolher entre três hospitais menos categorizados, é evidente não existir igualdade entre eles tão somente porque estão abertas a ambos a mesma quantidade de alternativa de hospitais.

As políticas de combate às exclusões

As políticas públicas de combate às exclusões (mais conhecidas como "políticas de inclusão") promovem a igualdade por aumentarem (quantitativa e qualitativamente) as alternativas de decisão verdadeiramente postas ao alcance de um contingente maior de pessoas, tornando-as mais livres. Por vezes, essa promoção da igualdade exige a subtração de alternativas de decisão de outras pessoas (por exemplo, obrigando-as ao pagamento de novo imposto, reduzindo as vagas da universidade pública pelas quais pode competir etc.); por vezes, ela não impacta a liberdade de ninguém.

No plano dos costumes, liberdade e igualdade convergem no sentido de que ninguém precisa ser privado de alternativas de decisão para que outra pessoa possa ampliar as dela. Quando o direito passa a admitir o casamento entre pessoas do mesmo sexo, por exemplo, promove-se a igualdade ampliando a liberdade de algumas pessoas, sem sacrificar a de outras. Antes da alteração na ordem jurídica, a alternativa de se casar com quem se ama não estava ao alcance das pessoas homossexuais, que eram, então, menos livres que as heterossexuais. Com a admissão do casamento entre pessoas do mesmo sexo, a alternativa de se casar com quem se ama fica ao alcance de todos, independentemente da orientação sexual. Mas não se vê, aqui, nenhum jogo de soma zero.

Em outros planos (educação, economia, acesso à cultura etc.), porém, a promoção da igualdade geralmente depende de redução da liberdade, verificada na supressão de alternativas de decisão efetivamente ao alcance de algumas pessoas. Neles é que os valores liberdade e igualdade entram em choque e se faz necessária a discussão acerca dos critérios de administração da tensão.

Para entendermos melhor as complexas relações entre liberdade/poder e igualdade/desigualdade, vamos retroceder às primeiras décadas da Idade Contemporânea. Mais especificamente a 1819, ano em que Benjamin Constant diferenciou a liberdade dos antigos e a dos modernos na ocasião em que proferiu um discurso referencial para o liberalismo, em uma de suas palestras no Ateneu Real de Paris[7].

As liberdades de Constant

Benjamin Constant descreveu a liberdade em determinadas organizações políticas da Antiguidade, que chamou de "repúblicas

---

[7] *A liberdade dos antigos comparada à dos modernos.* Tradução de Leandro Cardoso Marques da Silva. São Paulo: Edipro, 2019.

antigas", como essencialmente diferente da almejada por seus contemporâneos na Europa. Os antigos se consideravam livres quando podiam intervir nos negócios públicos, isto é, ao participarem das decisões de fazer a guerra ou a paz e dos julgamentos dos governantes, por exemplo. Nos negócios privados, porém, eles não eram livres, porque estavam submetidos ao "corpo coletivo". Já os contemporâneos de Constant (os "modernos") tinham uma visão quase antagônica da liberdade, porque não davam tanta importância aos negócios públicos, dos quais não queriam participar diretamente, como os antigos. Contentavam-se com algum sistema político de representação. Mas prezavam a independência individual. Sentiam-se livres quando viviam onde os "prazeres privados" estavam assegurados[8].

Os motivos da diferença entre os ideais de liberdade dos antigos e dos modernos são explicados por Constant em fatores como o tamanho da população, a escravidão e a substituição da guerra pelo comércio entre os povos. Ele lembrava que o número elevado de cidadãos dos Estados modernos era um impedimento à participação direta nas decisões relativas aos negócios públicos, no que tinha razão. Mas, para dizer o mínimo, revelava pouco empenho em observar a realidade com atenção ao acreditar que vivia numa Europa sem escravizados e pacífica. A inexistência de escravizados no solo da Europa é irrelevante, porque o principal sustentáculo da economia do continente naquele tempo estava na escravização de africanos para a exploração colonial da América[9]. E o comércio, como sempre, prosperava *a despeito* da guerra e não *no lugar* dela.

---

[8] "O objetivo dos antigos era a partilha do poder social entre todos os cidadãos de uma mesma pátria. Era isso o que eles chamavam de liberdade. O objetivo dos modernos é a segurança nos prazeres privados; e eles chamam de liberdade as garantias concedidas pelas instituições a tais prazeres" (*A liberdade dos antigos comparada à dos modernos...* obra citada, p. 59).

[9] Marx assinalou, em 1847: "a escravidão direta [dos negros no Suriname, no Brasil, nas regiões meridionais da América do Norte] é o eixo da indústria burguesa, do mesmo modo que as máquinas, o crédito etc. Sem a escravidão não teríamos o algodão; sem o algodão não teríamos a indústria moderna. Foi a escravidão que deu às colônias o seu valor, foram as colônias que criaram o comércio mundial que é a condição da grande indústria. Por isso a escravidão é uma categoria econômica da maior importância" (*Miséria da filosofia*. Tradução de J. Silva Dias e Maria Carvalho Torres. Porto: Escorpião, 1976. p. 89).

Constant, na verdade, desconfiava da participação popular nos movimentos políticos e achava que ela tinha sido meramente circunstancial na Revolução Francesa (1789). Ele apoiou o surgimento da Primeira República (1795), lamentou o golpe de Napoleão em 18 Brumário (1799) e estava na oposição durante o Primeiro Império (1804)[10]. Em 1819, quando proferiu o seu famoso discurso no Ateneu Real, eram os tempos da Restauração, e Constant se aliara aos que lutavam para que a França adotasse o mesmo regime de monarquia constitucional que vinha assegurando a estabilidade política do outro lado do Canal da Mancha havia mais de um século. Para ele, o rei deveria exercer um quarto poder no Estado, com a função de garantir o equilíbrio entre os demais[11].

Ao qualificar de anacrônica a liberdade vista como participação direta nos negócios públicos, Constant parece buscar um freio ao envolvimento de trabalhadores nos movimentos políticos. Essa classe social estava vendo a antiga aliada da Revolução Francesa, a burguesia, chegar a acordo com a aristocracia em torno de um rearranjo político do qual estava excluída. Ao lamentar que pessoas bem-intencionadas não tivessem atentado, na Revolução France-

---

[10] SCHALLENMÜLLER, Christian Jecov. Prefácio. *In*: CONSTANT, Benjamin. *A liberdade dos antigos comparada à dos modernos...* obra citada, pp. 19-24.

[11] "Os três poderes políticos, tais como os conhecemos até aqui – o poder executivo, o legislativo e o judiciário –, são três instâncias que devem cooperar, cada qual em sua parte, com o movimento geral. Mas quando essas engrenagens avariadas se cruzam, se entrechocam e se bloqueiam, é necessária uma força para repô-las em seu lugar. Essa força não pode estar numa dessas engrenagens mesmas, pois senão ela lhe serviria para destruir as outras. Tem de estar fora, tem de ser de certo modo neutra, para que sua ação se aplique onde quer que seja necessário aplicá-la e para que ela seja preservadora e reparadora sem ser hostil. A monarquia constitucional tem a grande vantagem de criar esse poder neutro na pessoa do rei, já cercada de tradições e lembranças, e revestida de uma força de opinião que serve de base à sua força política" (*Escritos políticos*. Tradução de Eduardo Brandão. São Paulo: Martins Fontes, 2005. p. 204). Alguns liberais brasileiros pensam que o Poder Moderador da Constituição Imperial foi inspirado por Benjamin Constant (cf. MACEDO, Ubiratan Borges de. O liberalismo doutrinário. *In*: PAIM, Antonio (org.). *Evolução histórica do liberalismo*. São Paulo: LVM, 2019. p. 92). Mas isso é um equívoco porque, para o pensador francês, a força para equilibrar os três poderes "não pode estar numa dessas engrenagens mesmas" enquanto, na Constituição Imperial, o Imperador exerce simultaneamente os Poderes Executivo e Moderador.

sa, à peculiaridade da liberdade moderna, arredia ao envolvimento nos negócios públicos, Constant faz uma referência velada à necessidade de manter a participação popular a certa distância, sob controle, para não pôr em perigo a nascente monarquia constitucional francesa. Talvez ele estivesse antevendo que a insatisfação popular deflagraria movimentos de contestação não mais apenas do regime político, mas da própria ordem econômica. De fato, essa pauta aparecerá nas revoluções de 1830 e 1848 e será a protagonista da Comuna de Paris de 1871.

A rigor, *A liberdade dos antigos comparada à dos modernos* não é um estudo consistente das diferenças entre a organização política da Antiguidade e do início da Idade Contemporânea. Não passa de um discurso político, destinado a desqualificar a participação popular nos movimentos políticos que vinham sacudindo a França desde 1789. Digo isso por duas razões.

A primeira é a pouca nitidez na identificação do regime político trazido da Antiguidade à comparação. Constant não é claro ao apontar quais seriam os povos que viviam nas "repúblicas antigas". Exclui espartanos e gauleses. Admite que o auditório pode estar pensando nos atenienses, mas também os descarta. Parecem restar apenas os romanos, mas Constant não se preocupa em precisar em que momento a liberdade teria sido entendida como participação política direta nos negócios públicos na quase milenar história do Império Romano do Ocidente (que vai dos reinados do século VII AEC à deposição do último imperador por um rei gótico no século V EC). Nesse longo período, aconteceram inúmeras reconfigurações da estrutura política de Roma. Talvez ele tivesse em mira apenas os comícios, a assembleia popular que teve algum poder durante a República.

A segunda razão para não se tomar a preleção no Ateneu Real senão como um discurso político está na ausência de qualquer aprofundamento sobre as diferenças entre o pensamento antigo e o contemporâneo. Também contribui para a abstração do paradigma Constant não levar em conta que o referencial semântico da palavra "liberdade" dado a um francês do século XIX era, para os gregos antigos, a oposição ao necessário, isto é, ao destino decidido pelos deuses[12].

Liberdade e exclusão

A liberdade política dos antigos pressupunha a *liberação*, isto é, só se considerara livre e, portanto, autorizado a participar da vida política o homem do sexo masculino que não estivesse prisioneiro das necessidades da vida[13]. Em outros termos, a liberdade era uma decorrência da propriedade de terras e de escravos – não era suficiente alguém possuir um pedaço de terra sem escravos para cuidar do pesado trabalho agrícola.

Na organização política da antiga Grécia, somente o homem proprietário de terras e escravos estava liberado das necessidades materiais e conquistava a liberdade; mais que isso, somente ele podia ser um "igual". Propriedade, liberdade e igualdade estavam sempre associadas e segregavam uma parcela muito pequena das pessoas que viviam nas cidades-Estados ou em seu entorno: os homens do sexo masculino ricos e reconhecidos como descendentes das famílias ancestralmente estabelecidas na cidade compunham a pequena elite que participava da esfera política. É simplesmente fantasiosa a concepção de que das deliberações políticas, na democracia ateniense, participavam diretamente todos os moradores de Atenas.

A cidadania como privilégio de poucos homens do sexo masculino, ricos e de famílias aristocráticas excluía da pólis um contin-

---

[12] Cf. FERRAZ JÚNIOR, Tércio Sampaio. *Estudos de filosofia do direito...* obra citada, pp. 76-86.
[13] Para Hannah Arendt: "antes que se tornasse um atributo do pensamento ou uma qualidade da vontade, a liberdade era entendida como o estado do homem livre, que o capacitava a se mover, a se afastar da casa, a sair para o mundo e a se encontrar com outras pessoas em palavras e ações. Essa liberdade, é claro, era precedida da liberação: para ser livre, o homem deve ter-se libertado das necessidades da vida. O estado de liberdade, porém, não se seguia automaticamente do ato de liberação. A liberdade necessitava, além da mera liberação, da companhia de outros homens que estivessem no mesmo estado, e também de um espaço público comum para encontrá-los – um mundo politicamente organizado, em outras palavras, no qual cada homem livre poderia inserir-se por palavras e feitos" (obra citada, p. 194).

gente considerável das pessoas que nela moravam e trabalhavam. Estavam excluídos das deliberações de interesse coletivo as mulheres, os escravos, os pequenos agricultores, os comerciantes e os manufatureiros, além de todos os estrangeiros – incluindo os que, mesmo tendo nascido na cidade-Estado, não eram de famílias aristocráticas.

A exclusão da vida política de grandes parcelas dos habitantes do lugar é uma característica comumente encontrada em meio à enorme diversidade de tipos de organização política da Antiguidade greco-romana. Outro traço comum era a permanente instabilidade. Os excluídos de vez em quando manifestavam descontentamento, com mais ou menos violência; e a elite defendia os seus privilégios também com mais ou menos violência e, por vezes, era obrigada a fazer concessões. Intervalos na linha do tempo em que vigorou a proibição dos funerais ostensivos sugerem que esta era uma das medidas de contenção da pressão social. Diante disso, a ideia de um único e largamente disseminado modelo de "liberdade dos antigos", em que todos os moradores de uma cidade participavam diretamente das decisões de interesse público, é pura ilusão de Constant.

Na Antiguidade, a casa e o espaço público da política eram dois ambientes diferentes e incomunicáveis. Somente transitava de um para o outro o homem do sexo masculino, aristocrático e proprietário de terras e escravos. No espaço público, havia liberdade e igualdade, mas na casa imperavam o domínio e a desigualdade. O igual entre iguais no espaço público da política era o ditador na casa, com poderes absolutos, de vida ou morte, sobre a mulher, a mãe, os irmãos, os filhos, os netos e os escravos (e entre esses, também se estabeleciam hierarquias, isto é, relações desigualitárias).

A liberdade política estava sempre associada à exclusão da maioria das pessoas nas organizações políticas da Antiguidade, mesmo em Atenas, a cidade-Estado da Grécia mais comumente associada à democracia. Para um grego, a participação das mulheres nas discussões e deliberações da pólis soaria tão estranho como soa estranho para nós, no Brasil do século XXI, a exclusão delas do direito de votar e serem votadas em eleições.

A associação entre liberdade e exclusão permanecerá por muito tempo na cultura de raízes europeias[14]. Na verdade, apenas ao longo do século XX iniciou-se o lento e conflituoso processo de inclusão dos setores marginalizados da vida política. Os "todos" que foram "criados iguais" de acordo com a Declaração de Independência dos Estados Unidos não eram definitivamente "todos os seres humanos" que habitavam os territórios das treze ex-colônias: mulheres, negros escravizados, indígenas não estavam entre eles. Os membros da Assembleia Nacional Francesa que aprovaram, em 1789, a Declaração dos Direitos do Homem e do Cidadão, também não estavam pensando em mulheres e escravizados ao proclamarem que "os Homens nascem e são livres e iguais em direitos". Do mesmo modo, a liberdade dos modernos do discurso político de Constant não incluía mulheres e escravizados.

No início da Idade Contemporânea, ainda não se considerava "livre e igual" quem não pertencesse à elite econômica. A liberdade e a igualdade continuavam a se associar à propriedade, mas por um fundamento diferente do aceito pelos antigos. A exclusão dos pobres não se justificava mais pela ideia de liberação das necessidades materiais (só tem direito de participação política quem não precisa trabalhar), mas pela capacidade contributiva (só tem direito de participação política quem paga impostos). Parecia razoável ao pensamento de então que apenas participasse da vida política quem desse determinada contribuição à manutenção do Estado, ao pagar tributos. O voto censitário só deixou de ser o padrão no final do século XIX. No Brasil, a Constituição de 1824 atribuía o direito de voto apenas aos homens que tivessem determinada renda líquida anual ("*cem mil-réis por bens de raiz, indústria, commercio, ou empregos*", fixava o art. 91, V).

A liberdade e a igualdade eram para poucas pessoas; delas estavam excluídas as "não-pessoas".

---

[14] Para Lênin, "a liberdade da sociedade capitalista permanece sempre aproximadamente como era a liberdade nas repúblicas gregas antigas: liberdade para os escravistas" (O Estado e a revolução... obra citada, p. 281).

O homem sem infância desiste de buscar a felicidade

John Stuart Mill não teve infância. Não foi criança, foi um experimento. O seu pai, James Mill, um erudito historiador e seguidor do utilitarismo de Jeremy Bentham, de quem era amigo, resolveu que o primogênito não iria para a escola. Ele próprio o educaria em casa. Mais que isto, o pequeno John teria uma educação bem diferente da fornecida pela instrução inglesa daquele tempo. Começaria aprendendo grego e latim, para poder ler os clássicos no original ainda criança. Seria constantemente estimulado a pensar e nunca seria solicitado a realizar qualquer tarefa de memorização.

John já sabia grego com 3 e começou a estudar latim aos 8 anos. Na infância também estudou matemática e leu livros de história. Seu único professor foi o pai, de quem recebeu lições de moral, civilização e governo. Mesmo quando se interessava por temas que o pai não conhecia (cálculo diferencial, por exemplo), John não podia contar com o auxílio de outros adultos ou professores: teve que se virar sozinho com os livros da biblioteca paterna.

A diretriz pedagógica – se se pode chamar assim – era não perder tempo. John teve raríssimo contato com literatura infantojuvenil, lembrando-se de ter lido *Robinson Crusoé*. Ele simplesmente não brincou em toda a infância. Contato com outras crianças só teve com os irmãos, e não era para brincar que se encontravam, mas sim para que John os ensinasse. Essa era uma das coisas que mais o desagradava – ter que repassar conhecimentos aos irmãos menores. Reconhece, contudo, que isso trouxe algum proveito para ele mesmo, por ajudar na fixação de conhecimentos. Outra queixa dele era a falta de oportunidade para reproduzir, em casa, as experiências científicas que lia nos livros de química.

O pai achava que John deveria desenvolver habilidades de poeta, porque as pessoas (segundo ele) davam mais valor aos versos que à prosa. O menino odiava a tarefa obrigatória de escrever versos, embora tivesse grande apreço pela poesia clássica. Gostava particularmente da *Ilíada*, que imagina ter lido vinte ou trinta vezes numa tradução em inglês. E havia pensado até mesmo em escrever a continuação da epopeia dos gregos em guerra com os troianos. O que seria uma atividade prazerosa, no entanto, tornou-se aborrecimento porque o pai o proibiu de abandonar o ambicioso projeto, quando John se desinteressou. Como tarefa de *homeschooling*, traduziu Horácio para o inglês. Estudou a contragosto os poetas ingleses admirados pelo pai, mas teve pouco contato com Shakespeare, de que James não gostava. O que Mill-filho voluntariamente escreveu sobre história não interessou ao Mill-pai – o garoto destruiu os escritos, algo de que se arrependeria no futuro.

Aos 12 anos começou a estudar filosofia, iniciando pela lógica. Convenceu-se de que a capacidade de identificar falácias nos argumentos seria o mais importante objetivo dos passos iniciais do processo educacional; mais ainda que a matemática. As lições do pai sobre oratória, a partir dos clássicos gregos e romanos, também são consideradas por John etapas cruciais de sua formação. Mas recorda como uma das mais doloridas tarefas a de os ler em voz alta para o pai, que era exímio em oratória. O pai-professor perdeu muitas vezes a paciência com o seu filho-aluno nessas horas. Quando John errava na modulação da voz, James, em vez de mostrar como seria a inflexão correta lendo o mesmo trecho, limitava-se a repetir qual das regras de oratória havia sido negligenciada. Eram regras que o próprio James criara e nunca escrevera. John reclama disso também, embora reconheça a posterior utilidade desses tensos exercícios e lamente não ter anotado as regras de oratória do pai.

Começou a estudar economia política também em casa aos 13 anos. Na verdade, John apenas deixou de ser aluno do pai ao completar 14 anos e partir para uma viagem de um ano à França, com o objetivo de aprofundar o estudo das ciências naturais e da matemática.

Ao escrever a autobiografia, avaliou que ter aprendido bastante jovem o que normalmente se aprende com mais idade foi extremamente benéfico. Ele conjecturou que o modelo de sua educação caseira seria replicável por não reconhecer em si nenhuma habilidade acima da média das demais crianças e jovens. Mas admitiu que contribuíram muito para o sucesso, no seu caso, as habilidades e a erudição do pai, graças às quais teve uma vantagem na aceleração do tempo de educação, que estimou em um quarto de século. Por outro lado, foi convencido por James Mill de que a superioridade dos seus conhecimentos, quando se comparava aos demais jovens da mesma idade, mesmo os mais bem-educados, não era produto de méritos dele, John, mas da rara vantagem que teve de poder contar com um pai com fina e rara capacidade para o ensinar. Claro, deve ter contado também que os poucos frequentadores da casa paterna eram também pessoas eruditas, como o economista David Ricardo, o médico e político Joseph Hume e o jurista John Austin, além do filósofo Jeremy Bentham. A viagem à França, embora sem nenhum propósito de fazer amizades e relaxar, também teria sido um diferencial na educação do jovem Mill.

A falta de folguedos na infância e de amigos da mesma idade na juventude não tardaram a exigir o preço. John chega a intuir haver certa dose de sublimação em ter associado a sua felicidade à tarefa de *reformar o mundo*, a que se propusera quando tinha apenas 15 anos. Aos 20, teve uma séria crise mental, com vários dos traços do que hoje se diagnostica como depressão (melancolia, naqueles tempos). O gatilho foi a constatação de que nem mesmo a completa reforma do mundo exatamente como ele gostaria seria capaz de fazê-lo feliz. Deixou de ter prazer na leitura de seus livros favoritos e percebeu quão superficiais se mostravam, naquele doloroso momento, as reflexões filosóficas caras ao utilitarismo acerca da busca da felicidade, às quais tinha dedicado tanta energia. Não via ninguém no entorno com quem pudesse conversar. Era-lhe claro que não poderia contar com o pai nesse momento. Descobriu algo que, até então, via com incredulidade: intelectualização excessiva (*"habit of analysis"*) prejudica as emoções (*"feelings"*) e a natural complementaridade entre essas duas funções da mente. Sua idiossincrática educação falhou, avalia John, em não estimular suficientemente os sentimentos. Estava cético quanto à possibilidade de reverter o dano[15]. Saiu da longa crise depressiva de 1826, mas

---

[15] "[N]either selfish nor unshelfish pleasures were pleasures to me. And there seemed no power in nature sufficient to begin the formation of my character anew, and create, in a

experimentou outras no decorrer da vida, algumas que se alastraram por meses.

Uma das lições que o desafortunado John extraiu da grave depressão aos 20 anos foi que a própria felicidade não pode ser o objetivo da vida. Costumava dizer que "você cessa imediatamente de ser feliz ao se perguntar se é feliz"[16].

Liberdade e danos

Ao refletir sobre a liberdade, John Stuart Mill preocupou-se em identificar a delimitação da intervenção externa que a poderia constranger de modo legítimo. Sob a inspiração do utilitarismo, rejeitava a existência de uma esfera intocável de direitos naturais[17]. Não concordava com a ideia de que os homens tivessem, por natureza, o direito de serem livres e iguais – tal como veiculada, por exemplo, pela Declaração de Independência dos Estados Unidos ou a dos Direitos dos Homens da Revolução Francesa. Para ele, o critério de delimitação da liberdade não deveria ser fundamentado em algo bom ou útil ao próprio sujeito que se quer livre. Devia mirar as demais pessoas. Stuart Mill concluiu, então, que o princípio que permitiria distinguir a esfera intocável da liberdade era a autoproteção: só se justifica limitar a liberdade de ação de qualquer pessoa para impedi-la de causar qualquer dano a outra ou às demais[18].

---

mind now irretrievably analytic, fresh associations of pleasure with any of the objects of human desire" (*Autobiografia*. New York: Sheba Blake, 2019. cap. V, p. 5 de 31. *E-book*). Essa autobiografia, que teria sido iniciada aos 15 anos, foi a minha principal fonte para os dados biográficos sobre John Stuart Mill.

[16] MILL, John Stuart. *Autobiografia...* obra citada, cap. 5, p. 7 de 31.

[17] Para os libertários, o abandono pelo utilitarismo da liberdade como um direito natural inegociável está na base da degeneração do liberalismo (ROTHBARD, Murray. *O manifesto...* obra citada, pp. 30-31).

[18] "[U]m princípio bastante simples, capaz de governar absolutamente as relações da sociedade com o indivíduo no que diz respeito à compulsão e ao controle, quer os meios empregados sejam os da força física sob a forma de penalidades legais, quer a coerção moral da opinião pública. Esse princípio é o de que a autoproteção constitui a única finalidade pela qual se garante à humanidade, individual ou coletivamente, interferir na liberdade de ação

Não causar danos, porém, é um critério torpemente enviesado. Quando a liberdade não é entendida como um direito de todos, sequer se percebe como "dano" muitas ofensas e agressões infligidas aos excluídos da vida política (mulheres, escravizados, pessoas de baixa renda, analfabetos etc.). As "não-pessoas" simplesmente não são enxergadas, assim como não se enxergam os danos que o exercício da liberdade por uma "pessoa" pode lhes causar.

John Stuart Mill era uma "não-pessoa". James Mill considerava o filho um experimento extraordinariamente bem-sucedido. Mas em termos de preparação de alguém para a vida, sua educação foi um completo desastre. John era um homem deprimido porque esteve enclausurado na infância e adolescência; a sua precocemente intelectualizada *homeschooling* o privou de aprender como criar vínculos afetivos. Ao descrever como teria superado a crise depressiva de 1826, John até faz o diagnóstico correto de que lhe faltava um equilíbrio entre a intelectualização e os sentimentos. Errava, no entanto, ao acreditar que encontrara o devido balanceamento na poesia e na arte. Errava porque, assim fazendo, permanecia prisioneiro do plano cerebral. Provavelmente não desconfiou, mas foi salvo de se perder completamente ao meio da depressão pelo especial vínculo que construiu com Harriet Taylor, sua amada esposa, a quem sinceramente admirava[19].

---

de qualquer um. O único propósito de se exercer legitimamente o poder sobre qualquer membro de uma comunidade civilizada, contra sua vontade, é evitar dano aos demais" (*A liberdade/utilitarismo...* obra citada, p. 17).

[19] Ele começou a escrever *A liberdade* com a esposa em 1857, mas ela faleceu subitamente no ano seguinte. Na dedicatória desse livro, John Stuart Mill escreveu: "à amada e lastimada memória dela, que foi a inspiradora e em parte a autora do que de melhor contêm meus escritos – a amiga e mulher cujo exaltado senso do verdadeiro e justo constituiu meu mais forte estímulo, e cuja aprovação foi minha maior recompensa – dedico este livro. A exemplo de tudo o que escrevi durante vários anos, pertence tanto a ela como a mim, mas a obra tal como se apresenta gozou, em grau extremamente insuficiente, da inestimável vantagem de sua revisão; algumas das mais importantes partes, que haviam sido reservadas a um exame mais atento, agora ficam destinadas a nunca recebê-lo. Fosse eu capaz de traduzir ao mundo apenas a metade dos elevados pensamentos e nobres sentimentos que jazem em sua sepultura, poderia tornar-me o instrumento de um benefício imenso, muito maior do que jamais resultará de tudo quanto me seja dado escrever, sem a inspiração e a assistência de sua inigualável sabedoria" (*A liberdade/utilitarismo...* obra citada, p. 3).

Não foi sem sacrifícios que James Mill, um empregado da Companhia das Índias Orientais, conseguiu dedicar tempo e energia para a educação do primogênito. E John sempre foi extremamente grato por isso. Considerava-se um privilegiado. Na verdade, os sérios danos psicológicos causados por uma educação rígida, em que infância e juventude haviam sido cruelmente ceifadas, não deviam ser sequer enxergados pelo devotado filho ou pelo abnegado pai.

Pela delimitação utilitarista da liberdade, a partir do critério de não causar danos aos outros, James Mill estava inteiramente livre para fazer o que fez com o indefeso menino[20].

As tirânicas "não-pessoas"

Do mesmo modo que Tocqueville, Stuart Mill também temia a tirania da maioria, mas os dois estavam falando de coisas um pouco diferentes. O francês via o risco de a igualdade comprometer a liberdade no processo político; já o inglês se preocupava também com tiranias não associadas diretamente à esfera política[21].

Stuart Mill se declarava fundamentalmente um democrata e antiaristocrata. Reiterou isso ao fazer uma profunda mudança em sua filosofia após a morte do pai, oportunidade em que tornou pública a discordância com aspectos centrais do utilitarismo benthamiano[22]. Quando eleito para o Parlamento, atuou de modo coerente com as suas ideias. A iniciativa que considerou a mais

---

[20] Ao falar da aplicação de seu "princípio" à educação, Stuart Mill parte da premissa de que um dos mais sagrados deveres dos pais é educar os filhos. Ele não está pensando, no entanto, em educação pública, por considerar que o Estado acabaria, por meio dela, moldando artificialmente as crianças como pessoas iguais, no interesse do próprio governo. Admite apenas uma hipótese em que as crianças poderiam ser educadas em instituições mantidas pelo Estado, que é sanção contra a negligência dos pais em cumprir o dever de prover a instrução da prole. Nesse caso, porém, os pais pagariam em trabalho os custos da educação pública dos filhos (*Liberdade/utilitarismo...* obra citada, pp. 158-163).
[21] José Guilherme Merquior não considera que exista essa diferença entre Tocqueville e Stuart Mill (*O argumento liberal...* obra citada, p. 90).
[22] *Autobiografia...* obra citada, capítulo V, p. 24 de 31.

importante de seu mandato (se não a única com importância, ressalvava) foi o projeto de extensão do direito de voto às mulheres[23].

Para Stuart Mill, o perigo da tirania da maioria não estava somente nas ações de governantes eleitos pela maioria, mas também fora do âmbito da vida política e do próprio do Estado. Preocupava-o especialmente a tirania da opinião pública. Ao defender o "não causar danos aos demais" como limite para a intervenção na liberdade de ação, ele estava também à procura de freios para os preconceitos negativos da opinião pública – ansiava achar meios de domá-la.

Por sua vez, Tocqueville receava que a igualdade de direitos da democracia americana pudesse comprometer a liberdade, ao submeter a minoria à vontade da maioria. Preocupava-o que a tirania emergisse da igualdade na participação política, presumivelmente, portanto, em razão do direito de voto. Advogava, então, a adoção de cuidados que impedissem a ditadura da maioria. Mas não chegou a especificar que cuidados seriam estes. Desconfio que tinha em mente a limitação do direito de voto: a maioria não poderia tiranizar a minoria por estar privada do instrumento para fazê-lo. Mais uma vez os dois pensadores tementes da tirania da maioria se distanciam: na direção contrária da que parece apontar Tocqueville, Stuart Mill queria ampliar a quantidade de eleitores, admitindo as mulheres (mesmo tendo reservas ao voto universal em sociedades "atrasadas").

Além de Tocqueville e Stuart Mill, também Ortega y Gasset se incomodou com a tirania das "não-pessoas". Mas no pensamento do espanhol, o medo surgiu de modo curioso. De um lado, ao definir o liberalismo político como a generosidade suprema da maioria forte em conviver com a minoria fraca, em vez de esmagá-la, Ortega sugere ter uma crença inabalável na democracia liberal, sem lugar para os temores tocquevillianos ou millianos. Mas, de outro lado, ao recear que a civilização pudesse se arruinar com a insubordinação da maioria não especializada aos comandos da

---

[23] *A sujeição das mulheres*. São Paulo: LeBooks, 2019. *E-book*.

minoria de especialistas, não poderia demonstrar maior apreensão com o possível abuso das liberdades políticas. Ortega vislumbra essa insubmissão como um fato social acontecido a partir dos fins do século XIX, em razão do extraordinário desenvolvimento da técnica impulsionada pela ciência europeia. Baseando-se num único dado empírico (o aumento da população na Europa), considerou que esse desenvolvimento teria tornado ilimitadas as possibilidades abertas a todos os homens (as "circunstâncias"). Cada vez mais aglomerados, os não especialistas teriam passado a reivindicar o governo da sociedade, deflagrando a "rebelião das massas".

Ortega y Gasset, escrevendo nos anos 1920 e 1930, mal disfarçou o medo de o aumento da igualdade vir a pôr toda a civilização a perder. Ele oscila da alegoria da maioria supremamente generosa (e, portanto, não tirânica) à determinação da maioria não especializada que – aglomerada numa massa mimada, insubmissa, primitiva, irracional, ingrata e ignorante de seu despreparo – almejou governar o mundo por meio do bolchevismo e do fascismo[24].

Os pais fundadores e as "não-pessoas"

Não dá para saber se Tocqueville realmente estava pensando em proteger a minoria da tirania da maioria por meio da supressão do direito de voto de grandes parcelas da população. Mas certamente era essa a ideia dos líderes da Revolução Americana. Desde o início, poucas "pessoas" foram admitidas à vida política nos Estados Unidos. O objetivo era enfrentar a temível tirania das "não-pessoas".

A democracia americana nasceu bastante limitada, com as exclusões dos escravizados, das mulheres e dos povos originários[25].

---

[24] ORTEGA Y GASSET, José. *A rebelião das massas*. Tradução de Felipe Denardi. Campinas: Vide Editorial, 2016.

[25] Quando a democracia nasceu nos Estados Unidos, a igualdade política não era para as pessoas do sexo feminino, que não tinham do direito de voto. A partir de 1848, iniciaram-se movimentos em favor do voto para as mulheres. O primeiro estado a admitir o alistamento delas foi o Wyoming, em 1890. Em 1912, eram apenas nove os estados em que as mulheres tinham o direito de votar. Em 1920, a décima nona emenda da Constituição vetou a negati-

Os filhos da diáspora africana escravizados nos Estados Unidos não tinham nenhuma liberdade, requisito mínimo para poderem ser admitidos à vida democrática. Mas até os afrodescendentes livres não eram vistos como iguais aos homens brancos que lideraram a independência (muitos deles donos de escravizados) para participarem da nascente democracia. E mesmo o fim da escravidão, leis federais e emenda constitucional não asseguraram aos filhos da diáspora africana o efetivo exercício do direito de voto.

Os filhos da diáspora africana na democracia norte-americana

As treze colônias que fundaram os Estados Unidos haviam se articulado para lutarem juntas contra o jugo do colonialismo britânico, mas, como acontece sempre nas alianças, desconfiavam umas das outras. Temiam que, após a expulsão dos ingleses espoliadores, ficassem sob o domínio de uma União espoliadora. Por isso, a proporção da representação de cada uma das ex-colônias na Câmara dos Representantes (*House of Representatives*) foi objeto de extensa negociação na Convenção de Filadélfia, em que foi aprovada a Constituição dos Estados Unidos.

Uma das discussões mais acirradas na Convenção disse respeito aos escravizados. Nas ex-colônias situadas mais ao sul, a economia era predominantemente agrícola, e nas localizadas mais ao norte, a atividade industrial tinha mais importância. Deste modo, a quantidade de negros escravizados variava bastante entre elas. Ninguém, obviamente, cogitava atribuir direito de voto aos escravizados, aferrados ao conceito de que a liberdade era uma condição indispensável para alguém tomar parte da vida política. O que discutiam era se a população escravizada deveria ser computada no cálculo da distribuição dos assentos na Câmara dos Representantes.

va ou cerceamento do direito de voto em razão do sexo (Jill Lepore, obra citada, pp. 429 e 447). Quatro anos depois, os indígenas foram naturalizados cidadãos norte-americanos por decreto, mesmo contra a vontade de uma parte deles (Jill Lepore, obra citada, p. 454).

Chegou-se a um resultado paradoxal: os escravizados não podiam votar, mas deviam ser contados na população a ser representada. Uma abordagem ingênua poderia ver no paradoxo certo esboço de inclusão parcial. Mas não: a quantidade de escravizados era considerada para aumentar a participação dos Estados escravagistas do Sul nas instâncias políticas da União. Ao inseri-los no cálculo da população, elevava-se o número de representantes de ex-colônias cuja economia dependia do trabalho escravo. Quer dizer, os escravizados foram enxergados na hora da definição do peso do Estado em que viviam como uma garantia contra a abolição da escravidão. Se isso era uma inclusão parcial na vida política, decididamente ela não estava destinada a beneficiá-los; bem ao contrário, os escravizados foram "incluídos" na base de cálculo do número de representantes de cada Estado somente para haver maioria de escravagistas na *House of Representatives.*

Outro cruel conceito resultante da negociação entre os fundadores dos Estados Unidos, em torno da distribuição do poder entre as ex-colônias no seio da União, consistiu em não calcular cada escravizado ou escravizada como *uma* pessoa, mas sim como uma fração de pessoa (três quintos)[26]. Matematicamente, isso até reduzia a representação dos Estados escravagistas e diminuía um pouco a garantia que buscavam de perpetuação da escravidão, mas no plano dos símbolos da nova nação devia ter algum sentido quantificar a assimetria entre os livres e os escravizados. De qualquer modo, em perspectiva, essa complexa negociação não impediu, quase cem anos depois, a eclosão de uma guerra civil (1861-1865),

---

[26] De acordo com Jill Lepore, "a consequência mais extraordinária desse extraordinário acordo foi garantir aos estados escravocratas uma representação muito maior no Congresso do que aos estados livres. Em 1790, o primeiro Censo dos Estados Unidos contou 140 mil cidadãos livres em New Hampshire, o que significava que o Estado do Granito teria direito a quatro cadeiras na Câmara dos Representantes. Mas a Carolina do Sul, com 140 mil cidadãos livres e 100 mil escravos, ficou com seis. A população livre de Massachusetts era maior que a população da Virgínia, mas a Virgínia tinha 300 mil escravos, de modo que ganhou cinco cadeiras a mais. Não fosse pela regra dos três quintos, os representantes dos estados livres teriam superado os representantes dos estados de escravos por 57 a 33" (obra citada, p. 153).

desencadeada para quebrar pelas armas a resistência dos estados do sul em aceitar a decisão da União de abolir a escravidão.

Mesmo após a derrota dos confederados na Guerra de Secessão e a abolição do trabalho escravo, os filhos da diáspora africana continuaram excluídos na vida política da democracia norte-americana. Os negros participaram das eleições de 1866, votando em massa nos candidatos do Partido Republicano, que liderara a vitoriosa causa abolicionista na recém-terminada guerra civil. Os resultados foram muito desfavoráveis ao Partido Democrata, que até então predominava no Sul e havia liderado a causa escravagista. Uma vergonhosa composição política da assustada elite branca distribuiu o poder entre os dois partidos, instituindo o regime do partido único nos estados pós-confederados (o Democrata), que perdurará por quase um século. Esses Estados estavam proibidos pela Constituição de impedir o voto de pessoas negras, mas se utilizaram de expedientes indiretos para as excluir da vida política. No exercício da autonomia legislativa em direito eleitoral, passaram a se utilizar das regras de alistamento para manter a exclusão dos afro-americanos, como a negativa do direito de voto aos analfabetos ou a cobrança de taxas para o alistamento. O percentual de eleitores negros no sul dos Estados Unidos caiu de 61% em 1880 para 2% em 1902, graças às mudanças nas regras do alistamento eleitoral[27].

As leis segregacionistas dos antigos estados confederados (chamadas de "Leis Jim Crow") vigoraram até o movimento dos direitos civis dos anos 1960. As restrições eleitorais foram formalmente invalidadas por uma lei federal de 1965. Mas ainda hoje há tradições e idiossincrasias do direito eleitoral local que afastam os filhos da diáspora africana do pleno exercício da igualdade política. A tradição de realizar primárias e eleições em um dia útil (às terças-feiras), embora não tenha nenhuma conotação diretamente racial, acaba excluindo da vida política mais negros do que brancos, ao dificultar o voto dos que não podem se ausentar do trabalho.

---

[27] LEVITSKY, Steven; ZIBLATT, Daniel. *Como as democracias morrem*. Tradução de Renato Aguiar. Rio de Janeiro: Zahar, 2018. pp. 91-94.

LIBERDADE E DESIGUALDADE

A escravidão na Liberté, egalité et fraternité

Naquela noite, no Ateneu Real, em que perorou sobre o anacronismo da participação política direta, Constant afirmou: "não há mais escravos nas nações europeias"[28]. De fato, em 1819, especificamente no solo da Europa não havia mais nenhum escravizado. Mas a maioria dos europeus era ainda beneficiada pela escravidão nas colônias americanas, em que a economia dependia em larga escala do trabalho escravo. A infeliz observação de Constant, destinada a enfeitar os modernos com um pouco mais de civilização que os antigos, abstrai desavergonhadamente a escravidão a que os europeus vinham submetendo africanos, na exploração colonialista das Américas. Mais uma vez, os liberais não enxergam uma multidão de pessoas, uma infinidade de "não-pessoas" que não devem ser convidadas a participar da liberdade e da igualdade[29].

Antes de Constant e depois dele, outros liberais igualmente se negam a enxergar os africanos que os europeus escravizaram para usurpar a terra dos povos americanos originais. Montesquieu, em 1748, achava impossível que os negros africanos pudessem ser "homens" e atribuía a abolição da "servidão civil" na Europa ao cristianismo[30]. E, em 1835, Tocqueville, que admitia quase não reconhecer

---

[28] *A liberdade dos antigos...* obra citada, p. 53.
[29] Sobre o nominalismo antropológico do liberalismo, que repudia o conceito universal do homem (do humano), ver: LOSURDO, Domenico. *Liberalismo*: entre a civilização e a barbárie. 2. ed. Tradução de Bernardo Joffily, Egle Bartoli e Soraya Barbosa da Silva. São Paulo: Anita Garibaldi: Fundação Maurício Grabois, 2021. pp. 102-105.
[30] *O espírito das leis*. São Paulo: Victor Civita Editor, 1973. v. XXI, pp. 223-224. (Coleção Os Pensadores). É curioso que autores como Fábio Konder Comparato (*Ética...* obra citada, p. 564) e Marcel Dorigny (*As abolições da escravatura no Brasil e no mundo*. Tradução de Cristian Macedo e Patrícia Reuillard. São Paulo: Contexto, 2019. pp. 39-40) interpretem as palavras de Montesquieu como ironia. Na visão condescendente deles, o iluminista francês seria um antiescravagista mordaz. Alberto da Costa e Silva, por sua vez, diz que Montesquieu, diferentemente de outros iluministas, estaria isento de preconceito contra a cultura africana (*A África e os africanos na história e nos mitos*. Rio de Janeiro: Nova Fronteira, 2021. p. 74). Não é essa, porém, a minha opinião a respeito. Por mais que releia o capítulo V de *O espírito das leis III*, não percebo o mínimo traço de ironia ou sarcasmo de alguém contrário à escravização dos africanos ou despido de preconceitos em relação à cultura deles. O filósofo francês, embora enalteça a inexistência de escravidão em alguns regimes

no negro "os traços gerais da humanidade", considerava o europeu branco "o homem por excelência" e punha "o negro e o índio abaixo dele"[31]. Era bastante desconfortável para os pensadores franceses, que se achavam civilizados, conviver com a realidade da escravidão. Reiteradamente negar que os europeus fossem um povo escravizador devia ser o modo mais à mão de lidarem com o mal-estar.

O visível desconforto diante, de um lado, dos nobres valores que afirmavam cultivar e da autoimagem de vanguarda da liberdade e, de outro, de uma economia dependente de trabalho escravo não podia deixar de aparecer também nos anos da Revolução Francesa. Afinal, tudo tinha sido revolucionado para que houvesse liberdade, igualdade e fraternidade ao alcance de todos os homens.

Se tivesse tido a chance, a Revolução Francesa teria adotado, em relação à escravidão, a mesma atitude cínica da Revolução Americana. A economia francesa era escravista e colonial, de modo que abolir a escravidão e o colonialismo seria levar a liberdade, igualdade e fraternidade um pouco longe demais; implicaria radicalizar as mudanças a ponto de enfraquecer econômica e militarmente o Estado francês, algo não desejado nem mesmo pelos mais aguerridos jacobinos. Se tivessem tido a chance, os revolucionários franceses seguiriam os passos dos pais fundadores da democracia americana e fingiriam não existir contradição entre, de um lado, os ideais de liberdade e igualdade e, de outro, a escravidão. Eles teriam se contentado com uma sociedade de brancos iguais e livres, sustentada economicamente no trabalho escravo de negros.

---

políticos, não pode ser considerado um antiescravagista. É certo que ele questiona, de um lado, a noção aristotélica de escravidão natural e, de outro, critica as justificações buscadas nos direitos do vencedor de uma guerra ou na vontade do escravo em se submeter. Mas, depois de rechaçar essas concepções, Montesquieu, coerente com a sua curiosa teoria do clima, explica a pertinência da escravidão nos "países em que o calor enerva o corpo", dizendo que neles as pessoas são mais indolentes e só trabalham sob "o temor do castigo" (obra citada, p. 224). Como as plantações de cana-de-açúcar vingam em climas quentes, a escravização dos africanos para o barateamento do custo dos doces consumidos pelos europeus parece muito mais uma decorrência lógica das ideias sobre a escravidão defendidas por ele do que uma sutil ironia. Realmente, "aconteceu algo único e muito curioso com Montesquieu" (meu *Biografia não autorizada...* obra citada, pp. 158-161).
[31] *A democracia na América...* obra citada, pp. 254 e 259.

A Revolução Francesa não teve essa chance porque, na mais rica de suas colônias, a "Pérola das Antilhas", incrustada na parte oeste da ilha caribenha de São Domingos, aconteceu outra revolução[32].

A Revolução Haitiana

Tão importante quanto a Americana, a Francesa e a Russa, a Revolução Haitiana é considerada a única revolta de escravizados vitoriosa da história[33]. Ela coordenou as lutas pelo fim da escravidão com as de emancipação nacional frente ao colonialismo europeu – gerou o único Estado constituído e dirigido por filhos da diáspora africana. Alongou-se de 1791, ano em que a deflagração da insurreição foi celebrada numa mítica cerimônia vudu no Bosque Caïman, a 1825, quando o Haiti assinou o tratado de reconhecimento de independência com os franceses. Durante essas conturbadas três décadas e meia, os haitianos derrotaram os exércitos de potências europeias (França, Espanha e Inglaterra) sob a liderança de ex-escravizados, tiveram um imperador, um rei e presidentes (um deles vitalício), envolveram-se numa sangrenta guerra civil entre negros e pardos, aprovaram cinco constituições diferentes, repartiram por algum tempo o pequeno território em até três Estados autônomos e assistiram à avassaladora crise de sua pujante economia, baseada na produção e exportação de cana-de--açúcar e café (o Brasil foi um dos beneficiários diretos disso)[34].

---

[32] C. L. R. James informa que, "em 1789, a colônia francesa das Índias Ocidentais de São Domingos representava dois terços do comércio exterior da França e era o maior mercado individual para o tráfico negreiro europeu. Era parte integral da vida econômica da época, a maior colônia do mundo, o orgulho da França e a inveja de todas as outras nações imperialistas. A sua estrutura era sustentada pelo trabalho de meio milhão de escravos" (*Os jacobinos negros*: Toussaint L'Ouverture e a revolução de São Domingos. Tradução de Afonso Teixeira Filho. São Paulo: Boitempo, 2010. p. 15). O seu discípulo Eric Williams acrescenta: "o açúcar francês custava 20% menos que o britânico, e o rendimento médio em São Domingos e na Jamaica era de cinco para um" (*Capitalismo e escravidão*. Tradução de Denise Bottmann. São Paulo: Companhia das Letras, 2012. p. 178).
[33] DORIGNY, Marcel. *As abolições...* obra citada, p. 28.
[34] De acordo com Evandro Piza Duarte e Marcos Queiroz: "[a] colônia de São Domingos era o maior mercado individual de escravos, produzia aproximadamente metade do açúcar e

Por uma abordagem eurocêntrica, a Revolução Haitiana costuma ser apresentada como um efeito da Revolução Francesa projetado no Caribe. Nessa perspectiva, ela teria sido a busca da verdadeira universalização dos direitos do homem e do cidadão proclamados em Paris. É lembrada, para demonstrá-la, a iniciativa do pardo livre Vicent Ogé, um dos homens mais ricos de São Domingos, que, em 1890, liderou o apelo feito à Assembleia Nacional Francesa em favor da extensão dos ideais revolucionários às possessões ultramarinas. Mas diversos fatos históricos, e suas datas, não são compatíveis com a visão eurocêntrica da Revolução Haitiana.

Em primeiro lugar, Vicent Ogé não teve sucesso em sua empreitada. Ao retornar a São Domingos, ele foi acusado de promover uma rebelião (da qual não participara), condenado e morto, em 1891, com suplícios numa praça pública de Cabo Francês (hoje, Cabo Haitiano), simbolicamente no lado oposto àquele em que os criminosos brancos eram executados. A Assembleia Nacional favoreceu, na verdade, os proprietários escravocratas de São Domingos[35]. Não podendo referendar explicitamente o escravismo sem fazer aflorar a contradição com os ideais revolucionários, construiu um expediente astucioso com os colonos brancos: a criação de uma Assembleia Colonial em São Domingos. Essa instância de existência efêmera não se vexou em proclamar a perenidade da escravidão.

Outro fato incompatível com a visão eurocêntrica da Revolução Haitiana foi a abolição da escravidão ter acontecido em São Domingos como uma concessão dos franceses na tentativa de não

---

do café consumido no mundo e expressava o ápice das inovações do capitalismo colonial. Por isso mesmo era o maior 'orgulho da França' e chamada de 'pérola das Antilhas'" (DUARTE, Evandro Piza; SÁ, Gabriela Barretto de; QUEIROZ, Marcos (coord.). *Cultura jurídica e Atlântico Negro*: história e memória constitucional. Rio de Janeiro: Lumen Juris, 2019. v. 1, p. 100).

[35] JAMES, Cyril L. R., obra citada, pp. 75-80. Os fazendeiros também haviam adotado outra estratégia, caso suas instâncias com a Assembleia Nacional não fossem frutíferas: "temendo que o idealismo do movimento revolucionário destruísse o tráfico de escravos e a escravidão, em 1791, os fazendeiros franceses de São Domingos ofereceram a ilha à Inglaterra" (WILLIAMS, Eric, obra citada, p. 207).

perder a colônia[36]. A "Pérola das Antilhas" era cobiçada por espanhóis e ingleses[37], que haviam entrado em guerra contra a França a pretexto de defender o regime monárquico. Inicialmente, os haitianos se aliaram aos espanhóis (que dominavam a parte leste da ilha) para lutar contra os franceses. Em 1892, a Convenção enviou uma missão militar a São Domingos para implantar a liberdade e igualdade política apenas entre a elite proprietária de terra e escravizados, tal como nos Estados Unidos. Encontram, porém, o fim do escravismo como fato consolidado e, afastando-se de sua incumbência original, a missão decretou formalmente a abolição da escravidão. Com isso, os haitianos romperam a aliança com os espanhóis e passaram a lutar ao lado dos franceses, concordando temporariamente em permanecer na condição colonial.

Mais um fato histórico milita pela inconsistência da visão eurocêntrica: a abolição da escravidão em São Domingos foi decretada *antes* da abolição geral nas colônias francesas. Os comissários da Convenção declararam extinta a escravidão em São Domingos em agosto de 1793. Foi uma proclamação meramente formal porque já não existia mais trabalho escravo naquela colônia desde o início da insurreição, havia dois anos. A Convenção somente iria abolir a escravidão em todos os territórios de colonização francesa seis meses depois, em fevereiro de 1794[38].

E, enfim, a abolição efetiva da escravidão aconteceu apenas em São Domingos, não se estendendo às colônias francesas do Índico[39]. Ao chegar às Ilhas Maurício, por exemplo, o comissário da

---

[36] MOREL, Marco. *A revolução do Haiti e o Brasil escravagista*: o que não deve ser dito. Jundiaí: Paco, 2017. p. 99; DORIGNY, Marcel. *As abolições...* obra citada, pp. 75-76.

[37] Se a Inglaterra tivesse conquistado São Domingos, muito provavelmente não teria iniciado seu combate ao tráfico negreiro em 1807. Sobre as causas econômicas do abolicionismo inglês, ver WILLIAMS, Eric, obra citada, pp. 208-209.

[38] Entre 1971 e 1802, anos em que a escravidão estava formalmente abolida nas colônias francesas, não havia nenhuma lei proibindo o tráfico de escravos. Este seria abolido somente em 1815, durante o breve retorno de Napoleão ao poder. A despeito da proibição da escravidão, os navios negreiros continuavam a aportar livremente nos portos franceses e coloniais (DORIGNY, Marcel. *As abolições...* obra citada, pp. 86 e 88).

[39] DORIGNY, Marcel. *As abolições...* obra citada, pp. 79-80.

Convenção enviado para comunicar o fim da escravidão foi preso pelos colonos proprietários e, depois, despachado de volta à França, sem ter minimamente arranhado o trabalho escravo nessa colônia francesa.

Em suma, na questão relativa ao fim da escravidão, a Revolução Haitiana influenciou a Francesa, e não o contrário. Não fosse a necessidade estratégica de defender a joia do sistema colonial francês da ambição da Espanha e da Inglaterra, a Revolução Francesa provavelmente teria lidado com a questão do mesmo modo que a Americana, isto é, não enxergando as "não-pessoas" escravizadas e excluindo-as da redenção pela liberdade, igualdade e fraternidade. Aliás, tão logo se sentiu segura em seu domínio sobre São Domingos, a França reinstituiu a escravidão em maio de 1802, mas só conseguiu implementá-la em sua outra colônia caribenha, Guadalupe[40]. A revogação da liberação dos escravizados recrudesceu a luta independentista em São Domingos, travada agora contra a França governada por Napoleão. O Haiti nasceu dessa guerra em 1º de janeiro de 1804.

O medo de outras revoluções promovidas por escravizados inspirados na Haitiana espalhou-se pelo restante do continente, quando as lutas separatistas estavam em plena efervescência. A elite brasileira empenhada na independência também ficou atemorizada. A Revolução Haitiana repercutirá nas discussões sobre a definição de cidadania na Assembleia Constituinte de 1823. O temor de insurgência dos escravizados serviu, nos debates entre os constituintes, tanto aos argumentos favoráveis como aos contrários à concessão da cidadania brasileira aos libertos. A nação brasileira em gestação está balizada pelos marcadores de raça nessas discussões: a identidade nacional vai se alojar na branquitude da elite econômica e política, como se os filhos da diáspora africana moradores do Brasil fossem uma espécie de intrusos que os novos donos do lugar precisariam tolerar[41].

---

[40] DORIGNY, Marcel. *As abolições...* obra citada, p. 81.
[41] Para Marcos Queiroz: "[t]oda uma rede de processos anteriores e o medo de uma sublevação popular contingenciaram as hermenêuticas possíveis dos parlamentares sobre igual-

Liberdade para poucos iguais e igualdade para poucos livres

No plano do discurso, liberdade e igualdade foram saudadas como valores indissociáveis pelos pais fundadores dos Estados Unidos e pelos revolucionários franceses de 1789. (Não teria sentido considerar, aqui, a Revolução Russa porque nela a liberdade nunca foi uma bandeira revolucionária, muito ao contrário.) Mas, como se viu, escravizados, mulheres e pobres não eram admitidos à vida política nos Estados Unidos e na Primeira República francesa. Igualdade devia existir apenas entre os homens brancos e proprietários. Nem sequer parecia ser uma questão se os "não livres" deviam titular igualdade de direitos ou não, porque os discursos não se sentiram obrigados a fazer qualquer ressalva. Embora falassem de "todos os homens", tinham em mente apenas um clube fechado, para o qual estava convidada apenas uma minoria elitista – letrada, proprietária, branca e masculina. Explicar a exclusão não era algo que perturbasse tais discursos de liberdade e igualdade: o escravizado não tinha liberdade por definição, as mulheres não eram vistas como pessoas inteiramente livres em razão da estrutura patriarcal da família[42] e os pobres não desfrutavam da liberdade por não terem renda ou riqueza suficientes para contribuir

---

dade e liberdade, direcionando as decisões políticas sobre temas como sociedades secretas, anistia política, governo das províncias, imigração, relações entre poder legislativo e executivo, limites do poder constituinte da Assembleia, direitos políticos e outros mais. Nesse contexto, a discussão sobre cidadania é um grande exemplo de como os marcadores de raça, articulados pelos fluxos atlânticos, operam nas definições do que é tido como nação brasileira; cidadão; homem elegível; cidadania ativa; cidadania passiva; estrangeiro etc. Ainda que de maneira não expressa, a branquitude agiu como universal de onde se estabeleceram distinções perante 'os outros' que 'a nação brasileira tinha em seu seio'" (*Constitucionalismo brasileiro e Atlântico Negro*: a experiência constituinte de 1823 diante da Revolução Haitiana. 3. ed. Rio de Janeiro: Lumen Juris, 2021. pp. 165-166).

[42] Em 1869, John Stuart Mill escreveu: "[a] aceitação deste sistema de desigualdade nunca foi o resultado de deliberação, previsão, ou de qualquer ideia social ou noção que tenha sido direcionada para o benefício da humanidade ou para a boa ordem da sociedade. Simplesmente surgiu do fato de que desde os primeiros conhecimentos sobre a sociedade humana, toda mulher (possuindo valor designado pelos homens, combinado com sua inferioridade de força muscular) estava em estado de escravidão em relação a algum homem" (*A sujeição das mulheres...* obra citada, p. 12 de 124).

para a manutenção do Estado ou para se livrarem da labuta, sem a qual não conseguiam atender às suas necessidades básicas.

Também a Revolução Haitiana não tratou a todos com igualdade, apesar do discurso de um de seus líderes, Toussaint Louverture, em que conclamava os haitianos à luta acenando com o reino da "liberdade e igualdade em São Domingos". Como dita a regra sem exceção das repúblicas nascidas no século XIX, as mulheres não foram incluídas na vida política do Haiti[43]. Elas não tinham direito de votar, embora isso não estivesse de modo algum explicitado na Constituição. Também no Haiti, era tão despropositada a ideia de inclusão das mulheres que o constituinte haitiano não se dava ao trabalho de fazer uma exclusão expressa.

Aliás, um curioso dispositivo da Constituição Imperial do Haiti (1805) revela ser apenas o homem do sexo masculino o sujeito político. O art. 9º dispunha que ninguém era digno de ser haitiano se não fosse *"um bom pai, um bom filho, um bom esposo e sobretudo um bom soldado"*. Em 1944, a Constituição foi emendada para admitir que as mulheres pudessem se candidatar em eleições legislativas e municipais (não podiam ser presidentas da república, porém). Mas, incongruentemente, embora pudessem se candidatar, não tinham direito de voto. Conquistaram-no de modo limitado (ainda excluídas das eleições presidenciais) por meio de outra emenda da Constituição em 1950. E apenas em 1957 a lei concedeu às mulheres haitianas o mesmo direito de participação política desfrutado pelos homens[44]. Várias mulheres tinham participado com bravura das lutas de emancipação nacional. Muitas permanecem ainda hoje invisíveis, mas algumas, como Cécile Fatiman, Suzanne Sanité, Marie-Jeanne Lamartiniere, Dédée Bazile, Henriette Saint Marc, Félicité e Catherine Flon, já tiveram o seu reconheci-

---

[43] Sobre a interseccionalidade das dominações racial e sexual e seus dilemas, cf., por todos, DORLIN, Elsa. *Sexo, gênero e sexualidade*: introdução à teoria feminista. Tradução de Jamille Pinheiro Dias e Raquel Camargo. São Paulo: Ubu, 2021. pp. 77-85.
[44] LAROCHE, Jasmine. Le féminisme haïtien: Portrait d'un mouvement fort. Advogados Sem Fronteiras (Canadá). Disponível em: https://www.asfcanada.ca/blogue/le-feminisme-haitien-portrait-dun-mouvement-fort/. Acesso em: 6 jul. 2021.

mento e receberam homenagens em cédulas de Gourde, selos e nomes de instituições.

Além da exclusão das mulheres da vida política, a excepcional e admirável circunstância de um Estado afrodiaspórico não fez nenhuma diferença em relação à igualdade material: o fim da escravidão no Haiti, tal como no Brasil, não foi conjugado com nenhuma medida governamental próxima ao que chamamos hoje de políticas públicas[45].

Como iguais eram apenas algumas poucas pessoas livres, vê-se que a tensão entre os valores da liberdade e igualdade já existia, para além do discurso, mesmo antes da Revolução Russa de 1917. A oposição entre esses valores era latente e os embates dos liberais com os marxistas ao longo do século XX apenas a afloraram.

O mesmo enredo de exclusões

Nos Estados Unidos, França, Haiti e Brasil, a história tem o mesmo enredo.

Há, por certo, diferenças nos mitos de fundação[46]. Nós, os brasileiros, não podemos apontar para uma histórica ligação entre a

---

[45] Conforme apontado por Marco Morel: "superada a condição colonial e o sistema de trabalho escravo, permanecia, porém, o predomínio da agricultura e engendrava-se uma ordem social autoritária, hierarquizada, violenta e desigual, com marcas de permanência da escravidão e da grande propriedade, num regime de trabalho transformado e que não poderia ser enquadrado como escravista, embora colocasse em prática formas de controle e sujeição sobre os 'cultivadores' (trabalhadores rurais), numa situação de pobreza e miséria" (obra citada, p. 130).

[46] Marilena Chaui distingue formação histórica de fundação, aclarando que *"fundação se refere a um momento passado imaginário, tido como instante originário que se mantém vivo e presente no curso do tempo, isto é, a fundação visa a algo tido como perene (quase eterno) que traveja e sustenta o curso temporal e lhe dá sentido. A fundação pretende situar-se além do tempo, fora da história, num presente que não cessa nunca sob a multiplicidade de formas ou aspectos que pode tomar. Não só isso. A marca peculiar da fundação é a maneira como ela põe a transcendência e a imanência do mesmo fundador: a fundação aparece como emanando da sociedade (em nosso caso, da nação) e, simultaneamente, como engendrando essa própria sociedade (ou a nação) da qual ela emana. É por isso que estamos nos referindo à fundação como mito"* (*Brasil*: mito fundador e sociedade autoritária. São Paulo: Fundação Perseu Abramo, 2000. pp. 5-6).

nação e os ideais democráticos, como os norte-americanos[47]; não podemos reivindicar nenhuma espécie de liderança na saga dos homens em direção à liberdade e igualdade, como os franceses; tampouco podemos nos orgulhar de termos abolido a escravidão antes mesmo de obter a independência nacional, como os haitianos. Essas diferenças, porém, são superficiais, porque os mitos de fundação dos Estados Unidos, da República Francesa e da Haitiana e do Brasil conviveram, como se viu, com uma realidade em que "não-pessoas" estavam excluídas da vida política[48].

Moldado pela escravidão e pelo colonialismo, o Brasil dificilmente nasceria como um país inclusivo. A Abolição em 1888 não foi acompanhada de medidas destinadas a combater a exclusão dos novos cidadãos da vida política do país. Ao contrário, em 1891, a Constituição Republicana, embora tivesse abolido o voto censitário, excluiu do alistamento eleitoral os mendigos e analfabetos (art. 70, §§ 1º e 2º). Essa não é uma norma de conteúdo diretamente racial, mas certamente excluiu do direito de voto mais brasileiros negros do que brancos. A proibição do alistamento eleitoral de mendigos e iletrados foi repetida pelas Constituições de 1934 (art. 108, parágrafo único, *a* e *c*) e 1937 (art. 117, parágrafo único, *a* e *c*). As Constituições de 1946 (art. 132, I), 1967 (art. 142, § 3º, *a*) e 1969 (art. 147, § 3º, *a*) não mais excluíram os mendigos dos direitos políticos, mas mantiveram a vedação do alistamento aos analfabetos, que perdurou até 1985.

---

[47] Atravessamos uma história política em que há menos democracia que totalitarismo. Desde 1822 (escrevo em 2021), são cerca de 103 anos de regimes declaradamente não democráticos (67 de monarquia, 15 do totalitarismo getulista e 21 da Ditadura Militar) contra 54 de reconhecida democracia (18 entre 1946 e 1964 e 36 desde 1985). A nossa história continuará registrando um tempo maior sem democracia ainda que se computem os 41 anos da República Velha como democráticos – o que exige uma boa dose de abstração, em vista do sistema eleitoral viciado (cf. LEAL, Victor Nunes. *Coronelismo, enxada e voto*: o município e o regime representativo no Brasil. 7. ed. São Paulo: Companhia das Letras, 2012. pp. 214-215, 222-229 *et passim*).

[48] Tércio Sampaio Ferraz Júnior fala em "sobreposição da personalização por despersonalizações" em referência à abstração das singularidades no contexto do tratamento igualitário (*O direito, entre o futuro e o passado*. São Paulo: Noeses, 2014. p. 113), sem fazer referência, no entanto, a qualquer exclusão.

A eliminação da trava do acesso dos analfabetos à vida política é, contudo, um detalhe muito pequeno e indireto da questão racial. O Brasil atravessou o século XX sem nenhuma política pública de combate à exclusão dos brasileiros negros[49]. Atualmente, há algumas ações afirmativas, mas elas são ainda insuficientes para a suprir a vergonhosa omissão. Basta ver que, hoje, passados mais de cem anos, os filhos brasileiros da diáspora africana representam uma gritante minoria entre os legisladores, governantes e magistrados para perceber a enorme desigualdade que o país ainda tem que combater.

O mito de fundação do Brasil

D. Pedro II tinha plena noção da importância de uma narrativa de um passado glorioso e um futuro promissor para a construção da identidade de qualquer nação no século XIX. Com isso em mente, deu apoio a diversas iniciativas na literatura, música e artes visuais, que idealizassem o indígena da *terra brasilis* como o "bom selvagem" de Rousseau; estimulou discussões nessa linha no Instituto Brasileiro Histórico e Geográfico (IBHG), incorporou aos trajes imperiais uma murça confeccionada com penas de papo de tucano em homenagem aos caciques, aprendeu tupi e guarani e passou a outorgar títulos de nobreza com designações indígenas e topônimos tupis, um tanto a contragosto dos agraciados "com grandeza" e dos compradores "sem grandeza"[50]. No projeto de formulação do mito de fundação, concebido no Segundo Império, o Brasil era o feliz resultado da integração de duas raças, a europeia e a indígena[51]; mais

---

[49] Na verdade, houve uma única ação afirmativa no século XX: a Constituição do Estado da Bahia, segundo Everaldo Medeiros Dias, "dedica um capítulo inteiro, o XXIII, ao negro, sendo que o art. 289 determina que em veiculações de publicidade estadual com mais de duas pessoas, deverá ser assegurada a inclusão de uma pessoa negra" (*Cotas para negros em universidades*: função social do Estado contemporâneo e o princípio da proporcionalidade. Jundiaí: Paco, 2017. p. 64).

[50] SCHWARCZ, Lilia Moritz. *As barbas do imperador*: D. Pedro II, um monarca nos trópicos. São Paulo: Companhia das Letras, 1998. pp. 125-156 e 178-179.

[51] SCHWARCZ, Lilia Moritz; STARLING, Heloisa M. *Brasil*: uma biografia. São Paulo: Companhia das Letras, 2015. pp. 286-290.

que isso, era a nação nascida do "melhor dessas raças", isto é, do português civilizador aliado ao indígena batizado (os idealizados tupis) que derrotam europeus exploradores e tribos rebeldes (de idealizados tapuias)[52].

O mito de fundação do Brasil construído no século XIX não cogitou incluir a raça negra na narrativa da integração – os escravizados eram "não-pessoas".

Essa idealização da formação da identidade nacional teve naturalmente que ser alterada com a Abolição[53]. Mas havia um problema narrativo a resolver na reinvenção do mito fundador. Como a ideia do europeu superior e civilizador era uma premissa inegociável, era preciso esconder de algum modo que o brasileiro foi o povo moderno que mais havia explorado o trabalho escravo. A solução consistiu em culpar os próprios negros pela escravidão e, além disso, os identificar como os seus grandes beneficiários. O branco dono das fazendas açucareiras não tinha responsabilidade pela escravidão, muito menos era aquele que mais se beneficiara dela.

O nosso mito de fundação, então, incorporou um negro culpado de ter sido escravizado – cada cativo trazido da África tinha

---

[52] A exclusão dos negros nota-se como uma preocupação patente nos estudos da Comissão Científica de Exploração que D. Pedro II mandou ao Ceará, em 1859. Gonçalves Dias, que chefiava a seção etnográfica, estava otimista com as perspectivas de seu trabalho, ao constatar a pouca presença de negros. Freire Alemão, o médico que chefiava a seção de botânica, atribuiu a inteligência, vivacidade e desembaraço do mestiço cearense à mistura dos sangues europeu e americano (KODAMA, Kaori. Em busca da gênese do Brasil nas províncias do Norte: Gonçalves Dias e os trabalhos etnográficos da comissão científica de exploração. *In*: KURY, Lorelai (org.). *Comissão Científica do Império – 1859-1861*. Rio de Janeiro: Andrea Jakobsson, 2009. p. 119; sobre as idealizações de tupis e tapuias, ver p. 125).

[53] Villa-Lobos, na Paris de 1923, havia se encantado com a similaridade de *A sagração da primavera*, de Stravinski, com os ritmos dos indígenas, que ele considerava, então, a nossa identidade musical nacional (GUÉRIOS, Paulo Renato. *Heitor Villa-Lobos*: o caminho sinuoso da predestinação. Rio de Janeiro: Editora FGV, 2003. p. 139). Anos mais tarde, empregado como funcionário do Estado na ditadura getulista, deu mais destaque à contribuição negra para a sonoridade brasileira, ajudando a diplomacia cultural a vender a imagem de um país onde viviam brancos, negros e nativos em plena harmonia (RODRIGUES, Pedro Henrique Belchior. *O maestro do mundo*: Heitor Villa-Lobos (1887-1959) e a diplomacia musical brasileira. 2019. Tese (Doutorado em História) – Universidade Federal Fluminense, Niterói, 2019. Disponível em: https://www.historia.uff.br/stricto/td/2110.pdf. Acesso em: 15 jul. 2021.)

sido inicialmente derrotado numa luta com outro africano, que o escravizara. Os europeus, ao negociarem sua compra com o africano vencedor, estavam na verdade resgatando-o do estado de natureza. Lembro que, há tempos, o pensamento ocidental considerava justa a escravização do vencido numa guerra, por ser o preço que ele pagava para continuar vivo[54, 55, 56]. O europeu procurava se isentar de culpa por este modo, isto é, dizendo ter comprado o escravizado de quem era um escravizador legitimado[57]. Por esse tortuoso raciocínio, cada escravizado era visto como mais beneficiado pela escravidão do que os senhores, que o adquiriram para revender ou explorar: passaria a viver numa sociedade civilizada[58]; e, se não se rebelasse, poderia ser alforriado e proporcionar aos filhos uma vida bem melhor, se comparada à que teriam na terra em que nasceu.

---

[54] Lembra Marcel Dorigny que "os pensadores da Antiguidade, assim como os do cristianismo primitivo ou da Idade Média, jamais haviam contestado a legitimidade da escravidão como prática social e econômica. Nem o Antigo nem o Novo Testamento condenam a redução de povos vencidos na guerra à escravidão, mas a apresentam como uma prática que pouparia a vida dos vencidos que o direito de guerra permitia matar" (*As abolições da escravatura...* obra citada, p. 39).

[55] No século XVII, Hobbes distingue servo de escravo, no contexto da legitimação do poder despótico, dizendo que o primeiro é o vencido ligado por um pacto com o vencedor, no qual assente em servir em troca de ter sido poupado da morte. Assim, enquanto o servo se submete voluntariamente, o escravo se submete sem ter assentido. Mas a concordância do vencido em se submeter à servidão não precisa ser literal, porque a sua promessa pode ser feita "por outros suficientes sinais de sua vontade" (*Leviatã*. Tradução de João Paulo Monteiro e Maria Beatriz Nizza da Silva. São Paulo: Victor Civita Editor, 1974. v. XIV, p. 129. Coleção Os Pensadores). É uma válvula de escape que torna bastante imprecisa a tarefa de identificar, numa situação dada, qual das duas espécies de submissão teria acontecido. Claro, no mito de fundação, presumia-se que o africano vencido havia se entregado voluntariamente ao africano vencedor, concordando em renunciar à liberdade para continuar vivo.

[56] Em 1898, Ortega y Gasset chama o "inventor" da escravidão de "gênio benfeitor da humanidade": "[C]ostumamos, sem mais reflexão, maldizer da escravidão, não considerando o avanço maravilhoso que representou quando foi inventada. Porque o que se fazia antes era matar todos os vencidos. Foi um gênio benfeitor da humanidade o primeiro que teve a ideia de, em vez de matar os prisioneiros, conservar-lhes a vida e aproveitar seu trabalho" (obra citada, p. 287).

[57] Para outras explicações engendradas pelo escravizador para a justeza da escravização dos africanos, ver GOMES, Laurentino. *Escravidão*. Rio de Janeiro: Globo Livros, 2019. v. 1, pp. 74-76.

[58] GOMES, Laurentino. *Escravidão*. Rio de Janeiro: Globo Livros, 2021. v. 2, pp. 221-222.

Não cessam na absurda imputação de culpa e no despropositado reconhecimento de benefícios os preconceitos a que dará vazão a narrativa reinventada. Afinal, não foi somente a escravidão que forjou o Brasil: também o colonialismo moldou nossa identidade.

A escravidão nos fez racistas e o colonialismo nos fez pessoas de baixa autoestima, condenadas a perpetuar os estigmas do atraso e do insucesso. Racismo e derrotismo se conjugaram na reinvenção da narrativa do mito fundador no século XX. Os brasileiros negros foram incluídos na integração racial originária da nação, mas como os responsáveis pelo nosso atávico atraso econômico: eles eram os fracos, selvagens e inferiores que o brasileiro branco precisava tolerar, para honrar o legado da ação civilizatória dos seus ancestrais europeus[59].

Após a Revolução de 1930, consolidou-se o acréscimo de mais um ingrediente perverso ao mito de fundação. A ideia de que a escravidão no Brasil teria sido menos violenta do que em outros lugares, tomando-se como termo de comparação o sul dos Estados Unidos, recebeu a chancela da ciência quando o sociólogo Gilberto Freyre descreveu, em 1933, um processo não violento de miscigenação[60]. Só para ficarmos num exemplo, em *Casa-grande & senzala*, a mulher negra escravizada não era estuprada pelos jovens filhos do senhor do engenho, mesmo quando fazia sexo em obediência à ordem dele – "*com a sua docilidade de escrava*", ela abria "*as pernas ao primeiro desejo do sinhô-moço*". Fica patente que o sociólogo simplesmente não enxergava a mulher negra privada da liberdade de escolher parceiros sexuais porque, nessa passagem de seu famoso livro, ele a está recriminando por ter con-

---

[59] Essa visão do negro já se encontra, por exemplo, no clássico *Porque me ufano do meu país*, de Afonso Celso, Visconde de Ouro Preto, publicado em 1900 (cf. CHAUI, Marilena, obra citada, pp. 30-31).

[60] Alberto da Costa e Silva reage à "tese gilbertiana de ter sido de certo modo benigna a escravidão no Brasil, quando comparada a outras escravidões", mostrando o "pesadelo" retratado nos anúncios de jornal sobre os escravos (recompensa por fuga, venda, troca e aluguel) na obra do próprio Gilberto Freyre (*A África e os africanos na história e nos mitos...* obra citada, pp. 145-154).

tribuído para a *"depravação"* do efebo branco[61]. De indiscutível vítima da violência sexual, a mulher negra era transformada numa imoral corruptora.

A narrativa ficou assim: o negro fraco foi escravizado por outro negro, no meio selvagem em que vivia, mas teve a imensa sorte de ser comprado por um português, que o trouxe para o Brasil. Aqui foi submetido a uma escravidão suave, em que o escravizado trabalhava cantando e, com o seu canto, contagiava os brancos de alegria[62]. A mulher negra contribuiu espontaneamente para a formação da gente brasileira e seus filhos foram acolhidos no seio de uma festiva democracia racial; apesar de a inferioridade deles erguer sempre obstáculos ao pleno desenvolvimento econômico do país.

Essa distorcida compreensão da escravidão e seus legados foi adicionada ao mito de fundação do Brasil como o país de três raças que conviveriam harmonicamente. Deixa de ser lembrada a violência com que o europeu colonizador escravizou os indígenas e os exterminou e trouxe da África os negros escravizados. Na verdade, é descaradamente apagada. Para não deixar rastros que pusessem em dúvida o mito fundacional de uma democracia racial, documentos da escravidão foram eliminados.

A violenta decisão de Rui Barbosa

A extinção da escravidão no Brasil foi constantemente adiada ao longo do Segundo Reinado. Sob o pretexto de que a abolição pura e simples levaria ao colapso da economia do país, aprova-

---

[61] *Casa-grande & senzala*: formação da família brasileira sob o regime da economia patriarcal. 51. ed. São Paulo: Global, 2006. p. 456.

[62] De acordo com Gilberto Freyre: "nos engenhos, tanto nas plantações como dentro de casa, nos tanques de bater roupa, nas cozinhas, lavando roupa, enxugando prato, fazendo doce, pilando café; nas cidades, carregando sacos de açúcar, pianos, sofás de jacarandá de ioiôs brancos – os negros trabalharam sempre cantando: seus cantos de trabalho, tanto quanto os de xangô, os de festa, os de ninar menino pequeno, encheram de alegria africana a vida brasileira. Às vezes um pouco de banzo: mas principalmente de alegria" (obra citada, p. 551; outras passagens em que se sugere a escravidão mais branda: pp. 265, 439, 458-459, 503, 505, 524, 531 e 536).

vam-se leis "para inglês ver": a proibição do tráfico negreiro (1831), a lei do ventre-livre (1871) e a da liberdade aos 60 anos (1885) eram paliativos com determinações de difícil, senão impossível, controle[63]. Alguns liberais fingiam ter pressa, os conservadores pediam prudência. Estes últimos, os saquaremas, argumentavam que *o "escravo" podia esperar*: "a benignidade dos senhores, a suavidade das relações domésticas entre o cativo e a família do proprietário, no Brasil, asseguram ao oprimido uma condição invejável ao jornaleiro europeu, ao proletário dos centros industriais, ao operário agrícola da Irlanda, ao servo emancipado dos antigos feudos eslavos"[64].

Entre os luzias[65], o liberal Rui Barbosa, em 1884, durante as discussões do projeto de liberação dos escravizados sexagenários, contrariou o argumento conservador mostrando o despropósito de qualquer noção de um "cativeiro doce". Opôs-se também aos que, como José de Alencar, defendiam que antes de liberados os escravizados deveriam ser educados, denunciando o propósito procrastinatório e o cínico dessa solução[66]. Já como jornalista, escrevendo após a Abolição, conclamou os abolicionistas (e não o Estado!) a organizar a educação dos libertos[67]. Suas ações e seus discursos em prol da emancipação e integração dos negros, no entanto, são indesculpavelmente maculados por uma infeliz decisão tomada em 14 de dezembro de 1890, quando era o ministro da Fazenda no governo de Deodoro da Fonseca; nesse dia, Rui Barbosa determinou a incineração dos "livros de matrícula, de controle aduaneiro e de recolhimento de impostos incidentes sobre a escra-

---

[63] CAMPELLO, André Barreto. *Manual jurídico da escravidão – Império do Brasil*. Jundiaí: Paco, 2018. pp. 96-125 e 231-251.
[64] Cf. BARBOSA, Rui. *Obras completas*. Rio de Janeiro: Ministério da Educação e Saúde, 1945. v. XVIII, tomo I, pp. 75-76.
[65] Sobre a origem dessas alcunhas, ver FAUSTO, Boris. *História do Brasil*. São Paulo: Editora da USP, 2007. p. 180.
[66] MACHADO, Maria Cristina Gomes. *Rui Barbosa*: pensamento e ação – uma análise do projeto modernizador para a sociedade brasileira com base na questão educacional. Campinas: Autores Associados; Rio de Janeiro: Fundação Casa de Rui Barbosa, 2002. pp. 41-42.
[67] *Obras completas...* obra citada, v. XVI, pp. 170-171.

vidão" existentes nas repartições daquele Ministério, em todo o país. A fundamentação era a eliminação dos vestígios da "funestíssima instituição". Para Rui, a República estava "obrigada a destruir esses vestígios por honra da pátria e em homenagem aos deveres de fraternidade e solidariedade para com a grande massa de cidadãos que, com a abolição do elemento servil, entraram na comunhão brasileira"[68].

Os partidários de Rui argumentam que o objetivo da medida foi preservar o tesouro da República, impedindo que os antigos senhores de escravo obtivessem uma indenização em razão da Abolição. Isso, porém, não faz justiça à argúcia do jurista: outros meios de prova estavam ao alcance dos fazendeiros, e o cálculo da indenização poderia ser feito com base em estimativas. Mas esse nem é o ponto central. A indenização não seria devida simplesmente por ser inconcebível o direito de propriedade sobre seres humanos. A tarefa da República era defender incansavelmente esse valor, dentro e fora dos processos judiciais. Quaisquer que fossem as intenções, declaradas ou ocultas, a violenta decisão de Rui privou os filhos brasileiros da diáspora africana de provas documentais de sua história; isto é, da inominável violência a que eles e seus ascendentes tinham sido submetidos[69].

Libertação não é liberdade

Comparato mostra que libertação e liberdade são "realidades bem distintas uma da outra". Libertar indivíduos ou povos da opres-

---

[68] Acervo do jornal *O Estado de S. Paulo*. Disponível em: http://m.acervo.estadao.com.br/noticias/acervo,a-destruicao-dos-documentos-sobre-a-escravidao-,11840,0.htm. Acesso em: 26 jun. 2021.
[69] O episódio da "queima dos arquivos da escravidão" desperta muitas outras questões. Só para ficar no plano jurídico, os documentos incinerados poderiam ter servido a ações de indenização dos libertos contra os seus antigos senhores. Ver, a propósito, DUARTE, Evandro Piza; SCOTTI, Guilherme; CARVALHO NETTO, Menelick de. Ruy Barbosa e a queima dos arquivos: as lutas pela memória da escravidão e os discursos dos juristas. *In*: DUARTE, Evandro Piza; SÁ, Gabriela Barretto de; QUEIROZ, Marcos (coord.). *Cultura jurídica e Atlântico Negro...* obra citada, pp. 17-46.

são não significa necessariamente assegurar-lhes as condições para uma vida em liberdade permanente. Para ele, "a libertação remove um obstáculo ao estado de liberdade, mas não garante que o libertado passará a fruir positivamente dele". E exemplifica a distinção conceitual com a abolição da escravidão na América Latina, que não foi acompanhada de medidas destinadas a promover a inserção dos antigos escravizados na sociedade "em condições de igualdade". A falta do que chamamos hoje de ações afirmativas condenou os libertos à miséria e exclusão[70].

Ações afirmativas e a inclusão racial

Em ação de descumprimento de preceito fundamental visando à inconstitucionalidade do Plano de Metas de Inclusão Étnico-Racial da Universidade de Brasília (ADPF 186), o Partido Democratas, autor da medida judicial, alegou que o princípio constitucional da igualdade só seria compatível com as políticas públicas de *cunho geral*, acessíveis indistintamente por qualquer brasileiro. Argumentou que, por meio das políticas generalistas, um dia os filhos da diáspora africana terão acesso às universidades públicas competindo em pé de igualdade com os demais brasileiros. Sustentou que o Estado precisava mesmo era melhorar a qualidade dos serviços públicos e passar a atender a todos de maneira isonômica. O discurso, que ecoa "os escravos podem esperar" dos saquaremas[71], defendeu a inconstitucionalidade de políticas públicas segmentadas, entre as quais a de recorte racial. E anteviu o aumento do racismo, e não a sua diminuição, em razão das ações afirmati-

---

[70] *Ética...* obra citada, pp. 553-554.
[71] Ou como mostra Sueli Carneiro, "a defesa intransigente das políticas universalistas no Brasil guarda, por identidade de propósitos, parentesco com o mito da democracia racial. Ambas realizam a façanha de cobrir com um manto 'democrático e igualitário' processos de exclusão racial e social que perpetuam privilégios. Postergam, igualmente, o enfrentamento das desigualdades que conforma a pobreza e a exclusão social. [...] A realização dos ideais das políticas universalistas no Brasil depende de sua focalização nos segmentos sociais que, historiamente, elas mesmas vêm excluindo" (*Racismo, sexismo e desigualdade no Brasil*. São Paulo: Selo Negro, 2011. p. 99).

vas de cotas raciais nas universidades. Essa linha de argumentação, contudo, não convenceu o STF, que julgou improcedente a ADPF em 26 de abril de 2010 por unanimidade[72].

Para aumentar a igualdade, não bastam leis assegurando a liberdade sem nenhuma discriminação; é necessário ir além e promover ações afirmativas[73]. Apenas as ações individuais não são suficientes para a redução das desigualdades. Continuarão alguns poucos podendo escolher, em suas decisões, entre uma quantidade muito maior de alternativas que a grande maioria; quando acontece, como no Brasil, de os poucos mais livres serem predominantemente brancos e a maioria menos livre composta de pretos e pardos, a mitigação da desigualdade depende fundamentalmente de ações afirmativas de recorte racial.

Na verdade, é o inverso do argumento que o Partido Democratas aduziu ao propor a ADPF contra as cotas raciais para ingresso na UnB. Não será por meio de políticas públicas sociais, recortadas pela renda, que indiretamente se chegará à igualdade racial[74]. É pelas ações afirmativas recortadas pelo critério racial que se chegará indiretamente à melhoria da condição econômica dos brasileiros em geral[75].

Quatro meses após o STF ter declarado a constitucionalidade do sistema de cotas raciais da UnB no julgamento da ADPF 186, a presidenta Dilma sancionou a Lei n. 12.711/12, instituindo um sis-

---

[72] DIAS, Everaldo Medeiros. *Cotas para negros...* obra citada, pp. 67-73.
[73] GOMES, Joaquim Barbosa. A recepção do instituto da ação afirmativa pelo Direito Constitucional Brasileiro. *Revista de Informação Legislativa*. Brasília, DF: Senado Federal, v. 151, pp. 129-152, jul./set. 2001.
[74] Na audiência pública realizada na ADPF 186, o IPEA mostrou a persistência do percentual de negros e brancos entre os que vivem abaixo da linha da pobreza, mesmo quando decresce o número de brasileiros nessa condição; e entre os escolarizados, mesmo quando aumenta a média dos anos de estudos da população brasileira (THEODORO, Mario. Desigualdade racial e políticas públicas no Brasil. *In*: SILVÉRIO, Valter Roberto (org.). *As cotas para negros no tribunal*: a audiência pública no STF. São Carlos: EdUFSCar, 2012. pp. 48-49).
[75] DUARTE, Evandro Piza. Princípio da isonomia e critérios para a discriminação positiva nos programas de ação afirmativa para negros (afro-descendentes) no ensino superior. *In*: DUARTE, Evandro Piza; BERTÚLIO, Dora Lúcia de Lima; SILVA, Paulo Vinicius Baptista (coord.). *Cotas raciais no ensino superior*: entre o jurídico e o político. Curitiba: Juruá, 2008. p. 81.

tema de cotas na disponibilização de vagas nas universidades federais. A lei de cotas determinou que 50% das vagas devem ser reservadas a quem cursou o ensino médio integralmente em escolas públicas, sendo metade delas por estudantes cuja renda familiar é de até 1,5 salário mínimo (art. 1º e parágrafo único). Previu-se uma subcota racial em que as vagas reservadas aos egressos do sistema público de ensino seriam preenchidas por estudantes "autodeclarados pretos, pardos e indígenas" proporcionalmente à sua presença na população do respectivo estado ou, se for o caso, do Distrito Federal (art. 2º). Alguns anos depois, a regra foi alterada para incluir uma subcota destinada às "pessoas com deficiência" (Lei n. 13.409/16).

A lei de cotas levou a um claro retrocesso nas ações afirmativas de maior inclusão de negros (pretos e pardos) no ensino superior. Ela não visa ao racismo, à discriminação racial. Ao contrário, ao sancioná-la, o governo petista acabou aderindo ao mesmo argumento do Partido Democratas na ADPF de que a reserva de vagas deve atender prioritariamente a critério socioeconômico e não racial. Nessa criticável intervenção, o Estado deu voz à ideologia do Brasil como uma democracia racial ao adotar a concepção – aliás, rechaçada pelo STF – de que a política correta de inclusão deve dispensar tratamento preferencial aos mais pobres, mas não aos filhos brasileiros da diáspora africana. Teria sido melhor que a lei não tratasse do assunto, permitindo que cada instituição de ensino superior federal continuasse a adotar a ação afirmativa em que identificasse maior pertinência e urgência[76].

A presidenta Dilma, registro, redimiu-se em parte dos equívocos cometidos com a lei de cotas nas universidades quando, dois anos após, sancionou a Lei n. 12.990/14, que determina a reserva de 20% das vagas dos concursos públicos e contratações na administração pública federal para candidatos negros (pretos e pardos).

---

[76] SANTOS, Sales Augusto dos. *O sistema de cotas para negros da UnB*. Jundiaí: Paco, 2015. pp. 75-80, 86-87 *et passim*.

A falácia da meritocracia e da igualdade de oportunidades

Liberdade e igualdade são tratadas, por François Bourricaud, como duas diferentes *paixões* nutridas por democratas inspirados em Rousseau. Esse tratamento deixa subentendido que a convergência entre os dois *valores* seria apenas um desejo – eventualmente admirável ou invejável – e não algo que se pudesse concretizar. E o modo como o sociólogo francês considera as ideologias reforça isso. Ele as vê pelas lentes da metáfora da "bricolagem", confessadamente inspirada no modo de Lévi-Strauss abordar os mitos dos "selvagens". Bricolagem é a solução criada por um amador (não especialista) tendo em vista atender a uma necessidade específica, à qual se molda – um pouco mais que uma gambiarra, talvez. Por essa abordagem, as pessoas não têm valores, a partir dos quais entende o mundo e orienta suas ações, mas amolda ideias às demandas que a vida lhe oferece.

Bourricaud acredita, assim, em ciclos ideológicos, isto é, em alternância entre as ideologias como modismos. Ele procura explicar, escrevendo em 1980, as razões pelas quais a ideologia da esquerda predominava na Europa desde o fim da Segunda Guerra e como a de direita poderia reagir. Nesse contexto, vê a liberdade e a igualdade como paixões permanentes ("*invariants*") das sociedades democráticas, partindo da associação que Tocqueville fazia da primeira aos franceses e da segunda aos americanos. Liberdade e igualdade, embora sejam paixões democráticas permanentes, possuiriam duas variações ("*variants*") cada uma. A liberdade pode ser liberal (L_1) ou libertária (L_2), enquanto a igualdade pode ser meritocrática (I_1) ou igualitária (I_2), distribuídas em associações hierárquicas ($L_1 > I_1$, $L_2 > I_1$, $I_1 > L_1$, $I_1 > L_2$ etc.).

Essas associações hierárquicas entre as paixões não são, porém, rígidas, reportando, na verdade, predominâncias. Bourricaud avalia que, na Terceira República (1870-1940), predominaram as paixões meritocráticas temperadas pelas paixões liberais. Nos anos 1950-1960, ainda na França, a variante meritocrática da igualdade foi desqualificada como ideal e a paixão da liberdade passou da variante liberal para uma acentuadamente libertária. Em torno de 1968, uma nova sensibilidade política rejeitou a variante liberal da liberdade e a meritocrática da igualdade. Para ele, isso era preocupante porque a contestação da meritocracia e do liberalismo comprometeria todas as hierarquias e aboliria por completo o senso de disciplina. Em outros termos, igualdade sem meritocracia seria uma verdadeira distorção da igualdade; e não apenas dela, da liberdade também[77, 78].

Entretanto, não existe algo assim como uma *igualdade meritocrática* porque a meritocracia é o oposto da igualdade[79]; ela é a justificação para as desigualdades na sociedade liberal, cumprindo a mesma função de legitimação que o nascimento nesta ou naquela classe tinha na sociedade estamental. A aristocracia era uma sociedade assumidamente desigual e não precisava explicar as suas desigualdades, enquanto a democracia liberal se apresenta como uma sociedade de iguais e precisou inventar a meritocracia para tentar explicar as desigualdades.

A noção da meritocracia é estranha às sociedades estamentais. Nestas, como por exemplo na aristocracia europeia do *Ancien Régime*, as desigualdades se legitimam na origem. As vantagens de um aristocrata qualquer eram justificadas sem circunlóquios, apenas pelo fato de ele ter nascido numa classe com direito aos privilégios de que desfruta. Do mesmo modo, as desvalias de um camponês eram dadas e legitimadas pelo nascimento numa classe social desprovida de privilégios. Nas democracias liberais, as desigualdades deixam de se fundar na origem e buscam sustentação no processo. Afinal, na Revolução Comercial do início da Idade Moderna, a Europa tinha assistido ao acesso dos membros de uma classe social a uma série de vantagens não mais em razão da sorte

---

[77] *Le bricolage idéologique*. Essai sur les intellectuels et les passions démocratiques. Paris: PUF, 1980. pp. 27-29 e 256-257.
[78] MERQUIOR, José Guilherme. *O argumento liberal...* obra citada, p. 87.
[79] Na síntese de Michael J. Sandel: "o ideal meritocrático não é remédio para a desigualdade; ele é justificativa para a desigualdade" (*A tirania do mérito*: o que aconteceu com o bem comum? Tradução de Bhuvi Libanio. 2. ed. Rio de Janeiro: Civilização Brasileira, 2020. p. 181).

no jogo de dados do nascimento e sim por causa do enriquecimento obtido por seus próprios esforços individuais: os comerciantes burgueses.

As duas classes vão se estranhar. Na Inglaterra, conseguem chegar a um bom acordo na Revolução Gloriosa e, por meio da monarquia constitucional, acomodam os seus interesses num arranjo político bastante estável. Locke não tinha do que reclamar. No Continente, porém, as tensões foram maiores. Na França, para vencer a aristocracia, a burguesia precisou se unir às demais classes em 1789, num enfrentamento bem mais acirrado; e perigoso também, por mobilizar forças que ela não conseguiu controlar inteiramente – as que Constant procurou refrear ao dizer que os modernos tinham perdido o interesse na participação política direta. Depois do Terror e de Napoleão, a solução da monarquia constitucional à inglesa fracassa porque as duas classes têm motivos de sobra para desconfiarem uma da outra. De um lado, a dinastia Bourbon tentaria restabelecer o absolutismo (1815-1830); de outro, a burguesia ajuda a derrubar a dinastia Orléans, sua antiga aliada, para reinstalar o regime republicano (1848).

O século XIX assiste ao triunfo do liberalismo contra a aristocracia. No plano da legitimação das desigualdades, isso significou a disseminação da meritocracia como o valor fundamental. Com o fim da sociedade estamental na Europa, o nascimento deixou de ser o fundamento para as diferenças jurídicas e sociais. Na sociedade liberal, se alguém desfruta de condições mais vantajosas, isso só pode ser produto de suas aptidões e esforços individuais, já que alegadamente se abririam as mesmas oportunidades a todos[80]. A igualdade de oportunidades, assim, é uma premissa necessária para a ideologia da meritocracia. (Mesmo assim, a vertente mais radical

---

[80] A explicação é dada pela "teoria da produtividade marginal": os que produzem mais têm renda superior em decorrência da maior contribuição que dão à sociedade. Pela lei da oferta e da procura, o valor de cada contribuição reflete as habilidades da pessoa. Quem tem habilidades raras de que necessitam as empresas ou os consumidores será mais bem remunerado; enquanto aquele cujas habilidades nada têm de especial e, por isso, são oferecidas largamente no mercado, receberá remuneração menor (STIGLITZ, Joseph E. *The price of inequality*. London: Penguin Books, sem data, pp. 36-37 de 502. *E-book*).

do liberalismo, os libertários, nega a legitimidade até mesmo a essa hipótese de igualdade, para que absolutamente nada perturbe a liberdade[81].)

Obviamente, as justificações da desigualdade pela meritocracia transitam no plano do simbólico. Confrontadas com a realidade, desmancham no ar. Em primeiro lugar, há os que simplesmente herdaram a riqueza dos pais, que desfrutam de condições de vida muito melhores que a maioria pobre sem ter feito absolutamente nenhum esforço para merecê-lo. Além disso, o mérito não é um atributo objetivo das pessoas, mas decorrência de avaliações feitas por superiores (professores, patrões, chefes, bancas examinadoras etc.) e, portanto, exposto às mais variadas manipulações (preconceitos, nepotismo, suborno dos avaliadores etc.) e vieses cognitivos. Em terceiro lugar, pertencer à classe social superior é apenas uma das muitas sortes lançadas no jogo de dados do nascimento: inteligência, força, saúde física e mental, capacidade de aprender e outros tantos atributos pessoais também dependem da volúvel fortuna, tanto na esfera do genótipo como na do fenótipo.

Além do mais, quando se voltam os olhos ao Brasil, a história é bem diferente da europeia. Claro, sendo uma ex-colônia portuguesa, sofremos muita influência dos acontecimentos da Metrópole – influenciados sim, mas não meros repetidores de história alheia. Se, na Europa, pode-se chamar os oitocentos de o "século do liberalismo", na América eles foram o "século das abolições"[82]. O Brasil escravocrata do tempo do Império era uma sociedade fundamentalmente estamental: nascer pardo ou preto significava ser privado, na partida, de qualquer vantagem competitiva.

A rigor, ainda somos hoje uma sociedade estamental, um tanto envergonhada. É um dos legados da escravidão. Somos uma socie-

---

[81] NOZICK, Robert. *Anarquia, Estado e utopia*. Tradução de Fernando dos Santos. São Paulo: WMF Martins Fontes, 2018. pp. 304-309.

[82] A expressão é de Marcel Dorigny (*As abolições da escravatura...* obra citada, p. 14), um autor de inclinações eurocêntricas que, apesar de uma ou outra ligeira concessão, não reconhece na insurreição dos negros o papel de principal protagonista da história das abolições (por exemplo, pp. 38, 50, 85 e 95).

dade que diz ser uma democracia meritocrática para tentar ocultar a desigualdade de raízes afrodiaspóricas sob o pálio frouxo da igualdade formal da lei. Exatamente como nas aristocracias do *Ancien Régime*, a desigualdade está na origem e não no processo.

Os números mostram que nascer branco no Brasil, em qualquer sexo ou classe social, é ter uma substancial vantagem competitiva em relação a mais da metade da população. Só não vê isso quem está cegado pelos preconceitos e completamente desnutrido de empatia. Como a branquitude não é mérito[83], há algo de muito errado no modo como o pensamento liberal entende a igualdade de oportunidades.

O que colocar no lugar da meritocracia?

Quando um mentor ou *coach* diz "nunca desista dos seus sonhos", ele não apenas dá um conselho bastante estúpido como também alimenta a meritocracia e se alimenta dela. Primeiro, por ocultar as insanas batalhas dos méritos atrás de aspirações presumivelmente justas, que são os sonhos a que todos teríamos igual direito. Além disso, porque é irracional insistir numa meta que, já tentada, mostrara-se bem difícil – um desperdício de tempo e energias com desgaste físico e mental.

Todos nós temos nossos limites: que cada um conheça os seus e viva feliz com eles.

Ao falar em *limites* aqui, estou me referindo apenas àquelas diferentes habilidades pessoais que dão um colorido vivo à humanidade. É preciso distingui-las das *limitações*, os obstáculos sociais e econômicos que dificultam ou mesmo impedem a grande maioria de homens e mulheres de desfrutar de suas habilidades com satisfação pessoal.

---

[83] Para Sueli Carneiro: "[q]uando o mérito é invocado para barrar propostas de promoção de igualdade racial, omite-se, escamoteia-se, a construção social, segundo a qual nascer branco consiste por si só num mérito, uma vantagem original cujo prêmio é conduzir 'naturalmente' brancos ao acesso privilegiado dos bens sociais. O que todos os indicadores socioeconômicos desagregados por cor/raça confirmam" (obra citada, p. 105).

No plano da individualidade, precisamos aceitar os limites, mas de forma nenhuma devemos aceitar as limitações. No plano da sociedade, precisamos nos organizar para suprimir as limitações e passar a valorizar as pessoas pelo que elas são em suas diferenças e não por terem alcançado metas. Devem ser abolidas expressões como "vencer na vida", "conquistas", "escalada", "sucesso" e outras que nos reduzem a participantes obsessivos de um estranho jogo que não escolhemos jogar. Passemos a falar em "trabalho gratificante", "aproveitamento intenso dos momentos de lazer", "bom humor" e "saudáveis noites de sono" como as experiências ideais – correr uma maratona por ser gostoso e não porque isso o tornaria de algum modo melhor que os outros.

A meritocracia está nos destruindo: quase todos os "vencedores" se veem às voltas com infelicidade, baixa qualidade de vida e perturbações mentais, enquanto a maioria dos "perdedores" amarga uma despropositada humilhação e se culpa por ter fracassado. A meritocracia é uma falácia não porque as pessoas não devam ser devidamente recompensadas por seus esforços; é uma falácia porque ela não recompensa devidamente as pessoas por seus esforços.

A luta pelo fim da meritocracia não pode ser confundida com um convite ao desleixo, falta de seriedade ou comprometimento no trabalho ou estudo; continuamos com deveres e responsabilidades, assumindo compromissos e recebendo a remuneração devida ao cumpri-los. Tampouco pode ser vista como ingrediente do anticientificismo, isto é, do movimento de descrédito da ciência: os especialistas devem ser levados a sério não porque seriam melhores que os leigos (diferenciados), mas por terem mais repertório (diferentes) para ajudar todos a lidarem com a complexidade do mundo.

O questionamento da meritocracia significa abrir o rico leque da diversidade, para não sermos todos submetidos a uma mesma métrica de valorização pessoal e social. A humanidade tem extraído bons frutos, em sua estratégia de evolução como espécie, do aproveitamento crescente das extraordinariamente diversificadas habilidades de seus indivíduos.

Mas alguns se perguntam: o que colocar no lugar da meritocracia? A resposta é "nada". A meritocracia é um índice de diferenciação das pessoas que serve apenas para *justificar* porque algumas têm acesso a bens e serviços em maior quantidade e qualidade do que outras. Se o objetivo é promover mais igualdade (suprimindo limitações) e otimizarmos o aproveitamento da nossa diversidade (respeitando os limites de cada um), não precisaremos de uma justificativa ideológica para as diferenças entre ricos e pobres. Concentremo-nos em mitigar as desigualdades e não em buscar motivos para justificá-las.

Ver a liberdade e não ver a escravidão

Em 2017, um liberal brasileiro escreveu que o Segundo Reinado (1840-1889) teria sido uma "experiência *sui generis* em nossa história com cerca de meio século de estabilidade política, liberdade plena e grande atividade doutrinária"[84]. Isso mesmo: "liberdade plena"! Ora, só pode dizer que no tempo do Brasil Imperial teria havido liberdade plena quem abstrai completamente a escravidão – ou seja, quem não enxerga os escravizados, não os considera "pessoas". Mesmo que o autor esteja se referindo apenas aos luzias e saquaremas, as facções em que se dividia a elite política branca e masculina, a liberdade política estava severamente comprimida pela concentração de poderes típica de qualquer monarquia[85]. De qualquer modo, considerar na medida da liberdade apenas os homens brancos, letrados e proprietários só reforça a invisibilidade dos filhos brasileiros da diáspora africana. A afirmação do liberal brasileiro é uma disparatada falsidade em qualquer caso; e é um absurdo inqualificável se considerar todos os homens e mulheres que viviam no território do Império.

Não há desculpas para qualquer um que se volte ao período imperial brasileiro deixar de levar em conta a escravidão, como se ela

---

[84] PAIM, Antonio. *História do liberalismo brasileiro...* obra citada, p. 24.
[85] LEAL, Victor Nunes. *Coronelismo, enxada e voto*: o município e o regime representativo no Brasil. 7. ed. São Paulo: Companhia das Letras, 2012. pp. 210-211.

não tivesse existido ou não tivesse importância para a compreensão do Brasil de ontem e de hoje. Aliás, é indesculpável até mesmo não ir além e rever por completo a narrativa, para que os filhos da diáspora africana provocada pela colonização tenham reconhecida a sua presença como agentes da história – como pessoas. É preciso, uma vez mais, reescrever o nosso mito de fundação, para que possamos seguir em frente.

Nada se opõe mais à liberdade que a escravidão. Mesmo assim, os liberais espantosamente não a levam em conta, em suas reflexões, como um fato que possa constranger a liberdade. Para Constant, uma das explicações para a diferença que ele entrevia nos modos como os antigos e os modernos concebiam a liberdade seria a escravidão. Como visto, ele chegou mesmo a dizer, em sua conferência no Ateneu Real em 1819, que "na Europa não havia mais escravidão"[86]. Croce, porém, censurou Constant, afirmando que a escravidão não devia ser levada em conta na comparação entre as duas concepções de liberdade, a antiga e a moderna, porque nada mais interessava senão o enorme legado dos gregos livres[87].

Enquanto houve escravidão, o liberalismo não enxergou os africanos escravizados. E ainda hoje parece não enxergar os filhos da diáspora africana. Não veem, na situação que os cercam, o constrangimento à igualdade herdado da brutal supressão da liberdade. A escravidão foi um fato histórico que marcou fortemente todos os brasileiros e ainda hoje marca. Marcou e marca a todos, mas evidentemente não na mesma medida. Nenhum brasileiro descendente do colonizador europeu, por mais bem-intencionado que seja, sabe *de verdade* o que sentem, no dia a dia, os seus patrícios descendentes da diáspora africana. Todos os brasileiros ainda carregam o trauma transgeracional de habitarem o mesmo chão e descenderem de uma gente que, no passado recente, se tratava como "pessoas" de um lado e "não-pessoas" de outro. Temos esse trauma como legado. A violência inominável da escravidão não parou de causar dores e sofrimento.

---

[86] *A liberdade dos antigos...* obra citada, pp. 53.
[87] *História como história da liberdade...* obra citada, p. 335.

Preconceitos no liberalismo

Os valores vivenciados pela maioria das pessoas moldam a sociedade[88]. A história, porém, caminha incessantemente e, de tempos em tempos, os valores da maioria mudam na permanente remodelação da sociedade. Quando determinado valor é recortado pela segregação de algumas pessoas como "não-pessoas", para excluir delas em maior ou menor grau as características do humano, ele é incontornavelmente inconciliável com o valor da igualdade – é um preconceito. Racismo, sexismo, antissemitismo, elitismo, gordofobia etc. são preconceitos porque pressupõem a inferioridade – isto é, a negação da igualdade, a negação de plena humanidade – aos de outra raça, às mulheres, aos judeus, aos pobres ou iletrados, aos obesos e assim por diante.

Em razão do preconceito, é ilusório tomar como delimitação da liberdade o critério milliano de "não causar danos a ninguém". Como o preconceituoso não enxerga a todos como "pessoas", ele nem sequer consegue entender como danosos certos efeitos de suas falas, decisões e ações. O chefe branco do sexo masculino conta piadas racistas ou sexistas e se acha livre para fazer isso porque não estaria causando danos aos negros e mulheres de sua equipe, tendo em vista que todo mundo ri e o clima no departamento é mesmo de completa descontração. Não se dá conta dos danos que causa porque não os vê como iguais.

Em decorrência do enviesamento pernicioso do critério milliano, preconceitos não faltam ao liberalismo.

Ludwig von Mises, em 1927, afirmou que o "escravo" se acostuma à servidão, porque "não precisa preocupar-se em assegurar o pão de cada dia, pois seu senhor é obrigado a provê-lo com as necessidades da vida". O austríaco cria na excepcionalidade dos casos em que "servos e escravos haviam sido cruelmente tratados", insistindo que os excessos "não constituíam a regra"[89]. Mais uma vez, é

---

[88] Meu *Biografia não autorizada do Direito...* obra citada, pp. 343-367.
[89] *Liberalismo*. Tradução de Haydn Coutinho Pimenta. São Paulo: Instituto Ludwig von Mises Brasil, 2010. p. 51.

preciso não conseguir ver os escravizados como "pessoas" para abstrair a violência ínsita à escravidão e reputar ocasionais os tratamentos cruéis. Ao condenar a escravidão, desdenhou os argumentos humanitários afirmando que a única razão para a abolir é a maior produtividade do trabalhador livre[90].

Em 1940, Mises estranhou que, apesar de todas as "raças humanas" possuírem a mesma estrutura mental lógica, a dos brancos tivera mais sucesso que as demais na luta pela sobrevivência com o uso da razão. Para ele, as raças não brancas teriam contribuído com muito pouco ou mesmo nada para o desenvolvimento da civilização e, por isso, seriam inferiores[91]. Claro, para pensar assim ele não pode ver como contribuição de pessoas o pioneirismo dos africanos no domínio do fogo, a concepção de zero dos astrônomos indianos, o simbolismo algébrico dos árabes, o papel e a pólvora dos chineses, os saudáveis hábitos de higiene dos indígenas brasileiros e outras descobertas, invenções, costumes e manifestações culturais de povos não brancos dos quais a humanidade inteira hoje se beneficia.

Fréderic Bastiat, em 1850, classificou as medidas destinadas a mitigar a desigualdade como deslavada espoliação. Uma lei de caridade, observou, só pode ser "instrumento igualitário na medida em que toma de uns para dar a outros"; do mesmo modo, a lei de educação tomou "de uns os meios para pagar os professores encarregados de instruir gratuitamente os outros". O preconceito de Bastiat está além da afirmação da obviedade de que o Estado só pode financiar a mitigação da desigualdade com os impostos que cobra; está em ver naquelas leis verdadeiros atentados "à liberdade e à propriedade, uma espoliação legalizada"[92].

Milton Friedman, em 1956, afirmou que um governo central melhoraria o nível de vida de muitas pessoas se cuidasse de educação, saneamento e construção de estradas, mas, ao fazê-lo, estaria

---

[90] *Liberalismo...* obra citada, p. 52.
[91] *Ação humana*: um tratado de economia. 2. ed. Tradução de Ana Parreira. Campinas: Vide Editorial, 2020. pp. 87-88 e 91.
[92] *A lei*. Tradução de Pedro Sette-Câmara. São Paulo: LVM, 2019. pp. 66-67.

também substituindo "o progresso pela estagnação e a diversidade experimentadora pela mediocridade uniformizada, propiciando o predomínio dos retardatários de amanhã sobre os medíocres de hoje"[93]. Os beneficiários das ações governamentais são tratados como "não-pessoas", indignas dos benefícios.

Murray Rothbard, em 1973, desvendou o "mistério da obediência civil" (por que a maioria concorda em aceitar a agressão do Estado?) falando de uma "aliança dos governantes com os intelectuais". A premissa de seu argumento era a incapacidade "das massas" de formular suas próprias ideias abstratas ou refletir de modo crítico sobre as ideias alheias. As pessoas em sua maioria, afirma, apenas "seguem passivamente" os intelectuais formadores de opinião[94]. Também Ortega y Gasset relega às massas uma posição inferior, de subordinação aos "homens excelentes"[95]. A "massa", por esta visão preconceituosa do liberalismo, é um imenso conjunto de "não-pessoas".

Nas épocas em que cada um desses pensadores liberais externaram os seus preconceitos, talvez houvesse muita gente que também os nutrisse. Discutir isso, no entanto, pouco importa. Interessa que são conceitos preconceituosos, por presumirem que determinadas pessoas (negros, pobres, "massas") não merecem ter ao alcance de suas decisões uma quantidade grande de alternativas.

Há diferentes valorações dos conceitos preconceituosos entre os pensadores da tradição liberal. De um lado, Edmund Burke se vangloriava dos próprios preconceitos, enaltecendo-os como fruto de seus sentimentos autenticamente rústicos. Para o crítico da Re-

---

[93] *Capitalismo e liberdade...* obra citada, p. 4.
[94] *O manifesto...* obra citada, p. 73.
[95] "Numa boa ordenação das coisas públicas, a massa é a parte que não atua por si mesma. Essa é a sua missão. Veio ao mundo para ser dirigida, influenciada, representada, organizada – até para deixar de ser massa, ou pelo menos aspirar a isso. Mas não veio ao mundo para fazer tudo isso por si. Precisa submeter sua vida à instância superior, constituída pelas minorias excelentes. Discutam o quanto quiserem sobre quem são os homens excelentes; mas sem eles – sejam uns ou sejam outros – a humanidade não existiria no que tem de mais essencial, é coisa de que não se pode duvidar, mesmo que a Europa passe um século inteiro metendo a cabeça debaixo da asa, como os avestruzes, para tentar não ver uma evidência tão radiante" (obra citada, p. 193).

volução Francesa, os preconceitos até mesmo cumpririam certa função epistemológica, por possibilitar a contínua nutrição da mente com sabedoria e virtude, preparando os homens para decidir com rapidez em situações emergenciais[96]. No extremo oposto, John Stuart Mill repudiava os preconceitos, por considerar que o enfraquecimento deles era o grande proveito do pensamento analítico, que aprendeu a desenvolver em sua extraordinária educação. O raciocínio analítico lhe dava a vantagem de sempre distinguir as causalidades realmente existentes das que resultavam apenas dos sentimentos, onde os preconceitos se alojam[97]. Burke e Mill falam do mesmo objeto – ideias espontâneas turvadas pelos sentimentos; mas enquanto o primeiro não as inibe (ao contrário, está plenamente confortável ao guiar suas decisões irrefletidas por elas), o segundo submete as ideias contaminadas pelos sentimentos ao escrutínio da razão analítica para as aceitar ou rejeitar.

Escravidão: a ferida aberta no Brasil

A pergunta que este livro propõe – se os livres podem ser iguais – é particularmente perturbadora para os brasileiros. Não faz muito tempo, em termos históricos, que a nossa economia era baseada na escravização de africanos. Durante os três séculos em que fomos um povo de escravizadores, entre 4 milhões e 5 milhões de pessoas foram arrancadas violentamente de suas terras na África e trazidas à força para trabalharem aqui na agricultura, pecuá-

---

[96] *Reflexões...* obra citada, pp. 104-141. Para João Pereira Coutinho, preconceito, em Burke, não seria uma referência a "ideias ofensivas ou irracionais", mas sim à "sabedoria sem reflexão", trazida a nós por um "patrimônio moral e institucional" (prefácio de *Reflexões sobre a revolução na França*. Tradução de Marcelo Gonzaga de Oliveira e Giovanna Louise Libralon. Campinas: Vide Editorial, 2017. p. 23). Na verdade, o preconceito elogiado por Burke cumpre, sem dúvida, a função epistemológica de uma sabedoria sem reflexão ou, como prefere Gertrude Himmelfarb, uma "sabedoria latente" (*Os caminhos para a modernidade: os iluminismos britânico, francês e americano*. Tradução de Gabriel Ferreira da Silva. São Paulo: É Realizações, 2011. p. 116), e é, nesse sentido, "racional"; mas nenhuma passagem do *Reflexões* permite afirmar que Burke não estaria se referindo a "ideias ofensivas".
[97] *Autobiografia...* obra citada, capítulo V, p. 4 de 31.

ria, pesca, mineração, transporte, serviços domésticos e comércio. O Brasil foi um dos primeiros lugares em que se implantou a economia escravista moderna e foi o último país ocidental a abolir a escravidão. Quase a metade (47%) de todos os seres humanos desembarcados na América como escravizados vindos da África, entre 1500 e 1850, foram escravizados no nosso país. Em termos de comparação, a quantidade de escravizados desembarcados nos Estados Unidos, no mesmo período, foi de um décimo dos trazidos para aqui[98].

Todos os filhos brasileiros da diáspora africana tornaram-se cidadãos livres em 1888. Para a ordem jurídica, a liberdade veio junto com a igualdade. Mas só para a ordem jurídica. Embora se estime que 54% dos brasileiros sejam pretos ou pardos, somente 30,4% deles estão entre os mais elevados estratos de renda[99]. Os negros ocupam 4,7% dos cargos de executivos e 25,9% dos postos de supervisão nas quinhentas maiores empresas brasileiras[100]. Não se veem rostos negros nas cerimônias de formatura do ensino superior, nos tribunais, nas casas legislativas, nos ministérios, nos grandes escritórios de advocacia etc. na mesma proporção da sua presença na população brasileira[101].

---

[98] Cf., por todos, DORIGNY, Marcel; GAINOT, Bernard. *Atlas da escravidão*. Tradução de Guilherme João de Freitas Teixeira. Petrópolis: Vozes, 2017. pp. 52-53; e GOMES, Laurentino. *Escravidão...* obra citada, v. 1, p. 255.

[99] Dados de 2019, de acordo com o IFER – Índice Folha de Equilíbrio Racial. *Folha de S.Paulo*, 4 jul. 2021, p. A-22.

[100] Dados do perfil social, racial e de gênero das 500 maiores empresas do Brasil e suas ações afirmativas, do Instituto Ethos, de 2016. Disponível em: www.ethos.org.br. Acesso em: 17 nov. 2021.

[101] De acordo com Laurentino Gomes: "negros e pardos [...] representam 54% da população brasileira, mas sua participação entre os 10% mais pobres é muito maior, de 78%. Na faixa dos 1% mais ricos da população, a proporção inverte-se. Nesse restrito e privilegiado grupo, situado no topo da renda, somente 17,8% são descendentes de africanos. Na educação, enquanto 22,2% da população branca têm 12 anos de estudos ou mais, a taxa é de 9,4% para a população negra. O índice de analfabetismo entre os negros em 2016 era de 9,9%, mais que o dobro do índice entre os brancos. A brutal diferença se repete na taxa de desemprego, de 13,6% e 9,5% respectivamente". O autor mostra também dados sobre a desigualdade racial no Brasil relativos à renda média, presença nos cursos de pós-graduação, participação em corpo docente da USP, chances de ser vítima de homicídio, população carcerária, expo-

Esses vergonhosos números mostram que a igualdade entre os brasileiros ainda não passa de um conceito abstrato, de mera enunciação pela lei. A proclamação de 1888 claramente não veio acompanhada de igualdade. O grande desafio brasileiro, diante dessa realidade, é encontrar os meios de os livres se tornarem iguais. Um desses meios é investir em políticas públicas de afirmação, que alarguem de verdade a quantidade de alternativas de decisão postas ao alcance dos brasileiros filhos da diáspora africana. Esse é o mais importante desafio da nação brasileira.

---

sição à criminalidade, habitação em bairros sem infraestrutura básica, quantidade de deputados e senadores eleitos em 2018, ocupação de postos de direção e de gerência nas quinhentas maiores empresas, número de profissionais de alta qualificação (engenheiros, pilotos de aeronave, professores de medicina, veterinários e advogados), autoria de livros e direção de filmes (*Escravidão...* obra citada, v. 1, pp. 31-33).

3. Poder e desigualdade

Do axioma do "homem livre" o liberalismo conclui que economia e sociedade são moldadas pela livre vontade humana[1]. Pensa que as sociedades com menos liberdade são assim apenas porque as pessoas que vivem nela ainda não foram inteiramente convencidas das enormes vantagens de serem mais livres. No dia em que elas conseguirem entender o argumento poderoso do liberalismo, teriam a imediata percepção do tamanho do erro das escolhas que haviam feito até então e se apressariam em mudá-las[2]. Para Mises, a reorganização da sociedade é uma questão "bastante prosaica e trivial". Ele confessa não entender a razão pela qual não se resolve essa questão, por uma deliberação racional, a mesma que usamos para construir uma ferrovia ou fabricar vestimentas e mobiliário[3,4].

---

[1] O homem livre do liberalismo é também egoísta. Os liberais admitem a renúncia (ato de vontade presumida) de uma porção da liberdade em contrapartida de maior segurança e da proteção da propriedade, mas repudiam qualquer renúncia de parte da liberdade em contrapartida da redução das desigualdades.

[2] Não à toa, o movimento liberal investe mais na criação de *think tanks* e na publicação de livros do que em atuação nos partidos políticos, sindicatos ou movimentos sociais (cf. ROCHA, Camila. *Menos Marx, mais Mises*: o liberalismo e a nova direita no Brasil. São Paulo: Todavia, 2021).

[3] "Problemas de políticas sociais são problemas de tecnologia social e deve-se buscar sua solução do mesmo modo e pelos mesmos meios à nossa disposição usados na solução de outros problemas técnicos; isto é, por meio da reflexão racional e pelo exame das condições dadas. O homem deve à razão tudo o que ele é e que o eleva acima dos animais. Por que, então, deveria o homem desprezar o uso da razão justamente na esfera do social e confiar nos sentimentos e impulsos vagos e obscuros?" (*Liberalismo...* obra citada, p. 38).

[4] Na generalização sobre o liberalismo com que inauguro este capítulo, é necessária uma palavra a respeito de Hayek. Em sua antropologia, como se verá no final do capítulo 5, está

Enquanto o liberalismo enfrentava a monarquia absolutista, o seu foco repousava na discussão da liberdade política, considerada então uma condição para a liberdade econômica. Tínhamos que alterar a forma do exercício do poder, adotando um modelo que conferisse representatividade e legitimidade aos governantes, para que as leis por eles aprovadas suprimissem quaisquer obstáculos às trocas voluntárias entre as pessoas e deixasse a mão invisível da cooperação espontânea fazer o resto.

Ao longo do século XX, o liberalismo girou o foco para a discussão econômica e inverteu a estratégia. A liberdade na economia tornou-se, então, condição da liberdade na esfera política. A inversão ganha mais sentido quando o principal inimigo dos liberais deixa de ser a experiência de planificação econômica totalitária da União Soviética e seus seguidores. Nos anos 1970, a ineficiência da economia soviética já era patente e o liberalismo recolocou no centro do alvo um antigo inimigo: o Estado, com os seus governantes irresponsáveis e burocratas toscos e gananciosos. Os liberais passaram a crer que quanto mais liberdade houvesse na economia, menos Estado seria necessário; e, consequentemente, haveria mais liberdade política[5].

E para isso bastaria as pessoas quererem[6].

descartada a hipótese de reconstrução racional da sociedade tal como a pretendida pelos marxistas, entre outros. Mas não fica claro como ele conciliaria a sua radical contestação ao racionalismo construtivista e a luta, em que se engajou, por uma sociedade mais livre sem fazer algum tipo de concessão. Além disso, como não encontrei nele nenhuma oposição ou ressalva à afirmação de Mises sobre a trivialidade da reorganização da sociedade, não excluo Hayek da admissão do axioma do homem livre, que identifico no pensamento liberal.

[5] FRIEDMAN, Milton. *Capitalismo e liberdade...* obra citada, p. 17.

[6] Mesmo Friedrich Hayek, apesar de criticar severamente o que chama de racionalismo construtivista (corrente de pensamento que considera as instituições sociais produto de deliberações), acaba traindo o seu voluntarismo ao afirmar que muito sofrimento e destruição teriam sido evitados se Keynes soubesse mais alemão e tivesse aproveitado mais a leitura de determinado livro de Mises (*O renascimento do liberalismo*. Editado por Peter G. Klein. Tradução de Carlos Szlak. São Paulo: Faro, 2021. p. 127). Em sua obra *Law, legislation and liberty*, ao mesmo tempo que reforça as críticas ao racionalismo construtivista admite que uma ordem pode ser racionalmente construída na sociedade complexa contemporânea desde que aderente aos princípios da ordem espontânea; outra recaída no voluntarismo se encontra, nessa obra, em sua afirmação de que a única contribuição frutífera das ciências

Liberdade e vontade

Os liberais partem do axioma do "homem livre" e concluem que a vontade é o fator decisivo para cada um de nós conseguir alcançar os objetivos que escolhemos. Aquele indivíduo é rico, saudável, forte, culto e feliz porque foi recompensado por seu esforço, por sua força de vontade. E aquele outro, a despeito de viver numa sociedade em que está assegurada a igualdade de oportunidades, acabou pobre, doente, fraco, inculto e infeliz por não ter se esforçado o suficiente, por lhe ter faltado força de vontade.

Por ver o mundo assim, os liberais tomam a intencionalidade da ação humana como mais um teorema[7] e estão mesmo convencidos de que a economia e a organização política só não são ainda inteiramente livres porque as pessoas não querem.

A vontade como a explicação nuclear para entendermos a trajetória de cada indivíduo e da humanidade é de tal modo fundamental no liberalismo que até mesmo a servidão é considerada voluntária. Para os liberais, os submetidos estão privados da liberdade porque desejam se submeter. Sempre têm a opção de tentar lutar pela libertação. Os que não lutam estão escolhendo a submissão a partir de um cálculo: preferem-na a correr os riscos da luta[8]. Sem vontade de eventualmente sofrer danos físicos ou morrer, decidiram ser submissos. Acomodaram-se à servidão porque quiseram[9].

A "servidão voluntária" não passa, contudo, de um oxímoro destinado a ocultar a violência. Se alguém só pode escolher entre a submissão e o aniquilamento, não está expressando nenhuma

---

sociais seria a elaboração de modelos hipotéticos de mundos possíveis, o que só é compreensível no pressuposto da possibilidade de se escolher pelo menos um deles (*Law, legislation and liberty*: A new statement of the liberal principles of justice and political economy – Rules and order. Chicago: The University of Chicago Press, 1983. v. I, pp. 5, 17 e 60).

[7] MISES, Ludwig von. *Ação humana...* obra citada, p. 27.
[8] MISES, Ludwig von. *Ação humana...* obra citada, p. 187.
[9] Um dos textos que tomam por referência é *Discurso sobre a servidão voluntária*, panfleto escrito por Étienne de la Boétie, em meados do século XVI, a propósito do fracasso do movimento de reação contra a criação de um novo tributo (tradução de Evelyn Tesche. São Paulo: Edipro, 2017).

vontade. Ele não quer nem ser submisso, nem ficar aleijado ou morrer. Nenhuma das alternativas a que foi violentamente submetido corresponde ao seu desejo. É distorcer por completo a noção de "vontade" acreditar que exista algo a que poderíamos chamar de servidão voluntária.

Mas a ideia da servidão voluntária perpassa diversas reflexões dos liberais. Uma das mais significativas diz respeito ao trabalhador desempregado. A causa de não estar empregado é apontada pelo liberalismo na decisão do trabalhador de não aceitar trabalhar pelo salário oferecido pelos empresários[10]. Por incrível que pareça, não consideram a hipótese de inexistência de oferta de trabalho em local próximo à moradia do trabalhador, os preconceitos de raça, gênero e idade no processo de recrutamento, os obstáculos para a atualização ou treinamento em ocupação diversa exigidos pelas inovações tecnológicas e demais impedimentos totalmente fora do controle do desempregado.

De qualquer modo, para que a vontade possa direcionar ações individuais e a organização da economia e da sociedade, seria necessário que cada um de nós tivesse o controle completo sobre a própria vida. E, para isso, algumas condições precisariam estar dadas.

Em primeiro lugar, o acaso não poderia existir. Porém, é indiscutível que acontecimentos fortuitos e imprevisíveis frustram a realização do intento buscado pela mais determinada força de vontade. Simplesmente não controlamos os eventos a que chamamos de acidentes, infortúnios, atos de Deus, azares. É uma presunção irracional considerar-se o único senhor do próprio destino.

Em segundo lugar, não poderia haver o inconsciente. Para que estivéssemos no pleno comando das ações, deveríamos ser capazes de sempre identificar os meios mais eficientes para a realização dos fins que desejamos. A vontade só estaria apta a fixar o rumo das ações e da vida dos humanos se fôssemos seres completamente racionais; se não estivéssemos expostos aos traumas e

---

[10] MISES, Ludwig von. *Liberalismo...* obra citada, p. 102.

desejos que habitam o inconsciente e constrangem as nossas decisões sem percebermos.

E, enfim, não poderia haver disputa pelos bens escassos, isto é, não poderiam acontecer conflitos de interesses. Quando duas pessoas têm a mesma vontade de tomar para si determinado objeto indivisível, pelo menos uma delas não conseguirá direcionar a vida como deseja. Não faz sentido o axioma do "homem livre" porque, diante da escassez inerente à vida[11], haverá sempre um contingente de homens e mulheres privados dos bens que desejam ter, para atender a uma visível necessidade ou a uma caprichosa querência.

Mas mesmo o vencedor da disputa só pode ser entendido como alguém no controle das próprias decisões se o objeto desejado não lhe tiver sido entregue por uma decisão judicial. Quem ganha uma disputa em juízo não pode dizer que exerceu sua livre vontade: foi obrigado a contratar um advogado, a se submeter aos ritos processuais e a aguardar o pronunciamento final do Poder Judiciário.

Em suma, em qualquer conflito de interesses, além da vontade de obter o objeto em disputa, o que se sai vitorioso sem a intervenção do Estado-juiz tinha sobre o oponente a vantagem física de um Arnold Schwarzenegger, a econômica de um Warren Buffett ou outra (ideológica, educacional etc.). Ele pensa estar conduzindo a vida de acordo com a vontade, mas a está conduzindo em razão das vantagens com as quais foi premiado, devida ou indevidamente.

Estamos cercados de acasos, fazemos coisas que não compreendemos e enfrentamos inumeráveis conflitos de interesses. Ninguém domina inteiramente as próprias ações pela vontade. Querer é poder somente nas fantasias dos anúncios publicitários, nas perorações de *coaches*, nos livros de autoajuda e na ideologia liberal.

O lápis dos Friedmans

O primeiro episódio da série documental *Livre para escolher*, exibida em 1980 por uma rede de televisão norte-americana sem

---

[11] Meu *Biografia não autorizada...* obra citada, pp. 29-32.

fins lucrativos (PBS), começa com uma fala entusiasmada de Arnold Schwarzenegger. Nela, o fisiculturista que se tornaria governador da Califórnia (2004-2011) enaltece as ideias de Milton Friedman, economista que havia concebido a série televisiva junto com a mulher, a também economista Rose Friedman, e a estrelava. Os Friedmans eram dedicados ativistas do liberalismo, e o projeto de difusão do ideário liberal compreendia, além do programa de televisão, também a publicação de um livro escrito por eles, com o mesmo título da série[12]. No documentário e no livro eles contam a história de um lápis[13].

O objetivo da história é ilustrar como as ações individuais de trocas voluntárias geram uma cooperação espontânea que proporciona a eficiente produção e distribuição dos bens e serviços.

Ninguém sabe fazer sozinho um lápis. Ele é feito de madeira e grafite. A madeira vem de um cedro que precisou ser cortado. O madeireiro que o cortou usou uma serra elétrica. Esse equipamento foi feito com o aço que a siderúrgica processou a partir do minério extraído pela mineradora. Muitas outras pessoas participaram dessa etapa da produção viabilizando, por exemplo, cada xícara de café que os madeireiros tomaram enquanto cortavam as árvores. Os troncos tiveram que ser transportados da floresta para a serraria, por meios de transporte fabricados também a partir do trabalho de inumeráveis outras pessoas. O grafite, do seu lado, foi extraído no Sri Lanka e precisou ser processado e transportado para se inserir na produção do lápis, exigindo ações de inúmeras outras pessoas.

A grande maioria de milhares e milhares de pessoas que participaram da fabricação do lápis não tinha em mente esse produto. O empregado da madeiraria derrubou a árvore para receber o salário no fim do mês e, com ele, comprar os bens ou serviços que

---

[12] FRIEDMAN, Milton; FRIEDMAN, Rose. *Livre para escolher*: um depoimento pessoal. 10. ed. Tradução de Ligia Filgueiras. Rio de Janeiro: Record, 2021. Curiosamente, o subtítulo fala em *um* depoimento pessoal de *duas* pessoas.
[13] A história do lápis dos Friedmans foi extraída do livro *I, Pencil: my family tree as told to Leonard E. Read* (*Livre para...* obra citada, pp. 35-36).

deseja. Para ele, é irrelevante o destino dos troncos que ele cortou. Também não interessa ao dono do caminhão em que os troncos foram transportados até a estação ferroviária ou aos carregadores que os embarcaram no trem etc. Cada uma dessas pessoas está fazendo o que fazem somente para atender aos seus próprios objetivos. Elas realizam trocas voluntárias (trabalho por salário, serviço de transporte por dinheiro etc.) que originam uma fantástica cooperação espontânea. Essa cooperação permitiu a mim, hoje, grifar com um lápis determinadas frases do livro em que estou pesquisando o liberalismo[14].

Mas, como é possível que tantas pessoas que não se conhecem, moram em lugares distantes, falam línguas diferentes, não se conversam e não têm objetivos comuns consigam coordenar as próprias ações para que o lápis chegue às minhas mãos? Outra ideia importante que os Friedmans ilustram com a história é a do *preço* como o instrumento que viabiliza a cooperação pacífica[15]. Flutuando livremente em cada troca voluntária, em função das decisões dos que dela participam, o preço consegue coordenar as ações de todas essas pessoas de modo eficiente (isto é, gerando a cooperação espontânea). Se o madeireiro não estiver satisfeito com o salário que recebe para derrubar árvores, ele vai pedir aumento. Se não o obtiver, irá trabalhar em outro lugar ou se dedicar a ocupação diferente. Se aumentar o salário dos seus empregados, a madeireira vai cobrar um preço mais alto ao vender os troncos. Se o fabricante de lápis encontrar o insumo mais barato em outra madeireira, trocará de fornecedor, e assim por diante.

Para que seja realmente eficiente a coordenação das ações individuais, o preço deve ser livre. As trocas voluntárias não podem

---

[14] A história do lápis dos Friedmans é contada por outros liberais com personagens diferentes. O libertário Thomas Woods a conta dando protagonismo à torradeira elétrica (*Dissidente*: um economista na contramão das ideias permitidas. Tradução de Paulo Polzonoff Júnior. Santos: Simonsen, 2017. p. 93).

[15] Para os liberais, o conflito só aparece quando discutem o despropósito da sociedade como entidade autônoma em relação aos seus indivíduos. O conflito é sempre indivíduo-sociedade e não indivíduo-indivíduo (cf., por todos, MISES, Ludwig von. *Ação humana...* obra citada, pp. 160, 188 e 258). Não enxergam a dialética entre cooperação na produção e conflito no consumo e, por isso, acabam descrevendo as coisas pela metade.

ser controladas de nenhum modo pelo Estado. Salário mínimo, impostos aduaneiros, subsídios oficiais e tabelamento de preços são exemplos de interferências no sistema de preços que dificultam ou impedem o funcionamento deste extraordinário mecanismo de cooperação espontânea.

Com a história do lápis, os Friedmans mostram como a economia é organizada em torno do livre mercado. No regime soviético, as ações individuais também são coordenadas para que as pessoas tenham os bens ou serviços de que precisam para viver, mas a coordenação não é espontânea, não está fundada na livre negociação de preços. Ela é centralizada, derivada do planejamento da economia pelo Estado. Em vez de uma multiplicidade de sujeitos livres tomando decisões em seus próprios e individuais interesses, são burocratas a serviço do Estado que decidem o que será produzido, quanto, quando, de que modo e por quem. Sabemos, hoje, que a coordenação econômica central imaginada pelos marxistas e outros socialistas decididamente não funciona – leva também à desorganização inevitável da produção e distribuição, mas agora acompanhada, de um lado, do fim das liberdades (de organização política, de criação artística, de imprensa etc.) e, de outro, da enorme desigualdade entre uma casta dirigente cheia de privilégios e a grande massa empobrecida dos trabalhadores.

Os Friedmans não revelam, no entanto, que há uma condição para a fantástica cooperação espontânea da economia de mercado funcionar a contento: os bens e serviços produzidos por ações individuais precisam ser todos (ou quase) consumidos também por ações individuais. É verdade que, na grande maioria das vezes, isso tem acontecido, levando alguns pensadores liberais, como James Mill, a acreditar numa lei *natural* de convergência entre produção e consumo. O drama é que, nas pouquíssimas vezes em que elas não convergem, as consequências são desastrosas.

A ordem espontânea

Com a história do lápis, os Friedmans querem traduzir numa imagem de fácil assimilação uma ideia central para boa parte dos liberais: a de que existe uma ordem na economia; e que essa ordem é espontânea, no sentido de não ter sido instituída por nenhuma decisão tomada por alguém com poder (seja ele o imperador romano, o monarca absolutista ou o legislativo das democracias modernas).

Por "ordem" se entende o "estado de coisas" em que uma multiplicidade de elementos de diversas espécies se relaciona de tal modo que podemos fazer uma ideia com alta chance de certeza acerca do todo partindo da observação de algumas de suas partes. Esse estado de coisas pode ser de duas espécies: de um lado, uma organização criada racionalmente (em grego, *taxis*); de outro, uma ordem surgida a partir de ações humanas, que não tinham o objetivo de ordenar coisa nenhuma, mas simplesmente atender aos propósitos individuais de cada agente (*kosmos*)[16]. Por exemplo, enquanto o governo é uma organização, a linguagem é uma ordem espontânea.

As duas ordens (a criada *taxis* e a espontânea *kosmos*) possuem regras, mas elas são de tipos diferentes. Enquanto as regras da ordem criada são comandos dados por uma autoridade, para a realização de objetivos que ela mesma define, as da ordem espontânea são princípios que os indivíduos aprendem como orientações adequadas para conseguir realizar os seus próprios objetivos. As duas ordens convivem, mas não se podem misturar. Não é conveniente, por exemplo, que se imponham a qualquer ordem espontânea regras próprias de uma organização. A especialização profissional, derivada da divisão de trabalho, perturba a separação que deve existir entre *taxis* e *kosmos*: os estudiosos e aplicadores do direito não conhecem a fundo o funcionamento das ordens espontâneas, como os economistas conhecem[17].

Liberismo

Mesmo quando o liberalismo era fundamentalmente uma questão política, a liberdade econômica já era objeto de reflexão, embo-

---

[16] HAYEK, Friedrich A. *Law, legislation and liberty...* obra citada, pp. 36-37.
[17] HAYEK, Friedrich A. *Law, legislation and liberty...* obra citada, pp. 43, 48-50 e 114.

ra recebesse menos atenção. A defesa da liberdade do comércio perante a intromissão das autoridades vamos encontrar, por exemplo, em uma passagem daquela palestra de Constant no Ateneu Real de Paris em 1819[18]. Foi principalmente no contexto do enfrentamento da grande crise econômica mundial dos anos 1930 e dos ferrenhos embates com os defensores da experiência soviética que o liberalismo ganhou o seu caráter atual, de reflexão centrada na questão econômica.

Passar a privilegiar a discussão econômica em detrimento da política não foi, porém, um movimento que os liberais fizeram sem turbulência. A inflexão pareceu a alguns empobrecer o liberalismo. Croce a criticava por reduzir indagações essenciais a meras questões utilitárias sobre modos de otimização da felicidade[19]. Distinguiu-se, então, liberismo de liberalismo. Para os liberais que consideram a liberdade econômica uma condição indispensável para as demais, mas não para os críticos dessa tendência, o liberismo é uma espécie de liberalismo[20].

O foco na liberdade econômica levou alguns liberistas a desqualificar a questão política. Para eles, era irrelevante se o governo fosse ditatorial ou democrático, desde que a economia estivesse estruturada como livre mercado. É certo que, por vezes, o nazifascismo e o comunismo foram agrupados em torno dos conceitos de "coletivismo econômico" e "totalitarismo político"[21]. Mas, a embrulhada dos inimigos no mesmo pacote não era inteiramente simétrica, porque o discurso econômico nazifascista, embora defendesse

---

[18] "[O] comércio inspira nos homens um vívido amor pela independência individual. O comércio provém às suas necessidades, satisfaz seus desejos sem a intervenção da autoridade. Essa intervenção é, quase sempre – e não sei por que eu digo quase –, essa intervenção é sempre um transtorno e um estorvo" (*A liberdade dos antigos comparada à dos modernos...* obra citada, p. 55).

[19] MERQUIOR, José Guilherme. *O liberalismo...* obra citada, p. 174.

[20] Roberto Campos define "liberista" como "aquele que acredita que, se não houver liberdade econômica, as outras liberdades – a civil e a política – desaparecem" (Merquior, o liberista: prefácio. *In*: MERQUIOR, José Guilherme. *O liberalismo antigo e moderno...* obra citada, p. 27).

[21] HAYEK, Friedrich. *O caminho da servidão...* obra citada, pp. 56-57 e 101-111.

a submissão da economia aos objetivos da pátria sob a liderança do ditador, não advogava minimamente qualquer estatização dos bens de produção. Representava, deste modo, não apenas uma ameaça ao livre mercado menos radical que o marxismo[22] como, sobretudo, uma solução emergencial para o enfrentar[23]. Os liberais não veem nenhuma incompatibilidade intrínseca entre liberalismo e governos autoritários[24].

Pode-se supor que os liberais prefeririam que as democracias liberais tivessem se unido antes ao nazifascismo para derrotarem juntos a União Soviética e depois acertassem as contas entre eles, se preciso. Curiosamente, os comunistas também prefeririam a aliança inicial com os nazistas para lutarem juntos contra as democracias liberais e depois se acertarem[25]. Mas, como na Segunda Guerra Mundial não estava em jogo a questão ideológica (nunca está), mas a repartição de mercados coloniais, as democracias li-

---

[22] Essa diferença nada desprezível entre os dois modos "coletivistas" de organização econômica é percebida por alguns liberais, como Rothbard (*Esquerda & Direita:* perspectiva para a liberdade. Tradução de Alexandre S. Campinas: Vide Editorial, 2016, pp. 43-45).

[23] Para Ludwig von Mises, "não se pode negar que o fascismo e movimentos semelhantes, visando ao estabelecimento de ditaduras, estejam cheios das melhores intenções e que a sua intervenção, até o momento, salvou a civilização europeia. O mérito que, por isso, o fascismo obteve para si estará inscrito na história. Porém, embora sua política tenha propiciado salvação momentânea, não é do tipo que possa prometer sucesso continuado. O fascismo constitui um expediente de emergência. Encará-lo como algo mais seria um erro fatal" (*Liberalismo...* obra citada, p. 77).

[24] HAYEK, Friedrich A. *The constituition of liberty...* obra citada, p. 166. Roberto Campos apresenta uma forma mais palatável de abordar a questão, vendo o liberalismo como uma categoria fundamental de orientação de como a sociedade deve ser e a democracia como apenas um método, sujeito a variações e graduações (*A lanterna na popa...* obra citada, p. 243).

[25] A preferência tática dos comunistas chegou a ser tentada. Stálin e Hitler fizeram um pacto secreto de não agressão antes da Segunda Guerra Mundial. O conflito teve início, aliás, quando eles invadiram juntos a Polônia e a dividiram. Inglaterra e França se indignaram com a agressão hitlerista ao povo polonês e declararam guerra à Alemanha, mas não reagiram com igual ímpeto ao ataque comunista. A invasão do território soviético pela Alemanha era algo totalmente inesperado por Stálin, que confiava no pacto de 1939. Quando Hitler o descumpriu, em 1941, desencadeando a Operação Barbarossa, a primeira reação do ditador soviético foi de incredulidade: ele caiu em profunda e paralisante depressão (VOLKOGONOV, Dmitri. *Stálin:* triunfo e tragédia. Tradução de Joubert de Oliveira Brízida. 5. reimpr. Rio de Janeiro: Nova Fronteira, 2004. v. 2, pp. 423-432).

berais e os comunistas soviéticos se uniram contra o totalitarismo nazifascista, deixando para se enfrentarem depois, isto é, durante os anos da Guerra Fria (1945-1989). No final, as duas ameaças coletivistas-totalitaristas foram vencidas pelas democracias liberais, com a queda do Muro de Berlim, em novembro de 1989, marcando a derrota do principal inimigo. Alguns liberais deram a tarefa por cumprida e a história por encerrada, enquanto outros, em meio à celebração da vitória sobre o modelo de centralização econômica de inspiração marxista, viram a oportunidade de combater outro velho inimigo ocupando as políticas governamentais com as ideias do Estado mínimo.

Os liberais que se empenharam nesse movimento nos anos 1980-1990 ficaram conhecidos como neoliberais, tanto por apoiadores entusiasmados com a queda do Muro de Berlim como por críticos inconformados com o desfecho histórico da experiência comunista. Mas desde os anos 1940 eles já estavam se organizando, sob a liderança de Hayek, em torno da Sociedade de Mont Pèlerin (SMP)[26].

Os neoliberais rechaçam a possibilidade de uma intervenção eficiente do Estado na economia. Para o neoliberalismo, independente do problema a se cuidar, qualquer interferência do Estado será sempre um desastre, deixando as coisas piores do que estariam se as forças do livre mercado tivessem tido a chance de as corrigir. Eles se valeram da oportunidade histórica aberta pela vitória norte-americana na Guerra Fria, para advogar a miniaturização do Estado, edulcorando os Estados Unidos como o reino da plena liberdade.

A discussão sobre a eficiência ou não da intervenção do Estado na economia capitalista, porém, não se iniciou nos anos 1980--1990; ela vinha atravessando o século XX, sendo o seu exemplo mais exuberante os embates entre neoliberais e os novos liberais em relação às causas das crises econômicas e os modos de a en-

---

[26] *The Road from Mont Pèlerin*: the making of the neoliberal thought collective. 2. ed. Editado por Philip Mirowski e Dieter Plehwe. Cambridge (Massachusetts) e Londres: Harvard University Press, 2015. pp. 3-6 de 469. *E-book*.

frentar. "Neoliberalismo" é bem diferente do "novo liberalismo", concepções aliás antagônicas. Neoliberais são os economistas que, junto com outros acadêmicos, líderes políticos e empresariais, se identificam com os objetivos que levaram à fundação da SMP em 1947. Já os novos liberais são os que, nos anos 1930, preocuparam-se em inserir no ideário liberista (a liberdade econômica é a condição de todas as liberdades) as medidas de intervenção do Estado destinadas a combater os efeitos da Grande Depressão.

Chamar a intervenção do Estado como uma forma nova de liberalismo econômico atendia a uma necessidade política muito clara. Era preciso explicar por que as medidas governamentais de enfrentamento da crise não deviam ser vistas como algum tipo de marxismo disfarçado. Intervenção era a renovação do liberalismo exigida por um capitalismo muito mais complexo e não alguma forma envergonhada de concessão à ideia marxista de planejamento central da economia. Deste modo, o novo liberal de 1930 é o exato oposto ao neoliberal de 1990: aquele advoga o Estado interventor e este, o mínimo.

O liberismo, assim, dividiu-se em ortodoxo (neoliberalismo) e heterodoxo (novo liberalismo), em função respectivamente da crença absoluta ou relativa na capacidade de ações individuais gerarem uma cooperação espontânea eficiente na produção e distribuição de bens e serviços.

Os departamentos do liberismo

Pode-se encontrar diversos núcleos no liberismo (liberalismo econômico) a partir das divergências e convergências nas argumentações desenvolvidas pelos liberais de maior prestígio. Essa diversificação – aliás, comum às correntes de pensamento de maior envergadura – demanda a formulação de critérios para a identificação dos núcleos e a nomeação deles, quer dizer, um esforço de classificação. Os estudiosos do pensamento liberal de foco econômico não chegaram ainda a consenso em relação a essa classificação das linhas de abordagem e talvez nem seja mesmo o caso de o buscar, bastando que cada um explicite os conceitos com os quais trabalha. É hora de explicitar os meus.

Começo retomando o conceito de liberalismo como a visão de mundo em que a liberdade sempre deve se sobrepor à igualdade, quando houver conflitos entre esses dois valores. Deste modo, um economista pode ser "capitalista", no sentido de defender a propriedade privada dos bens de produção e a liberdade de iniciativa e concorrência, sem ser liberal. Se ponderar que nem sempre a liberdade deve prevalecer sobre a igualdade no sistema capitalista, ele não será um liberal. Assim, não há somente duas opções extremadas (liberalismo ou marxismo) e pode-se perfeitamente conciliar a defesa da propriedade privada dos bens de produção e a liberdade de iniciativa e competição sem ser liberal.

O liberal é liberista quando entende a liberdade econômica (livre-iniciativa e competição) como condição para as demais liberdades, a política principalmente. Na verdade, os dois conceitos, embora sejam distinguíveis no plano teórico, sempre estão associados no plano empírico, por não se conhecer nenhuma experiência histórica de um país democrático em que os bens de produção sejam todos de propriedade pública e não privada. São pelo menos quatro os departamentos do liberismo: neoliberalismo, novo liberalismo, social-liberalismo e libertarianismo.

O neoliberal considera que as ações individuais das pessoas, com a finalidade única de satisfazer objetivos egoístas, articulam-se umas com as outras e, de modo totalmente inconsciente e espontâneo, resultam infalivelmente numa cooperação que atende de forma eficiente aos interesses de todos. Essa concepção fundamental sobre o funcionamento da economia leva a determinados postulados com os quais todo neoliberal concorda, entre os quais a ineficiência da intervenção na economia e o Estado mínimo. São neoliberais Mises, Hayek e Friedman.

O novo liberal, por sua vez, considera que a cooperação espontânea gerada por ações individuais livres nem sempre é o modo mais eficiente de produzir e distribuir bens ou serviços. Há momentos de crise, em que a liberdade de iniciativa e concorrência falha. Nesse entendimento, compartilham da avaliação marxista. Mas a postura de um novo liberal em face dessa constatação está muito longe de ser a mesma do marxismo. Enquanto Marx não vê saída para a ineficiência da cooperação espontânea e antevê o completo desmonte dessa estrutura econômica, com a expropriação dos bens de produção e o planejamento central pelo Estado, os novos liberais propõem que uma intervenção eficiente do Estado, durante as crises econômicas, pode corrigir as falhas do livre mercado. Keynes é o nome mais destacado do novo liberalismo[27].

Entre esses dois modos de lidar com as relações entre Estado e economia, o marxista e o novo liberalismo, há outros possíveis[28]. Por exemplo, o de Karl Polanyi, para quem o mercado autorregulado é uma utopia, que não se conseguiria realizar porque levaria à deterioração do tecido social. Já nos anos 1940, ele rejeitou a noção sustentada pelos liberais de que a liberdade econômica precederia o intervencionismo. Para Polanyi, sempre que um movimento tenta a ampliação ou o fortalecimento do mercado autorregulado, surge espontânea e necessariamente um contramovimento de limitação da liberdade econômica em defesa da organização da sociedade. Até mesmo os empresários defensores radicais do livre mercado clamam por medidas governamentais quando a liberdade econômica sem freios dá sinais de que produzirá efeitos deletérios[29]. Polanyi critica também a visão marxista de intervencionismo como realização dos interesses de uma classe (a dominante) e não como contramovimento destinado a garantir a própria existência da sociedade. Quando a lei inglesa obrigou a limpeza com sabão e água quente das padarias a cada seis meses, argumenta, não era nenhum interesse econômico peculiar da burguesia que estava sendo atendido, mas uma necessidade da civilização industrial[30].

---

[27] A inclusão dos keynesianos no liberismo não desfruta de unanimidade (cf. MERQUIOR, José Guilherme. *O liberalismo antigo e moderno...* obra citada, pp. 210-214).
[28] Minha intenção, neste livro, é apontar para um deles (Capítulos 4 e 5).
[29] POLANYI, Karl. *A grande transformação*: as origens políticas e econômicas da nossa época. Tradução de Vera Ribeiro. Rio de Janeiro: Contraponto, 2021. pp. 211-229 *et passim*.
[30] POLANYI, Karl, obra citada, pp. 231-234.

OS LIVRES PODEM SER IGUAIS?

Os neoliberais chamam de socialistas (ou coletivistas) todos os que não compartilham com a otimista avaliação deles sobre a eficiência da cooperação espontânea nascida da multiplicidade das ações individuais[31]. Desse modo, empurram para o mesmo campo opositor economistas de matizes muito variadas. Não faz o menor sentido, contudo, chamar Hobson, Keynes e Galbraith de socialistas, porque eles são muito diferentes de Luxemburgo, Bhukarin e Mandel; e nenhum deles concordaria integralmente com a economia nacionalista, militarista e autárquica desenhada pelo *Vierjahresplan* de Hitler. Deste modo, os economistas podem ser socialistas ou capitalistas, conforme se oponham à propriedade privada dos bens de produção, ou não.

Na verdade, do mesmo modo que os marxistas ignoram as nuances do pensamento dos economistas capitalistas, porque, ao defenderem o fim do capitalismo, não veem sentido em perder tempo com elas, também os neoliberais ignoram as diferenças entre os opositores à crença na cooperação espontânea. O neoliberalismo não perde tempo em esmiuçar as nuances das muitas visões de mundo dos que não estão convencidos da completa eficiência da produção e distribuição descrita na história do lápis dos Friedmans. Por isso, os neoliberais embrulham no mesmo pacote do keynesianismo todos os economistas capitalistas que, independentemente do grau ou do modo, admitem a intervenção do Estado na economia; mas isso é uma simplificação precipitada.

Os neoliberais não compõem uma categoria inteiramente homogênea. Os que se inserem na tradição da "escola austríaca" divergem dos da "escola neoclássica" em relação a muitas questões[32]. Numa das fundamentais, os austríacos rejeitam o *homo economi-*

---

[31] Mises, por exemplo, considera que a Grã-Bretanha se tornou socialista durante o governo de Winston Churchill e que a atuação do governo norte-americano contra os cartéis estava levando os Estados Unidos para o socialismo (*As seis lições*. 9. ed. Tradução de Maria Luiza X. de A. Borges. São Paulo: LVM, 2018. pp. 96 e 100). Ver também dele: *Crítica ao intervencionismo*: estudo sobre a política econômica e a ideologia atuais. Tradução de Arlette Franco. 3. ed. São Paulo: LVM, 2019. p. 199.

[32] SOTO, Jesús Huerta de. *A escola austríaca*: mercado e criatividade empresarial. 2. ed. Tradução de André Azevedo Alves. São Paulo: Instituto Ludwig von Mises Brasil, 2010. pp. 17-26.

cus, figura assídua em argumentos neoclássicos[33]. Para o austríaco Hayek, o livre mercado não é o reino da racionalidade, mas o da ignorância: é exatamente por ignorarmos as finalidades buscadas por um indivíduo singular em suas ações, que não podemos interferir eficientemente nelas[34]. E há, ademais, diferenças entre os pensadores da mesma vertente: Hayek discorda de Mises, por exemplo, em relação ao estatuto epistemológico da economia: embora esteja longe de ser um entusiasta da econometria[35] e considera o uso da matemática pelos macroeconomistas a "coisa mais próxima da prática da magia"[36], Hayek não concorda que a economia seja uma ciência lógica, composta de conceitos *a priori* impermeáveis às investigações empíricas, como defendia Mises[37].

De outro lado, malgrado a maioria neoliberal acabe se conformando com algumas ações do Estado na economia e faça concessão à igualdade de oportunidades, há a minoria libertária que defende a supressão do Estado (Rothbard) ou da igualdade de qualquer espécie (Nozick). Os libertários são os liberistas mais radicais. O radicalismo deles decorre, na verdade, do rigor lógico com que tomam a ordem espontânea, o *kosmos*, como premissa de suas argumentações. Parecem dizer "pereça o mundo, mas não se desobedeçam às regras da lógica". Claro, neoliberais austríacos, neoliberais neoclássicos e libertários facilmente unem as forças na hora de criticar socialistas e intervencionistas.

Note, enfim, que nem todo liberal é necessariamente um neoliberal, mesmo quando discute questões direta ou indiretamente econômicas. Diversos pensadores que se consideram liberais, por terem firme convicção nas liberdades democráticas e defenderem a propriedade privada e a livre-iniciativa, não se sentem inteiramente

---

[33] MISES, Ludwig von. *Ação humana...* obra citada, p. 69.
[34] HAYEK, Friedrich A. *Law, legislation and liberty...* obra citada, p. 14.
[35] Manifestou suas reservas no discurso que fez ao receber o Prêmio Nobel de Economia em 11 de outubro de 1974 (*A pretensão do conhecimento*. Tradução de Leandro Augusto Gomes Roque. São Paulo: LVM, 2019. pp. 27-49). Cf., também, *Prices and production and other works on money, the business cycle and the gold standard*. Editado e com introdução de Joseph T. Salerno. Alburn: Ludwig von Mises Institute, 2008. pp. 8-10 de 565. E-book.
[36] HAYEK, Friedrich A. *Os erros fatais...* obra citada, p. 136.
[37] *O renascimento do liberalismo...* obra citada, pp. 145-146.

à vontade com o Estado mínimo. Concordam que, além de produtor de segurança, ele cumpra outras funções em áreas como educação, saúde, meio ambiente e previdência. Adotam a oposição entre *taxis* e *kosmos*, mas aceitariam limites diferentes entre as duas ordens, com um pouco mais de espaço para a construída e menos para a espontânea. São, em geral, chamados de social-liberais[38].

Até aqui, usei os conceitos de "liberalismo" e "liberal" de modo bastante genérico, sem as precisões acima. Mas, de agora em diante, serei bastante criterioso com as categorias de "neoliberalismo" e "neoliberal", "liberismo" e "liberista" etc., empregando-as sempre nos significados explicitados.

Desigualdade produzida e reproduzida pelo poder

Para ser neoliberal, é necessário desacreditar de qualquer efeito positivo da interferência do Estado constrangendo a liberdade dos indivíduos de iniciarem e terminarem negócios e de competirem como quiserem, ainda que abusivamente. Os neoliberais consideram que a economia só funciona bem quando a liberdade de iniciativa e concorrência é ampla e o Estado mínimo. Eles não concordam com a intervenção do Estado como explorador das atividades econômicas pelas quais a iniciativa privada não tem interesse. Não a aceitam tampouco como provedor de educação, saúde, previdência, segurança alimentar e energética. A presença do Estado, para o neoliberalismo, só se justifica na coerção dos indivíduos cujas ações podem prejudicar o proveito por todos da cooperação espontânea resultante natural das ações individuais, isto é, na manutenção de aparatos como polícia, justiça, penitenciárias e autoridade antitruste.

O Estado mínimo é, na verdade, uma concessão que os neoliberais fazem bem a contragosto, vendo na coerção estatal um mal necessário. Afinal, nem mesmo nessas suas atividades típicas, destinadas a assegurar os proveitos da cooperação entre os indivíduos

---

[38] Miguel Reale cunhou a expressão "liberalismo social" em *Pluralismo e liberdade* (São Paulo: Saraiva, 1963).

livres, o Estado consegue ser eficiente. Aliás, os neoliberais libertários não estão dispostos nem mesmo a fazer a concessão do Estado mínimo e pensam que estaríamos melhor sem Estado nenhum. Deste modo, políticas públicas de promoção da igualdade material, como as cotas raciais de ingresso na universidade, são absolutamente inconcebíveis pelos neoliberais.

Em suma, o quietismo governamental é a receita neoliberal decorrente do pressuposto do Estado omisso. Ela é, na superfície, a defesa intransigente da liberdade em face do poder; e, no fundo, a produção e reprodução da desigualdade pelo poder.

O neoliberalismo pede uma chance

Os neoliberais reclamam que nunca aconteceu de o sistema de preços – elemento de coesão das ações individuais que as une na cooperação espontânea – ter sido inteiramente livre. Smith teve que lutar contra o mercantilismo; após uma breve e limitada experiência em dois únicos países (Inglaterra e Estados Unidos do século XIX), surgiram os economistas do historicismo alemão apoquentando Mises; depois, vieram os comunistas, socialistas e todas as tribos de marxistas; os coletivistas nazifascistas igualmente deram trabalho; os governantes prestaram atenção demasiada em Keynes e ignoraram os alertas de Hayek; o *welfare state* da social-democracia não se rende... Consideram que não houve um momento de sossego em que o livre mercado pudesse ser realmente posto à prova em sua pureza, a salvo de distorções políticas ou econômicas. E os liberistas ortodoxos têm razão em parte: um regime da mais absoluta liberdade econômica, em que todas as pessoas pudessem fazer as trocas voluntárias sem qualquer interferência externa limitadora dos preços livres, não encontra nenhum exemplo na história.

Do mesmo modo que o liberalismo político (Bastiat clamava: que a liberdade "seja posta em prova!"[39]), o neoliberalismo pede

---

[39] BASTIAT, F. *A Lei...* obra citada, p. 114.

uma chance, para poder demonstrar que o sistema de preços verdadeiramente livres funcionaria melhor do que qualquer outro na organização da economia. Claro, muitas poucas pessoas além dos neoliberais estão dispostas a pagar para ver. No geral, legisladores, governantes e seus auxiliares técnicos, assim como os participantes do debate público em geral reconhecem a plena convicção do neoliberalismo de que o teste, se realizado, será um extraordinário sucesso e tudo ficará melhor com uma economia de total liberdade dos agentes econômicos. Desconfiam, todavia, que deve haver algo de errado no raciocínio do lápis. A menos que haja uma lei natural ou um desígnio divino, um sistema baseado apenas na liberdade de iniciativa não garante a produção dos bens e serviços exatamente correspondentes (em quantidade e qualidade) aos desejados pelos consumidores. Se cada pessoa pode decidir livremente se organizará ou não uma empresa, escolhendo também livremente o que e quanto produzirá, com qual qualidade, podendo simplesmente parar a produção a qualquer momento, não dá para acreditar que não acontecerão descompassos entre o produzido e o consumido. É visível que, de um lado, serão produzidos bens e serviços que as pessoas não comprarão; e de outro, bens ou serviços necessários ou queridos pelos consumidores deixarão de ser produzidos.

Em relação a esse temor, os neoliberais têm duas táticas.

Na primeira, respondem não haver motivo para qualquer receio. Eles até mesmo apresentam uma "lei econômica" que garantiria a equivalência entre produção e consumo a longo prazo – a *Lei de Say*.

Acionando a segunda tática, os neoliberais dizem que os agentes econômicos não são infalíveis. Claro que o empresário pode se equivocar na avaliação das demandas dos consumidores; e, em razão disso, pode acabar produzindo bens ou serviços que não serão consumidos ou mesmo não conseguir antecipar que os consumidores adiarão compras por estarem momentaneamente nutrindo desconfiança na economia. Mas, por ter errado em sua avaliação, esse empresário sofrerá os prejuízos e eventualmente irá à falência, mas isso não compromete o bom funcionamento do livre mercado; ao contrário, depura-o ao afastar os que não se mostram competentes o suficiente para empreender. A chamada superprodução não seria, portanto, uma disfuncionalidade ínsita ao sistema capitalista, mas apenas uma situação de capital "mal investido", corriqueiramente visível na fase de *boom* dos ciclos econômicos em que o momentâneo "superconsumo" ilude alguns empresários[40].

As duas táticas nem sempre são congruentes; afinal uma tenta negar em termos definitivos o que a outra admite pontualmente, que é a produção desperdiçada, não consumida. E quanto aos equívocos dos empresários, é certo que eles não frustram o funcionamento do sistema enquanto têm pouca relevância macroeconômica. A partir de determinado volume, porém, os erros de avaliação do potencial do mercado desorganizam, sim, a economia.

Em suma, com o lápis dos Friedmans, os neoliberais desenham a sociedade humana como um aglomerado inconscientemente harmônico e eficiente de seres cujo único interesse é cuidar de si mesmo – na minha opinião, um quadro místico. Com o mesmo lápis escrevem um argumento que não convence, ao ser contraposto às duríssimas experiências das crises que, de tempos em tempos, o capitalismo nos faz experimentar. Afinal, apenas descrevem por um outro modo a "superprodução", isto é, a produção em larga escala de bens que não serão adquiridos no mercado e, por isso, levará a perdas no investimento: falam em mal investimento, em elevado grau, feito por empresários iludidos com o superconsumo característico das fases de *boom* dos ciclos econômicos.

A chance nos anos 1990-2008

Não foi uma chance completa, porque ninguém se arrisca tanto a ponto de deixar totalmente livres as ações individuais para conferir se haverá a prometida cooperação espontânea. Mas, entre

---

[40] ROTHBARD, Murray. *A grande depressão americana*. Tradução de Pedro Sette-Câmara. São Paulo: Instituto Ludwig von Mises Brasil, 2012. p. 41. Para ele, as consequências do capital mal investido seriam facilmente contornadas se o empresário concordasse em baixar os preços de suas mercadorias, para vendê-las mesmo com prejuízo (pp. 92-93), ignorando a hipótese de simplesmente não haver interessados em adquiri-las nem mesmo "grátis".

1990 e 2008, a receita neoliberal norteou o quietismo do Estado em relação ao mercado de capital e ao setor financeiro nos Estados Unidos. O resultado, como veremos, foi um fiasco – nada menos que a segunda maior depressão da história do capitalismo.

A Lei de Say

Abstraída a questão da voluntariedade de que tratarei mais adiante, a história do lápis dos Friedmans descreve com exatidão a maioria das vezes em que se produzem e se consomem bens e serviços no capitalismo. A elevada frequência com que a noção de cooperação espontânea nascida de ações individuais dá conta de explicar a economia sugere a alguns economistas a correlação natural entre produção e consumo. Ela sugere também que os conceitos de anarquia, superprodução e subconsumo seriam inconsistentes.

Alguns dos economistas focados apenas nos momentos em que a cooperação espontânea se mostra eficiente atribuem o frequente equilíbrio entre produção e consumo a uma "lei econômica", ou seja, a uma característica natural e essencial da economia. Essa lei, dizem, foi formulada por Jean-Baptiste Say no início do século XIX. Segundo o economista francês, como a "compra de um produto só pode ser feita com o valor de um outro [produto]"[41], a oferta cria a própria demanda.

Os liberistas ortodoxos desqualificam, como pura ignorância sobre o funcionamento básico da economia, qualquer discussão que se pretenda suscitar sobre desequilíbrios entre a produção e o consumo no sistema capitalista. Hayek, ao historiar a preocupação da ciência econômica com as crises periódicas, usa-a como uma afiada navalha: "os economistas começaram a levantar questões sobre as causas dessas crises. A Lei de Say demonstrou somente o que *não* podia ser considerado uma causa: a produção excedente"[42].

---

[41] SAY, Jean-Baptiste. *Tratado de economia política*. Tradução de Balthazar Barbosa Filho. São Paulo: Abril Cultural, 1983. p. 139. (Coleção Os Economistas).
[42] *O livre mercado e seus inimigos*: pseudociência, socialismo e inflação. Tradução de Flavio Quintela. Campinas: Vide Editorial, 2017. p. 114.

Vamos um pouco mais devagar com isso, porém. Em primeiro lugar, é bom lembrar que Say não tinha a menor ideia de que estaria formulando uma lei ao falar da compra de produto com pagamento em produto. Ele só apurou a formulação, na medida em que precisou defender o seu argumento e, nas últimas obras, admitiu que o consumo pode ser limitado por fatores como a dimensão territorial[43]. Além disso, não se pode esquecer que ele estava falando, nessa passagem, de algo bem diferente do fato econômico que outros economistas chamam de superprodução. Para Say, não se produzem bens físicos, mas algo *relativamente* mais abstrato. "A produção", diz, "não é criação de matéria, mas criação de utilidade"[44].

A Lei de Say é contrafactual, porque o equilíbrio a longo prazo com que acena adota premissas demasiadamente abstratas: empresários são competentes, agentes econômicos estão inteiramente livres, inovações sempre geram mais empregos do que os subtraídos, poupança é investimento porque não existe entesouramento etc.[45] E se essas premissas inconvincentes são desconsideradas, a Lei de Say se torna uma mera tautologia (argumento em que a conclusão apenas repete a premissa) completamente estéril

---

[43] TAPINO, Georges. Prefácio. *In*: SAY, Jean-Baptiste. *Tratado de economia política*, obra citada. Tradução do Prefácio de Rita Valente Correia Guedes, pp. 11-12.
[44] Obra citada, p. 68.
[45] Para Hobson: "os economistas ingleses, a maioria dos quais, desde a época de J. B. Say, vêm negando a possibilidade da situação de excesso geral de oferta, patenteada na depressão dos negócios, contentam-se em afirmar que não pode haver excesso geral de oferta, porque quem produz cria uma capacidade correspondente de consumo. Não pode existir, alegam eles, excesso de maquinaria nem excesso de qualquer forma de capital, desde que haja mão de obra para pô-la em operação; se a maquinaria, apresentada como excessiva, é posta a funcionar, alguém terá a capacidade de consumir tudo o que for produzido e, como sabemos que as necessidades humanas são insaciáveis, não será possível produzir em demasia. [...] Mas a falácia implícita na suposição de que é impossível superabundância de oferta consiste em admitir que a capacidade de consumir e o desejo de consumir coexistem necessariamente nas mesmas pessoas. [N]ão é correto dizer que o ritmo da produção determina o ritmo do consumo da mesma maneira que o ritmo do consumo determina o ritmo da produção" (*A evolução do capitalismo moderno*: um estudo da produção mecanizada. Tradução de Benedicto de Carvalho. São Paulo: Abril Cultural, 1983. pp. 211-214 e 225. Coleção Os Economistas). Ver também KEYNES, John M. *A teoria geral do emprego, do juro e da moeda*. Tradução de Mário R. da Cruz. São Paulo: Abril Cultural, 1983. pp. 25--27. (Coleção Os Economistas).

na compreensão dos complexos fatos que gravitam em torno das crises econômicas[46].

Ciclos econômicos

A coordenação espontânea funciona na maior parte das vezes para uma parcela da população (os empregados, herdeiros, funcionários públicos, administradores de empresas, autônomos com clientes, os que têm renda etc.), mas não funciona sempre, nem funciona para todos. Quem não percebe que, nas crises, há, de um lado, empresários querendo colocar as suas fábricas e empresas a produzir e, de outro, trabalhadores precisando de emprego para se sustentarem, mas, por alguma razão, nem aqueles nem estes conseguem atingir os seus objetivos? Quer dizer, de tempos em tempos, a coordenação espontânea das ações individuais visivelmente falha.

Para Mises, as crises tiveram início com a criação dos bancos centrais e a desastrada atuação deles voltada à redução forçada das taxas de juros. Foi depois disso que "as pessoas começaram a considerar as depressões periódicas e o ciclo econômico como características inerentes ao capitalismo"[47]. Estaria tudo bem se os preços (taxas de juros, incluindo) fossem realmente deixados inteiramente à vontade livre dos próprios agentes econômicos. Hayek concorda com o seu mentor e acrescenta: a teoria dos ciclos apenas estuda a maneira como certos preços variaram, a partir do que já sabe acerca dos preços. Sua abordagem conduz à conclusão de que a causa primária das flutuações cíclicas é sempre uma mudança no volume da moeda e que, por isso, o único ponto realmente rele-

---

[46] De acordo com Georges Tapino: "a Lei de Say exprime bem a igualdade *necessária* entre o produto, a despesa e a receita *e* o equilíbrio de periodicidade longa do sistema capitalista; não se trata, porém de duas interpretações alternativas, ou até mesmo excludentes; muito pelo contrário: o verdadeiro significado da lei de Say [...] é a rejeição (por antecipação!) da distinção entre uma lei dos mercados, tautologia contábil 'instantânea', e uma lei dos mercados, expressão da tendência ao equilíbrio de periodicidade longa do sistema econômico, tradução analítica da ideia vulgar segundo a qual 'chegará o momento em que as coisas vão acabar por se resolver'" (prefácio, obra citada, p. 30).
[47] *O livre mercado...* obra citada.

vante para os economistas é a elasticidade da base monetária[48]. Em outros termos, eles não consideram haver algo de propriamente disfuncional nas crises, porque veem a interferência do Estado (banco central) como um elemento *exógeno* à economia.

Há, contudo, quem considere as crises características ínsitas a um sistema baseado na livre-iniciativa econômica, em que cada um decide se vai ou não produzir, o que, quando, quanto e de que modo. Para Marx, como visto, há uma contradição dialética entre a organização racional da produção, que enxergamos dentro da fábrica, e a sua completa anarquia, que vemos olhando para fora dela, isto é, para o mercado de consumo. Para ele, a acumulação do capital, por ser inevitável e constante, impedia que produção e consumo se equilibrassem. A produção no sistema de liberdade de iniciativa acaba por tender a superar o consumo. (Como costumo dizer, o capitalismo tem sede insaciável de mercado – logo mais retorno a esse ponto.) Sob a ótica marxista, crises de superprodução ou de subconsumo irão se suceder de modo cada vez mais acentuado e, um dia, sobrevirá uma tão grave que será fatal para o capitalismo, por criar as condições objetivas para a revolução proletária dar início à ascensão ao comunismo[49].

Ninguém precisa ser seguidor de Marx, porém, para considerar as crises inerentes ao capitalismo. Hobson e Schumpeter, por

---

[48] *Prices and production...* obra citada, pp. 9 e 73-74 de 565.
[49] Karl Marx faleceu antes de completar a sua obra mais importante, *O capital*, e deixou apenas algumas anotações sobre a parte em que desenvolveria a sua teoria das crises no capitalismo. Na verdade, essas crises periódicas de superprodução e subconsumo nunca estiveram no centro das atenções de Marx. O capitalismo colapsaria, de qualquer modo, em razão das contradições entre a evolução das forças produtivas (conceito que poderíamos aproximar às inovações tecnológicas) e o modo de produção antagônico (em que a produção era social, mas não a distribuição), sendo essas crises periódicas de importância secundária no pensamento de Marx (MANDEL, Ernest. *O capitalismo tardio*. Tradução de Carlos Eduardo Silveira Matos, Regis de Castro Andrade e Dinah de Abreu Azevedo. São Paulo: Abril Cultural, 1982. p. 398. Coleção Os Economistas). Por isso, não havendo uma dissertação marxiana sobre o tema, é necessário fazer remissão aos marxistas. No tocante à alternância entre picos de "superabundância geral" e "falta geral de produtos em relação à demanda da sociedade", ver, por todos, LUXEMBURGO, Rosa. *A acumulação do capital*. Tradução de Luiz Alberto Moniz Bandeira. Rio de Janeiro: Civilização Brasileira, 2021. pp. 22-23.

exemplo, são economistas capitalistas que não veem problemas em admitir que o capitalismo é essencialmente instável. Em suas explicações, os dois apontam, embora por vias e conceituações diferentes, para as inovações introduzidas na produção pelo desenvolvimento tecnológico[50].

Hobson, em 1894, falava em "maquinaria moderna", que proporcionava maior produção de bens, além de ampliação dos mercados. A depressão industrial e comercial acontece, na concepção hobsoniana, quando há excedentes, isto é, bens são produzidos além da capacidade de consumo dos mercados. O verdadeiro responsável pela crise, porém, não é o inventor ou o fabricante da nova maquinaria, mas o consumidor que preferiu poupar a consumir[51].

Já Schumpeter, em 1926, falava nas "combinações novas", nas quais via um dos fatores exógenos desencadeadores de crises (que chamou de "flutuações econômicas recorrentes" ou "ciclos econômicos"). O novo, diz ele, não nasce do velho, mas em competição com ele. Além disso, não aparece com periodicidade regular, e por isso desencadeia tempos de *boom* alternados com recessão. Na visão dele, as crises são parte inerente da economia capitalista (são "filhas do capitalismo", diz), mas não como ingredientes por assim dizer negativos, que um dia provocarão o colapso do modo de produção, como acreditam os marxistas. Os ciclos econômicos são, para Schumpeter, um componente positivo do sistema capitalista, isto é, "o processo pelo qual a vida econômica se adapta a novas condições"[52].

---

[50] John Stuart Mill acreditava na interrupção do desenvolvimento econômico e na voluntária escolha por um Estado estacionário da economia nos "países velhos". Neles, a população pararia de crescer, propiciando que os trabalhadores fossem bem remunerados e os negociantes deixassem de competir alucinadamente. Enquanto argumentava em favor da condição estacionária, inseriu um elogio à solidão e introspecção: "não é bom que o homem seja forçado em todos os momentos a estar no meio de seus semelhantes" (*Princípios de economia política*: com algumas de suas aplicações à filosofia social. Tradução de W. J. Ashley. São Paulo: Abril Cultural, 1983. v. II, pp. 251-254. Coleção Os Economistas).

[51] HOBSON, John A., obra citada, pp. 112 e 210-211.

[52] SCHUMPETER, Joseph. *A teoria do desenvolvimento econômico*. Tradução de Maria Sílvia Possas. São Paulo: Abril Cultural, 1982, pp. 141-168. (Coleção Os Economistas). A primeira edição da obra é de 1911, mas o capítulo VI foi reescrito na segunda edição, de 1926.

Keynes é outro economista capitalista que também contesta a premissa da cooperação espontânea derivada das ações individuais egoístas e admite ciclos econômicos com "certo grau reconhecível de regularidade", os quais desbordam em crise quando a fase ascendente é repentina e violentamente substituída pela descendente[53]. Para ele, as expectativas dos empresários em relação ao rendimento futuro do investimento em bens de capital variam de modo brusco e acentuado, em razão da fragilidade dos elementos e indícios em que se baseiam. Por isso, acontece de os empresários abruptamente decidirem poupar em vez de investir na produção[54], fato que desencadeia uma acumulação improdutiva prejudicial à "propensão a consumir" que deprime a demanda agregada[55].

Vários economistas debruçaram sobre os ciclos econômicos para compreendê-los e desenvolveram teorias visando à mitigação dos seus efeitos deletérios, preocupado com o sofrimento de multidões, em especial por conta do desperdício de capitais investidos e de bens produzidos, falências, calotes, desaceleração econômica, inflação e desemprego. Os estudos empíricos mostram a falta de regularidade temporal das crises e a dificuldade de identificação de fatores específicos que invariavelmente desequilibrariam produção e consumo, sugerindo uma não desprezível variedade de causas endógenas e exógenas. O capitalismo é um regime de crises periódicas, que não se consegue antecipar ou descrever em constantes matemáticas – não há o que fazer para mudar essa sua característica essencial. As crises irrompem aleatoriamente porque, em última análise, as ações individuais voluntárias *não* geram uma

---

[53] KEYNES, John. *A teoria geral do emprego, juro e moeda...* obra citada, pp. 217-218.
[54] "Além disso, o pessimismo e a incerteza a respeito do futuro que acompanham um colapso da eficiência marginal do capital suscitam, naturalmente, um forte aumento da preferência pela liquidez e, consequentemente, uma elevação da taxa de juros. [...] É isto que, de fato, torna a depressão tão intratável. Posteriormente, um declínio da taxa de juros será de grande auxílio para a recuperação, e provavelmente, uma condição necessária da mesma, mas, de momento, o colapso da eficiência marginal do capital pode ser tão completo que nenhuma redução possível da taxa de juros baste para o contrabalancear" (KEYNES, John. *A teoria geral do emprego...* obra citada, p. 219).
[55] KEYNES, John. *A teoria geral do emprego...* obra citada, p. 220.

cooperação espontânea linear e asséptica, como a apresentada na história do lápis dos Friedmans.

A insaciável sede de mercados

Toda empresa só existe se estiver em crescimento. O empresário não tem descanso. Ele não pode, um dia, ao admirar orgulhoso a sua empresa, concluir que ela atingiu o tamanho adequado, que o deixa plenamente satisfatório; e, então, resolver parar de fazer novos investimentos e de perseverar na ampliação da base de consumidores. O empresário simplesmente não tem essa opção, porque o regime econômico em que se inseriu e cresceu está fundado na liberdade de iniciativa e competição[56]. Se deixar de reinventar a empresa diariamente para ajustá-la às constantes mudanças administrativas, mercadológicas e tecnológicas do segmento em que atua, o empresário será atropelado pelos concorrentes. Não há estabilidade: ou a empresa é nutrida dos investimentos necessários para continuar crescendo (sem nenhuma garantia de que isso acontecerá) ou ela começa a desaparecer (ainda que imperceptivelmente).

A empresa estagnada perecerá aos poucos, porque enquanto ela está satisfeita com seu posicionamento no mercado, os concorrentes estão investindo em crescimento, incorporando às suas empresas as inovações tecnológicas e os novos padrões mercadológicos e administrativos. Desse modo, mais cedo ou mais tarde, conseguirão atrair os consumidores da empresa acomodada com a oferta de produtos ou serviços de melhor qualidade ou mais baratos. Mas esse jogo de vida ou morte, desse competitivo ingrediente característico do capitalismo, é perigoso para todo mundo.

---

[56] Para os marxistas, a competição, embora esteja na base do capitalismo, contém o germe da destruição desse modo de produção. Marx anteviu a tendência da concentração econômica em megaempresas como a resposta que o sistema teria que dar para não sucumbir à anarquia inerente à concorrência (cf. BUKHARIN, Nicolai. *A economia mundial e o imperialismo*. Tradução de Raul de Carvalho. São Paulo: Abril Cultural, 1984. pp. 107-108. Coleção Os Economistas). Lênin deu ao período da evolução do capitalismo, em que os monopólios convivem com a concorrência e o capital financeiro subordina o industrial, o nome de "imperialismo" (Imperialismo, fase superior do capitalismo. *In*: LÊNIN, Vladimir I. *Obras escolhidas...* obra citada, v. 1, pp. 641-642 *et passim*).

É perigoso porque todos os investimentos feitos na empresa só serão recuperados (e, esperam os empresários, com vistosos lucros) se houver mercado para os bens ou serviços que ela produz. Se os consumidores não comprarem todos, ou quase todos, esses bens ou serviços, o empresário não irá recuperar os custos e investimentos em que incorreu, tampouco auferirá o lucro que o estimule a continuar empreendendo naquele negócio. Mais que isso, se as vendas forem realmente baixas, ele não terá os recursos para pagar os salários dos empregados, impostos, energia elétrica, insumos comprados a prazo, financiamento obtido no banco etc. Quer dizer, se os consumidores não aparecerem para adquirir os produtos ou serviços oferecidos pela empresa ao mercado, efeitos negativos se projetarão na vida de muitas pessoas.

A crise numa empresa tem por origem sempre a falta de mercado para os seus produtos ou serviços. A crise na economia de um país também se origina pela falta de mercado, mas em maior escala, isto é, em razão de superprodução ou de subconsumo. No primeiro caso, produziram-se naquele país muitos bens ou serviços além da capacidade de absorção pelo mercado; no segundo, os consumidores não estão muito confiantes quanto à sua situação econômica futura e se acautelam, decidindo poupar o dinheiro em vez de o gastar; nos dois casos, perdem-se os investimentos feitos e não são gerados os recursos para o pagamento do devido a diversas pessoas envolvidas na produção, desencadeando fluxo de desorganização da economia.

O capitalismo tem sede de mercado e ela é insaciável. Os capitalistas disputam o consumidor com a maior agressividade possível, porque para continuar vivos precisam desesperadamente manter os seus *market shares* e nunca deixar de procurar aumentá-los. Os governos se envolvem nessa contenda interminável, chamados a estabelecer vantagens institucionais para as empresas de seus países (impostos de importação, controles fitossanitários, leis ambientais frouxas, subsídios etc.). Isso tudo, no entanto, é omitido na história do lápis dos Friedmans. Ela não conta que o concerto das ações individuais não gera somente cooperação espontânea, mas também competição, conflitos, sabotagens, violências e extermínios. Sem esses incruentos ingredientes e os riscos que necessariamente os acompanham, eu não teria em minhas mãos o lápis com que grifo frases nos livros dos autores liberais que leio.

Trocas não tão voluntárias

Além da concorrência de "vida ou morte" entre os empresários que disputam a preferência do mesmo consumidor, a história do lápis contada pelos Friedmans também omite que as trocas geradoras da cooperação espontânea não são inteiramente voluntárias – ou são voluntárias em termos meramente conceituais, formais[57].

Isso porque a concorrência força os empresários a serem implacáveis com as pessoas com quem realizam as trocas. Cada real do preço é objeto de feroz disputa. O madeireiro brigará para reduzir o preço dos serviços de transporte, enquanto a transportadora lutará para o elevar. O percentual de desconto que o varejista consegue dar para o consumidor é pressionado, de um lado, pela concorrência (o preço precisa ser competitivo) e, de outro, pelos custos (o preço precisa ser lucrativo).

E não se pode ignorar que dois personagens se encontram em franca desvantagem nas contendas em torno do preço: os trabalhadores e consumidores. São agentes econômicos que se encontram sempre no lado mais frágil de uma relação assimétrica com o empresário.

Os neoliberais dizem que a troca feita pelo trabalhador de entregar trabalho e receber o salário é voluntária, mesmo que ele não considere a remuneração justa, sempre que atendida uma condição: os demais agentes econômicos, ao fazerem trocas voluntárias, estão nos limites dos seus direitos de titularidade. Em outros termos, o pensamento neoliberal considera que, se o exercício desses

---

[57] Em outra obra, Milton Friedman vê na concorrência a garantia contra a coerção (*Capitalismo e liberdade...* obra citada, p. 17), sem fazer nenhuma menção aos constrangimentos à liberdade que ela ocasiona.

direitos pelos demais agentes reduziu as opções de um trabalhador a apenas duas (trabalhar pelo salário indigno ou morrer de fome), ele ainda está fazendo uma troca voluntária[58]. Para concordar com eles, entretanto, é necessário aceitar que morrer de fome seja realmente uma alternativa pela qual o trabalhador, contrariando inteiramente a sua natureza de ser biológico, poderia acabar se inclinando por um cálculo racional.

A assimetria intrínseca à relação de trabalho ou de prestação de serviços é referida juridicamente pela noção de hipossuficiência. O trabalhador não contrata livremente – ele precisa trabalhar para sobreviver; não contrata com quem quer – precisa acomodar-se às vagas disponibilizadas na região em que mora; e sobretudo não contrata do modo que quer – ele não tem nenhum poder de barganha sobre a remuneração e demais condições do trabalho, mesmo quando é um prestador de serviços e não um empregado.

Em relação aos consumidores, o neoliberalismo lhes reserva a função mais importante da economia. Tudo, acreditam, é do modo que é apenas em função das ações e decisões deles. O empresário é um servidor do consumidor[59]. Se determinado bem está sendo produzido nesta ou naquela escala é porque os empresários estão procurando atender aos desejos dos consumidores. Se um produto deixa de ser oferecido, é também porque se avalia que não será consumido. Até mesmo a posição de cada um de nós na extensa rede de divisão do trabalho deve-se unicamente às decisões soberanas dos consumidores[60].

A assimetria inerente à relação de consumo é referida pelo direito por meio da noção de vulnerabilidade. Tal como o empregador, o consumidor não tem nenhum poder de barganha – só lhe resta aderir a preço, condições de pagamento e demais cláusulas

---

[58] Cf., por todos, NOZICK, Robert, *Anarquia, Estado e utopia...* obra citada, pp. 340-341.
[59] MISES, Ludwig von. *Ação humana...* obra citada, pp. 230 e 255; Rothbard argumenta que, graças à posição central dos consumidores na cooperação espontânea, a completa privatização da justiça e da polícia seria plenamente factível e eficiente (*O manifesto...* obra citada, p. 233).
[60] MISES, Ludwig von. *Ação humana...* obra citada, p. 260.

do contrato estabelecidas unilateralmente pelo fornecedor. Além disso, também não contrata sempre porque quer, livremente – boa parte dos atos de consumos realizados visa o atendimento de necessidades básicas; ele não tem plena liberdade para trocar de fornecedor, se não fica satisfeito –, suas escolhas são restringidas por diversos fatores, como a localização próxima à residência ou local de trabalho, oligopólios etc.; e, enfim, o consumidor, salvo em raras ocasiões, só tem acerca do objeto do contrato as informações prestadas pelo próprio fornecedor.

Em suma, é verdade que as pessoas fazem trocas e que os preços praticados nelas influenciam nos preços praticados nas demais trocas realizadas por outras pessoas, dentro de uma ou mais cadeias de negócios. É também verdade que esse modo de as trocas se realizarem não exige uma coordenação centralizada para que os bens e serviços produzidos sejam, na maioria das vezes, consumidos e não desperdiçados. Só não é verdade que todas as pessoas participam voluntariamente dessas trocas[61]. A liberdade econômica é um luxo de que apenas uma minoria desfruta plenamente.

Liberdade de iniciativa e de concorrência

A liberdade de iniciativa e a liberdade de concorrência são dois lados da mesma moeda – só é possível uma sociedade em que todos são livres para dar início a qualquer atividade econômica de produção de bens ou serviços se necessariamente todos forem

---

[61] Esconder a natureza essencialmente violenta do capitalismo em narrativas leves como a do lápis dos Friedmans é algo frequente. Para Giselle Beiguelman, "desde meados dos anos 1990 são formuladas definições de diferentes matizes ideológicas sobre o capitalismo. Capitalismo informacional (Manuel Castells), capitalismo cognitivo (Michael Hardt e Antonio Negri), capitalismo criativo (Bill Gates) são algumas delas. A essas definições acrescento uma: capitalismo fofinho, um regime celebrado por meio de ícones gordinhos e arredondados, um mundo cor-de-rosa e azul-celeste, que se expressa a partir de onomatopeias, *likes* e corações, propondo a visão de um mundo em que nada machuca e todos são amigos" (*Políticas da imagem*: vigilância e resistência na dadosfera. São Paulo: Ubu, 2021. pp. 193-194). A cooperação espontânea descrita pela narrativa do lápis dos Friedmans está na proto-história do capitalismo fofinho dos anos 1990.

igualmente livres para competir pela preferência dos consumidores. Alguns doutrinadores, porém, distinguem as duas esferas de liberdade. Nessa distinção, a liberdade de iniciativa é associada aos direitos de os empresários empreenderem sem necessidade de licença da administração pública, salvo certas exceções de ordem urbanística, ambiental, econômica etc. É uma liberdade que se exerce em face do Estado, portanto. A liberdade de concorrência, por sua vez, associa-se à proteção da economia de mercado. Ela se traduz em direitos da coletividade em face de empresários ou entidades empresariais, cujas práticas colocam em risco a própria estrutura da liberdade econômica[62].

Alguns empresários podem abusar da liberdade econômica dada pelo sistema capitalista adotando práticas que acabam por solapá-la. O exemplo mais visível é o da formação de cartéis, em que os empresários dominantes em determinado mercado se unem para combinar preços. Num formato bastante simples de cartelização, os empresários dividem os mercados em regiões e contratam os preços que darão aos seus produtos e serviços em cada uma – na região "destinada" a um deles, os demais praticam preços superiores. O cartel pode também servir para obstar o ingresso de novos competidores no mercado dominado, articulando para que as empresas cartelizadas baixem simultaneamente os preços. Com essa prática concertada, elas criam uma barreira à entrada de novos empresários, desencorajados com o alongamento do prazo em que poderá recuperar os investimentos. Cessada a ameaça do aumento de concorrência, elas sobem juntas os seus preços para compensarem as perdas sofridas durante a obstrução. Além do cartel, diversas outras práticas são tipificadas como ilícitos concorrenciais.

São as "infrações contra a ordem econômica" a que se refere a Lei n. 12.529/11. A repressão administrativa a tais práticas é da competência do Conselho Administrativo de Defesa Econômica (Cade).

---

[62] Cf. AGUILLAR, Fernando Herren. *Direito econômico*: do direito nacional ao direito supranacional. 2. ed. São Paulo: Atlas, 2009. pp. 257-258.

Pois bem. A existência de um complexo sistema legal com a finalidade de assegurar a liberdade de concorrência é incompatível com a afirmação de que ações individuais sempre levariam à cooperação espontânea. O Estado precisa organizar um sistema de defesa da concorrência porque, se não o fizer, certas ações individuais dos empresários com maior poder econômico acabarão frustrando os efeitos benéficos apontados na cooperação espontânea. A impossibilidade de se conciliar o "direito antitruste" com a concepção neoliberal da economia é corretamente apontada pelos libertários[63]. Os neoliberais que concordam em ceder à pureza dessa concepção, em nome da garantia de maior eficiência da economia de livre mercado, têm que lutar para que a intervenção estatal se contenha nesse objetivo modesto e não fique tentada a ampliar o controle sobre o poder econômico[64].

Na verdade, a relação dos empresários com a liberdade de concorrência é sempre dúbia, mesmo quando não está em questão nenhuma ameaça à estrutura do livre mercado. Depende do lado do confronto em que está: se ele é o empresário que investe em ações destinadas a conquistar, rápida e acentuadamente, novas fatias do mercado, defende a mais plena liberdade de concorrência; se, contudo, é o que precisa defender a posição, acaba manifestando desconforto com a amplitude dos direitos atribuídos aos agentes econômicos. Vantagens competitivas lícitas de acordo com o direito comercial internacional, desfrutadas por empresas estrangeiras (como um sistema tributário descomplicado, por exemplo), são tachadas de "concorrência desleal" por empresários nacionais[65].

---

[63] Cf., por todos, SANTA CRUZ, André. *Os fundamentos contra o antitruste*. Rio de Janeiro: Forense, 2015. pp. 55-61.

[64] Cf., por todos, FRAZÃO, Ana. *Direito da concorrência*: pressupostos e perspectivas. São Paulo: Saraivajur, 2017. pp. 42-46.

[65] O empresário que aproveita as vantagens competitivas institucionais do seu país não pratica nenhum ato de concorrência desleal: "note-se que nenhum empresário, ao se aproveitar de uma vantagem de natureza institucional incorre, por só este fato, em concorrência desleal. Pelo contrário, ele está se posicionando na competição empresarial atendendo a um dos pressupostos da lealdade competitiva, que é o respeito à ordem jurídica. Não se trata de um ilícito, portanto. Acontece, porém, que as vantagens competitivas de determinado mar-

Ao considerar as práticas concorrenciais ilícitas (infrações da ordem econômica, espionagens industriais, publicidade comparativa enganosa, usurpação de direito de propriedade intelectual, *dumping* etc.) e a dinâmica essencialmente destrutiva das práticas lícitas, conclui-se que o capitalismo é um modo bem mais anárquico e violento do que cooperativo e voluntário. É certo que a fórmula marxista para pôr fim à anarquia (extinção da propriedade privada dos bens de produção e planejamento econômico central) partiu de uma avaliação extremamente simplista do livre mercado, incorporou uma solução que não poderia ser mais equivocada e, no final, não resolveu nenhum dos problemas que identificou e gerou outros de diversas ordens (política, cultural, social e econômica, incluindo mais anarquia na produção).

Os neoliberais, ao seu turno, negam-se a ver a anarquia, escondendo todas as suas indiscutíveis evidências na descrição de um sistema perfeito e harmônico, de ações individuais gerando sem querer a cooperação espontânea. Somos crescidos: já devíamos saber que não se chega a lugar nenhum brincando de faz de conta com a realidade. É hora de admitir não haver alternativa senão gerir o capitalismo a partir de sua intrínseca natureza anárquica, violenta e injusta.

A Grande Depressão

Os anos 1930 não foram fáceis nos Estados Unidos. A economia estava em frangalhos, enfrentando a mais grave depressão do capitalismo, com falências de inúmeras empresas, desemprego em massa, escalada inflacionária e fome avassaladora. Um quarto da população adulta estava desempregada e simplesmente sem renda.

---

co regulatório (tanto quanto a concorrência ilícita) dificultam o adequado funcionamento da economia de livre mercado. As vantagens institucionais expressam-se por meio do direito-custo, quer dizer, por normas jurídicas e suas interpretações que interferem no preço dos produtos e serviços oferecidos no mercado em que incidem. Uma das preocupações do direito do comércio internacional consiste exatamente em viabilizar a eliminação gradual das vantagens competitivas decorrentes do marco regulatório. Essa eliminação, a rigor, é o ponto central do processo de globalização" (meu *Curso de direito comercial*. 24. ed. São Paulo: RT, 2021. v. 1, p. 80).

Enquanto a deterioração econômica se alastrava dos Estados Unidos para o restante do mundo capitalista, a propaganda soviética anunciava resultados extraordinários. Os números – não inteiramente verdadeiros, mas tampouco inteiramente falsos – mostravam que o planejamento central e a propriedade pública dos bens de produção tinham transportado, em pouco tempo, a Rússia e demais repúblicas soviéticas de um sistema com traços remanescentes do feudalismo (como a servidão na agricultura) para uma economia industrializada. Os comunistas norte-americanos nunca foram politicamente expressivos, mas reverberavam a propaganda estalinista em torno do sucesso do primeiro plano quinquenal (1928-1934), que ampliou em 50% o número de indústrias no país. O sociólogo e jornalista Leo Huberman argumentava que o cenário devastador da economia norte-americana era culpa das contradições insuperáveis do sistema capitalista e apontava para o outro lado do mundo, dizendo que "a Rússia tem um plano"[66].

Os liberistas se dividiram em duas grandes vertentes, em relação ao diagnóstico e às medidas de enfrentamento da Grande Depressão.

De um lado, estavam os economistas firmemente apegados à pureza dos princípios teóricos do liberalismo econômico ortodoxo. Eles consideraram que a crise havia sido causada pela intervenção desastrosa do Estado na economia[67]. Na avaliação deles, se o Federal Reserve tivesse evitado a falência dos grandes bancos e cumprisse a função de manter estável a base monetária, os Estados Unidos teriam passado por mais uma das periódicas recessões sem maiores problemas econômicos. Recomendavam, assim, como medida de enfrentamento que o governo simplesmente não fizesse nada, apenas deixasse de se intrometer o quanto antes, para libertar as poderosas forças do livre mercado e da cooperação espontânea. Eram os *monetaristas*.

---

[66] *História da riqueza do homem*. 10. ed. Tradução de Waltensir Dutra. Rio de Janeiro: Zahar Editores, 1974. pp. 285-305.
[67] FRIEDMAN, Milton. *Capitalismo e liberdade...* obra citada, p. 52; ROTHBARD, Murray. *O manifesto libertário...* obra citada, p. 207.

De outro lado, posicionaram-se os economistas que, mais sensibilizados com o drama humano da Grande Depressão, estavam dispostos a deixar um pouco de lado a pureza principiológica do liberalismo, pelo menos enquanto durasse a crise. Na avaliação dessa outra vertente, a causa da redução da atividade econômica e, consequentemente, do desemprego estava ligada à "falta de novos empreendimentos devida a um mercado insatisfatório para investimento de capital"[68]. A solução seria o governo intervir mais consistentemente na economia por meio de obras públicas ou de outras iniciativas que, independentemente da maior ou menor utilidade, corrigissem os efeitos da insuficiência da demanda agregada. Cada dólar que pagasse para um trabalhador erguer um muro e depois derrubá-lo, abrir um buraco somente para tapá-lo em seguida ou construir pirâmides (imagens para a irrelevância da finalidade do gasto público) teria um efeito multiplicador quando ele o gastasse comprando gêneros alimentícios, cortando o cabelo etc. Há quem os chame de *realistas*, mas os economistas desta vertente são mais conhecidos pela designação de *keynesianos*.

Os neoliberais gostam de dizer que as ideias são poderosas. Na visão deles, legisladores e governantes, de acordo com as suas predileções, seguem ora as recomendações dos monetaristas, ora as dos keynesianos.

Talvez as coisas não sejam exatamente assim. O presidente Roosevelt estava enfrentando a Grande Depressão com um conjunto de medidas intervencionistas fortes, chamado *New Deal*. Na verdade, Roosevelt e Keynes só foram se encontrar em maio de 1934, numa breve reunião da qual os dois homens de forte personalidade saíram mutuamente decepcionados[69]. Os fatos sugerem que não foram as ideias e concepções do economista inglês que inspiraram as ações do presidente norte-americano. O keynesianismo serviu para espargir ares de cientificidade ao programa político.

---

[68] KEYNES, John M. *Inflação e deflação*. Tradução de Rolf Kuntz. São Paulo: Abril Cultural, 1983. p. 316. (Coleção Os Economistas).
[69] WAPSHOTT, Nicholas. *Keynes x Hayek*: as origens e a herança do maior duelo econômico da história. 4. ed. Tradução de Ana Maria Mandim. Rio de Janeiro: Record, 2020. pp. 195-197.

O governo Reagan (1981-1989), por sua vez, acabou ganhando a fama de monetarista, por ter controlado a inflação, baixado alguns impostos, reduzido o tamanho de programas sociais e promovido certo nível de desregulamentação da economia. Milton Friedman é um defensor dessa maneira de o classificar, juntamente com fãs que falam num verdadeiro *Reaganomics*, uma política econômica pretensamente inovadora voltada a estimular o lado da oferta (*supply side economics*) eliminando regulamentações econômicas e reduzindo impostos. Mas economistas como Robert Solow e John Kenneth Galbraith classificam o governo Reagan como keynesiano. Sob a presidência de Ronald Reagan, os Estados Unidos deixaram de ser o maior credor do mundo para se tornarem o país com a dívida pública mais elevada. O enorme déficit nas contas da União decorreu de empréstimos feitos às empresas com juros baixos e do extraordinário crescimento nos gastos com a defesa, que passaram de um terço (1980) para mais da metade do PIB (1988). A sua megalomaníaca "Iniciativa de Defesa Estratégica", mais conhecida como "Guerra nas Estrelas", que não saiu do papel, evoca como nenhum outro projeto governamental a imagem da construção de muros apenas com o objetivo de serem depois desfeitos[70].

A Grande Depressão vista pelos neoliberais

Não é o caso, aqui, de aprofundarmos a discussão econômica de um tema de enorme complexidade como o das causas da Grande Depressão. Mas convém examinar a maneira pela qual os neoliberais o tratam, para notar como procuram descartar, a qualquer custo, a hipótese da anarquia inerente ao sistema capitalista. É bastante razoável a afirmação de que um sistema econômico de decisões extraordinariamente pulverizadas acerca do que, quanto e quando produzir está exposto ao risco de descompassos entre produção e consumo. Não existe um planejamento central; mais

---

[70] WAPSHOTT, Nicholas. *Keynes x Hayek...* obra citada, pp. 315-316.

que isso, seria completamente ineficiente e inoportuno tentar-se criar um planejamento central, como a experiência soviética revelou de modo inconteste. Pois bem, à falta de um planejamento central, é evidente que se podem produzir mais mercadorias do que as pessoas estão dispostas a consumir, ou menos.

Não há dúvidas de que cabe aos empresários tentar antecipar as decisões dos consumidores (suas necessidades e querências) e produzir bens em quantidade e qualidade correspondentes. Eles dispõem de instrumentos para isso (por exemplo, pesquisas de mercado, dados do crescimento demográfico, inovações tecnológicas etc.) e certamente se empenham ao máximo em fazer uma antecipação a mais próxima possível das escolhas a ser feitas pelos consumidores, porque deste acerto dependem os seus lucros. Do mesmo modo, não há dúvidas de que os empresários nem sempre acertam nessas projeções. Na verdade, o empresário erra e acerta cotidianamente e espera que, no final do ano, tenha errado menos do que acertado e possa extrair ganhos de sua atividade.

A rigor, não seria o caso de falar em "acerto" e "erro", porque a resposta não se conhece *a priori*. Um estudante acerta ou erra as questões da prova ao apresentar ou não a resposta que o professor já conhece. No caso do empresário, no momento da decisão de produzir (o que, quanto e quando), ele está necessariamente meio no escuro. Se a decisão dele gerar ganhos, porque todos os bens produzidos foram consumidos, dir-se-á que ele acertou; se gerar perdas, porque nem todos os bens produzidos foram consumidos, dir-se-á que errou – mas, para isso, será necessário aguardar um tempo (o fim do exercício social na contabilidade dele), ou seja, a resposta certa ou errada (os atos de consumo efetivamente praticados) só se conhece *a posteriori*.

O descompasso entre produção e consumo é um risco inerente ao princípio da livre-iniciativa e competição e não há absolutamente como neutralizá-lo por completo, exatamente porque o "acerto" ou o "erro" de cada uma das inumeráveis decisões de produzir, adotadas por uma multiplicidade de empresários livres para fazer as suas escolhas, só se conhecerá após a concretização de uma infinidade de decisões de consumir adotadas por uma enormidade de consumidores, em sua grande maioria também livres. Quando se fala em anarquia no mercado, está-se fazendo referência a esse quadro. Dizer que o capitalismo é essencialmente anárquico é reconhecer o óbvio: se todos são livres, de um lado, para tomar decisões de produção e, de outro, para decidir se consomem ou não, é impossível descartar a hipótese de que nem sempre produção e consumo estarão equilibrados. Só mesmo alguém que idolatra o capitalismo, e, portanto, não consegue enxergá-lo em sua realidade, pode questionar a possibilidade recorrente desse descompasso (ou seja, a anarquia).

O descompasso pode dizer respeito a um empresário isolado que "errou" ao fazer as suas antecipações. Ele amargará as perdas, terá que fazer cortes de pessoal, adiará investimentos. Se o "erro" tiver sido grande, irá à falência. Todos estamos de acordo que é assim mesmo que o capitalismo funciona, e que deve continuar funcionando, para que os capitalistas "acertadores" sejam premiados com o lucro e os "erradores" punidos com prejuízos. Esse descompasso isolado o sistema absorve sem maiores traumas gerais. Sofrem as consequências do "erro" o empresário que faliu, os empregados que perderam o emprego e seus familiares, além de alguns fornecedores e bancos que não conseguem cobrar os seus créditos.

Contudo, o descompasso pode ter alcance maior e atingir um setor da economia, em que a maioria dos empresários que nele atua "errou" em suas antecipações; como pode alcançar, enfim, setores muito importantes da economia de um país, gerando sofrimento a muitas e muitas pessoas. Nesse último caso, o descompasso é chamado de "superprodução", quando se perdem os investimentos feitos na produção das mercadorias que não são adquiridas porque os empresários superestimaram o potencial do mercado consumidor; e é chamado de "subconsumo", quando se perdem os investimentos feitos na produção de mercadorias que não foram adquiridas porque grandes parcelas dos consumidores decidiram, por qualquer razão, guardar o dinheiro em vez de gastar.

Os neoliberais não querem nem ouvir falar em descompasso, anarquia, superprodução e subconsumo. Como idólatras do sistema capitalista, fazem análises inteiramente enviesadas partindo de premissas que negam a possibilidade de o consumo se descasar da produção. O primeiro passo para entendermos realmente como é o sistema capitalista e lidarmos com ele da melhor forma possível é deixar de lado a idolatria. Ajuda bastante nisso livrar-se das abordagens maniqueístas construídas durante a Guerra Fria. Não há, pelo momento, nenhuma ameaça comunista séria ao capitalismo e temos, então, a chance de olhar para ele com mais realismo, vendo suas qualidades e as valorizando, mas também vendo os seus defeitos e tentando mitigá-los.

Os neoliberais ainda reproduzem, em relação à Grande Depressão, o mesmo exame feito em contextos contaminados pela Guerra Fria por autores como Friedman (1956)[71] e Rothbard (1963)[72]. Em termos gerais, esse exame tem dois principais fundamentos: de um lado, a negação apriorística da anarquia do livre mercado pelo recurso a uma navalha argumentativa e, de outro, o foco na base monetária e a desastrosa interferência do governo.

Rothbard afasta a hipótese de descompasso entre produção e consumo sem apelar à navalha de Say, como vimos que fez Friedman em relação às crises em geral. Ele afirma que "no mercado puramente livre e desimpedido, não haverá aglomerado de erros, porque empreendedores treinados não vão todos cometer erros ao mesmo tempo"[73]. Trata o tema como se houvesse uma lei natural na economia que impede o erro simultâneo de muitos empresários. Se formos contrapor a essa afirmação os momentos em que aconteceu, sim, o aglomerado de erros, Rothbard responderia que as teorias econômicas são compostas de enunciados lógicos, que não podem ser contraditados por dados empíricos[74], mas apenas por

---

[71] *Capitalismo e liberdade...* obra citada, pp. 48-54.
[72] *A grande depressão...* obra citada, pp. 117-207.
[73] *A grande depressão...* obra citada, p. 52.
[74] No plano empírico, Rothbard concorda que haja descompassos, embora afirme que a crise acontece porque qualquer distorção, ainda que pequena, no sistema de liberdade de preços faz os empresários, "iludidos pela inflação do crédito bancário" investir "demais em bens de capital de ordens superiores" (*A grande depressão...* obra citada, p. 54).

verificação da "correção de suas premissas e da cadeia lógica do raciocínio"[75]. Que seja, então: contradito dizendo que a afirmação da inexistência de aglomerados de erros não decorre de nenhum silogismo apresentado por Rothbard. Não é demonstrado como logicamente essa afirmação poderia decorrer da premissa (claramente adotada pelos neoliberais[76]) da falibilidade humana na escolha e aplicação dos meios empregados para a realização de determinada finalidade. Se, conforme dita outra premissa da praxeologia neoliberal, todas as ações são de indivíduos e não existe o coletivo senão por intermédio deles[77], não há nada que consiga limitar a soma de erros individuais, nem mesmo o livre mercado.

E, aqui, passa-se ao segundo argumento neoliberal visando descartar a anarquia do capitalismo (superprodução ou subconsumo) como a causa da Grande Depressão, apontando para a direção da inflação bancária mal administrada pela autoridade monetária. Para entendê-lo, é necessário partir do desconforto dos neoliberais com o modelo de reservas bancárias fracionárias. Os bancos não ficam com (não "reservam") a totalidade do dinheiro que recebem em depósito de seus correntistas, mas apenas uma parte ("fração"), porque usam este dinheiro para emprestar a outras pessoas ("mutuárias"). Na visão neoliberal mais moderada de Milton Friedman, o desconforto aparece na menção ao risco sistêmico, as temíveis "corridas aos bancos"[78].

Rothbard, no entanto, é bem mais severo com as reservas fracionárias. Para ele, a totalidade do recebido pelos bancos em razão dos títulos e depósitos deveria ser reservada (naqueles tempos do padrão-ouro, as reservas seriam nesse metal)[79]. As reservas fracionárias são, para ele, nada mais do que uma fraude, uma apropriação indevida do dinheiro dos correntistas. Aliás, ele não considera que

---

[75] *A grande depressão...* obra citada, p. 40. Essa postura epistemológica de Rothbard se enraíza diretamente na concepção de Mises da economia como praxeologia (*Ação humana...* obra citada, pp. 58, 70-71, 74 e 189).
[76] MISES, Ludwig von. *Ação humana...* obra citada, p. 35.
[77] MISES, Ludwig von. *Ação humana...* obra citada, p. 53.
[78] FRIEDMAN, Milton. *Capitalismo e liberdade...* obra citada, p. 51.
[79] *A grande depressão...* obra citada, pp. 67-68.

a criminalização das reservas fracionárias seria uma extrapolação das funções do Estado mínimo exatamente por configurar como um atentado à propriedade a possibilidade de todos os depositantes decidirem, um dia, ir ao banco para receberem os seus dinheiros e este não os puder pagar porque os emprestara a terceiros[80].

Claro, obrigados a reservarem 100% de seus recursos, os bancos deixariam de ser bancos, isto é, não atuariam mais como intermediários entre unidades superavitárias e deficitárias, porque não poderiam emprestar para estas o dinheiro depositado por aquelas. A extraordinária redução de dinamismo na economia não preocupa minimamente Rothbard, que sequer toca no assunto. Para ele, os investimentos só poderiam ser feitos com "fundos verdadeiramente poupados", isto é, por meio da aquisição de debêntures emitidas pelas empresas ou subscrição de quotas em sociedade de investimentos[81].

Pois bem. O principal fator para explicar a Grande Depressão, na visão neoliberal, é a inflação bancária. Como podem emprestar o dinheiro que recebem dos depositantes e os mutuários são também depositantes, os bancos acabam aumentando a base monetária por meio de simples lançamentos em sua contabilidade, isto é, emitindo dinheiro escritural (que não seria "dinheiro", mas "substituto de dinheiro"). Na década de 1920, nos Estados Unidos, as reservas mínimas dos bancos urbanos variavam de 10% a 13% e, no mesmo período, a oferta monetária total aumentou 62%. Nenhuma parcela desse aumento é representada por emissão de papel-moeda, cujo volume até mesmo baixou, na década, de US$ 3,68 para US$ 3,64 bilhões[82]. Essa inflação desencadeou o *boom*, com oferta de moeda estimulando a sua demanda, que precisou inevitavelmente ser corrigido por uma depressão.

A causa da Grande Depressão, assim, foi a "expansão do crédito bancário para as empresas", que Rothbard classifica como "intervenção monetária no mercado" que criou as condições para o aglome-

---

[80] *A grande depressão...* obra citada.
[81] *A grande depressão...* obra citada, p. 126.
[82] *A grande depressão...* obra citada, pp. 122-132.

rado de erros dos empreendedores[83]. Se você prestar bem atenção, o argumento fala da anarquia do mercado, sem usar essa demoníaca expressão.

Na verdade, à inflação bancária o neoliberalismo acrescenta mais uma causa para a Grande Depressão: a decisão equivocada do Federal Reserve Bank de reduzir a base monetária quando deveria ampliar a liquidez. Além disso, o fato de a autoridade monetária não ter sequer tentado evitar a falência de um terço dos bancos norte-americanos contraiu ainda mais a base monetária – afinal, boa parte do dinheiro escritural simplesmente evapora com a quebra do banco "emissor"[84]. Para os neoliberais, se o FED não tivesse causado o colapso monetário, os Estados Unidos teriam atravessado uma recessão, como tantas outras das décadas anteriores, e se recuperariam sem maiores traumas. Foi a intervenção incompetente da autoridade estatal que transformou a recessão na gigantesca depressão econômica dos anos 1930.

Mas, na investigação das causas da Grande Depressão ou de qualquer outra crise econômica, não se pode restringir o foco apenas à questão da oferta e procura de moeda, porque ninguém procura moeda com o objetivo final de ter a moeda. As pessoas procuram-na para investir ou gastar, conforme se trate de crédito para empresário ou ao consumidor. Apenas o fato de existir mais moeda para ser demandada não cria, por si só, a demanda. O Banco Central do Brasil, quando aumenta a Selic-meta e passa a atuar no ambiente de negócios Selic para que a Selic-efetiva se aproxime da taxa fixada, faz isso olhando o real[85]; mas a contração ou expansão da base monetária é apenas um meio destinado a alcançar um objetivo mais amplo que a variação do poder aquisitivo da moeda: o BCB está mirando o aquecimento ou desaquecimento da produção (um outro modo de se falar acerca do risco de superprodução).

---

[83] *A grande depressão...* obra citada, p. 52
[84] FRIEDMAN, Milton; FRIEDMAN, Rose. *Livre para escolher...* obra citada, pp. 115-141.
[85] Sobre Selic-meta, Selic-efetiva e o sistema de negociação de títulos públicos denominado Selic, ver o meu *Títulos de crédito*: uma nova abordagem. São Paulo: RT, 2021. pp. 86-87.

É porque os empresários estimam determinado potencial de mercado que eles buscam moeda para investir na produção de bens ou serviços. Na década que antecedeu a Grande Depressão certamente um número espantoso deles "errou" nessas estimativas de forma crassa, tornando produção e consumo inevitavelmente descompassados. Se não tivesse ocorrido superprodução (muitos empresários avaliando que haveria mercado para colocar volumes maiores de suas mercadorias), a inflação bancária não teria acontecido, porque não haveria demanda por mais moeda[86].

Por outro lado, os bancos também são empresários tentando antecipar as decisões das unidades superavitárias e deficitárias, seus clientes, para oferecer-lhes o que avaliam que eles precisam ou querem. Num mercado livre de verdade, não poderia haver restrições às iniciativas dos bancos. Assim, eles ofereceriam livremente às unidades deficitárias o máximo de dinheiro escritural que pudessem (isto é, o máximo que conseguissem "vender" no mercado de crédito). O Federal Reserve Bank, como avaliam os neoliberais, errou ao impedir a escalada da inflação bancária; ora, pode-se transmitir exatamente a mesma ideia dizendo que ele errou por não ter refreado a anarquia no mercado de crédito. Uma anarquia evidentemente com características próprias, que não pode ser conceituada exatamente como descompasso entre produção e consumo, nos mesmos moldes em que falamos da atividade industrial, por exemplo; mas, ainda assim, um problema derivado da multiplicidade de agentes econômicos tomando isoladamente livres decisões de âmbito individual relativas à oferta e demanda de crédito.

Uma crença mística

A cooperação espontânea surgida de ações individuais é uma crença mística. Não é a única entre os economistas: os marxistas

---

[86] Apresento aqui um contra-argumento nos quadrantes da concepção monetarista, partindo, portanto, da premissa da moeda-mercadoria que, como se verá, é a principal premissa de uma teoria da moeda que nunca foi empiricamente confirmada e está hoje desacreditada (a TQM).

ainda hoje são igualmente místicos ao acreditarem na eficiência do planejamento central. A crença na cooperação espontânea, como qualquer outro misticismo, constrange a racionalidade dos fiéis neoliberais e libertários.

As mãos invisíveis

O neoliberalismo tornou muito conhecida uma metáfora de Adam Smith: se cada um puder perseguir o seu interesse egoísta, uma mão invisível conduzirá ao atendimento dos interesses de todos. A história do lápis dos Friedmans tem sido mais comumente contada por meio de uma simplificação despudorada da metáfora de Smith[87].

A primeira vez que ele a utilizou foi numa obra de filosofia moral, *Teoria dos sentimentos morais* (TSM), de 1759. Nela tinha em mente demonstrar que os sistemas de filosofia moral baseados na virtude da convivência, da justiça e da benevolência são convergentes. A mesma imagem foi lembrada também em sua obra mais conhecida, *A riqueza das nações* (RN), publicada dezesseis anos depois, com o objetivo de explicar que a "provisão" de qualquer nação resulta do trabalho de sua gente e da proporção dos que se dedicam a trabalho útil em relação aos demais.

A metáfora é a mesma nos dois livros, com uma diferença sutil: no argumento moral, o acento é posto no resultado (o atendimento das necessidades), enquanto no econômico, recai sobre o pressuposto (o egoísmo das ações individuais). No TSM, a mão invisível explica que os pobres não foram esquecidos pela Providência quando ela aquinhoou com fartura uns poucos senhores[88].

---

[87] Convém atentar à conclusão de Joseph Stiglitz: "minha pesquisa, e as de outros estudiosos, sobre as consequências da informação imperfeita e assimétrica (quando indivíduos diferentes sabem coisas diferentes), durante o último quarto de século, mostrou que um dos motivos pelos quais a mão invisível pode ser invisível é que ela simplesmente não existe" (*Os exuberantes anos 90*: uma nova interpretação da década mais próspera da história. Tradução de Sylvia Maria S. Cristovão dos Santos, Dante Mendes Aldrighi, José Francisco de Lima Gonçalves e Roberto Mazzer Neto. São Paulo: Companhia das Letras, 2003. p. 42).
[88] *Teoria dos sentimentos morais*. 2. ed. Tradução de Lya Luft. São Paulo: WMF Martins Fontes, 2015. pp. 225-226.

Em RN, a metáfora se insere na argumentação contrária às restrições, por um país, de importação de mercadorias que podem ser fabricadas nele[89], em defesa do que chamamos hoje de abertura econômica.

O mais importante, em Smith, é o modo como o pressuposto se liga ao resultado: naturalmente, isto é, independentemente da intencionalidade de nenhum dos envolvidos[90]. Em outros termos, o atendimento aos mais necessitados é uma questão moral em que Smith vê também uma baliza econômica. Entre as mãos invisíveis do TSM e do RN não há nenhuma incongruência. Aliás, como os demais iluministas britânicos, Smith não veria muito propósito em tratar qualquer questão, incluindo a econômica, dissociada da discussão moral[91]. RN foi escrito, na verdade, em prosseguimento do TSM, para levar ao âmbito "da lei e do governo" as reflexões de "jurisprudência natural"[92].

A indissociação smithiana entre moral e economia parece ser desconfortável para alguns economistas. Schumpeter é um dos que lamentam por Smith não ter separado de vez a economia da moral[93]. Outros foram um pouco além e transformaram o que é indissociável no pensamento do escocês em uma contradição entre duas visões antagônicas do ser humano (empática no TSM e egoísta no RN) – caldo em que os críticos alemães do século XIX

---

[89] *A riqueza das nações.* Tradução de Alexandre Amaral Rodrigues e Eunice Ostrensky. São Paulo: WMF Martins Fontes, 2016. v. I, pp. 563-570.

[90] Aqui não se justifica introduzir a discussão sobre a relativização, pelo próprio Smith, da natural realização dos proveitos comuns pela cooperação espontânea de ações individuais. Quando, por exemplo, defendeu a limitação dos juros, para que os capitais não fossem irresponsavelmente parar nas mãos de pessoas pródigas, ele argumentou no sentido de que nem sempre as ações individuais são coletivamente proveitosas (cf. SEM, Armatya. *Development as freedom...* obra citada, pp. 123-126).

[91] HIMMELFARB, Gertrude, obra citada, pp. 75-82.

[92] Smith encerra o TSM prometendo escrever o RN: "em outro discurso tratarei de explicar os princípios gerais da lei e do governo, e das diferentes revoluções que experimentaram nos diferentes tempos e períodos da sociedade, não apenas no que diz respeito à justiça, mas às ordem e à fazenda pública, ao exército e tudo o mais que seja objeto da lei. Portanto, não me estenderei nessa obra, sobre as minúcias da história da jurisprudência" (*Teoria dos sentimentos morais...* obra citada, pp. 427-428).

[93] HIMMELFARB, Gertrude, obra citada, p. 78.

prepararam o "Problema Adam Smith"[94]. Dissociar o indissociável tem um objetivo claro: purificar as questões econômicas de qualquer juízo de moralidade, empobrecendo a metáfora da mão invisível como alusão ao comportamento egoísta[95].

Reclamando da insuficiente autonomia do saber econômico em relação às questões éticas, criando um problema ou simplesmente não dando importância ao TSM, os neoliberais se concentraram no pressuposto da imagem da mão invisível e simplificaram o pensamento smithiano como se fosse essencialmente uma defesa radical do livre mercado e do Estado mínimo. Um mercado sem grande ingerência do Estado é, sem dúvida, defendido por Smith, mas as preocupações centrais dele estão voltadas à divisão do trabalho, à alienação do trabalhador e à contribuição das forças produtivas para o desenvolvimento da coletividade ("nação"). Ao simplificar Smith, relativizam também as propostas de previdência social e de educação gratuita (ou muito barata) a ser provida pelo Estado às "crianças destinadas às ocupações mais baixas".

A simplificação e seus ocultamentos, porém, talvez nem sejam o mais grave. A unanimidade entre os pensadores neoliberais em torno de Adam Smith não se estende à essencial ligação que ele cultivou entre moral e economia. Ao tangenciar as tensões entre liberdade e igualdade, a tendência desses economistas é ignorar

---

[94] Emmanoel de Oliveira Boff explica: "the 'Adam Smith Problem' first appeared in Germany in the 1840's and 1850's. It arose in the context of a discussion of the WN [A riqueza das nações] by two members of the Older German Historical School – Bruno Hildebrand and Karl Knies. Hildebrand criticized the WN because it was supposedly based on an atomistic and egotistical conception of human psychology. Knies observed that Smith's two books contain different conceptions of human psychology: while the TMS [Teoria dos sentimentos morais] emphasized sympathetic feelings, the WN placed an exclusive emphasis on self-interest to explain the economic behavior of agents. The reason for this shift in Smith's ideas between the publication of the TMS (first edition in 1759) and the WN (first edition in 1776) would allegedly lie in his encounter with the French economists in 1766" (What's the problem, Mr. Smith? Shedding more light (than Heat) on Adam Smith's view of man. *Economia e Sociedade*, Campinas, v. 27, n. 1 (62), pp. 1-28, abr. 2018).

[95] Como alerta Amartya Sen: "the misinterpretation of Smith's complex atitude to motivation and markets, and the neglect of his ethical analysis of sentiments and behaviour, fits well into the distancing of economics from ethics that has occured with the development of modern economics" (*On ethics and economics*. Malden: Blackwell Pub., 2009. pp. 27-28).

qualquer inspiração smithiana e desqualificar a natureza econômica da questão, relegando-a às insolúveis subjetividades da moral, insuscetíveis de tratamento científico.

Diante de qualquer preocupação despertada por perturbações sociais e pelas injustiças, qualquer uma, a resposta do neoliberalismo é sempre *"não faça nada!"*. Continuam repetindo que a cooperação espontânea naturalmente levará à solução satisfatória e, mais, se acontecer de ela não aplacar a preocupação é porque não havia mesmo nada a ser solucionado, nada com o que se preocupar. Como axioma, qualquer tentativa de interferir na cooperação espontânea é vista como inevitavelmente desastrosa, razão pela qual não se gastar tempo e energia com o assunto é o melhor para todos, incluindo as pessoas com as quais se preocupa. Na imagem do liberal conservador Burke, a tarefa do governo é preservar o que existe para evitar o perigo de as mudanças legarem às futuras gerações uma "ruína" e não uma "habitação"[96].

José Guilherme Merquior, o mais lúcido e percuciente pensador do liberalismo brasileiro, era um liberista social-liberal. Afirmava, com razão, que a receita do quietismo governamental e da "soma não planejada de iniciativas individuais" seria incapaz de atender às exigências sociais de um país como o Brasil. O livre mercado, ponderava, é insuficiente para proporcionar a muitas pessoas o exercício da individualidade em sua plenitude[97]. Escrevendo bem antes da queda do Muro de Berlim, classificou o neoliberalismo dos anos 1990 como retrocesso e lamentou que os neoliberais es-

---

[96] *Reflexões sobre a Revolução na França...* obra citada, p. 151 (ver também o prefácio de João Pereira Coutinho, p. 18).

[97] "[...] uma coisa é certa: a utopia liberal-conservadora de um puro e simples reino da legalidade dificilmente atenderá aos impulsos democratizantes das sociedades industriais de modelo liberal – e satisfará menos ainda às exigências sociais dos países, como o Brasil, onde a 'síntese democrático-liberal' permanece incompleta. O neoliberalismo só confia no jogo do mercado. Mas nós sabemos que o mercado, conquanto seja instrumento indubitavelmente necessário da criação de riqueza e do desenvolvimento econômico intensivo, nem por isso constitui uma condição suficiente da liberdade moderna, porque não é capaz de gerar, *por si só*, toda uma série de requisitos e oportunidades para o exercício mais pleno e mais significativo da individualidade de muitos" (*O argumento liberal...* obra citada, pp. 84-85).

tivessem tão atrás de Adam Smith "em matéria de perspicácia econômica e sentido humanitário"[98].

Não há alternativa ao capitalismo.

Quando o projeto marxista fracassou, fracassou junto com ele um projeto bem mais amplo, em que a humanidade havia se engajado durante os séculos da modernidade, também por meio de pensadores que nada tinham de marxistas. Refiro-me ao ambicioso e presunçoso projeto de reorganização científica da sociedade[99]. Se há uma liberdade a que estamos realmente condenados é à econômica, à liberdade de iniciativa e concorrência. E, por isso, precisamos aprender a como lidar melhor com a superprodução e o subconsumo inerentes ao capitalismo, isto é, como prevenir e mitigar as crises periódicas e como atenuar as injustiças permanentes desse modo de produção.

Assim como a geração de energia invariavelmente acarreta certo desperdício de energia, no capitalismo, a produção de bens ou serviços sempre leva ao desperdício parcial: alguns bens e serviços não encontrarão mercado. Temos que lidar com isso do modo mais eficiente, começando por deixar de contar mentiras para nós mesmos e passar a entender a economia de livre mercado com todas as suas infâmias e cruezas, e não mais por fantasias místicas e ilusionismos como os da cooperação espontânea.

---

[98] O mais frio dos monstros. *Jornal do Brasil*, 18 jul. 1981. Em *O argumento liberal...* obra citada, p. 109.
[99] Meu *Biografia não autorizada...* obra citada, pp. 252-253.

4. Poder e igualdade

Na história do lápis dos Friedmans, todos são livres pelo axioma da liberdade. E são todos iguais: as assimetrias entre empresários de um lado e trabalhadores e consumidores de outro são ignoradas, assim como as existentes entre os próprios empresários em razão de fatores como a diferença de porte econômico, a atividade exercida (fornecedores de insumo, bancos etc.) e o poder de mercado (por monopólio, monopsônio, oligopólio, dominância etc.). Com personagens livres e iguais apenas num plano inteiramente abstrato, afastado da realidade, a história do lápis dos Friedmans não fala de pessoas reais. Em mais um descolamento da realidade, nela não aparece nenhum vilão. Ao fazer trocas, cada um está cuidando de sua vida sossegado.

Nas histórias dos liberais com um personagem mau, ele nunca é o capitalista ganancioso ou abusivo. Há apenas um vilão para eles: os burocratas, que ficam o tempo todo atazanando os indivíduos que só querem cooperar voluntariamente uns com os outros. Falam da burocracia estatal, mas miram o Estado. O vilão é o Estado, que vive se intrometendo onde não deve e sempre metendo os pés pelas mãos. Sua vilania é particularmente ressaltada quando retira nacos da liberdade concreta para promover mais igualdade concreta.

O Estado existe?

Quem ainda não se deteve para pensar sobre o assunto geralmente vê o Estado como um dado da realidade, algo que existe por si, como uma imponente estrutura de cargos e órgãos, com competências racionalmente delimitadas em normas e ocupados por pessoas de forma transitória (os eleitos e as pessoas de sua confiança) ou permanente (os funcionários públicos). Símbolos, rituais, cerimônias, formalidades, prédios suntuosos e monumentos ajudam na difusão dessa ideia de que o Estado é uma "coisa" que está aí.

A coisificação do Estado é algo relativamente recente, em termos históricos. O imperador romano e o rei feudal não eram vistos nem se consideravam os ocupantes do cargo de maior hierarquia numa estrutura político-administrativa estável e impessoal. O poder que cada um exercia pertencia à *pessoa* dele e não a um aparato racional atemporal pairando sobre todos. *"L'etat, c'est moi"* é a conhecida a frase de Luís XIV em defesa do conceito de poder do rei como atributo pessoal que começava a ser questionado no século XVII. A impessoalização do Estado surge apenas em meados do século XVIII com a concepção de que o poder estatal é "do povo" e não dos que, em nome dele, são incumbidos de o exercer.

A impessoalização do Estado, embora seja um dos alicerces das democracias liberais, não é conceito de aceitação unânime no liberalismo. Alguns liberais preferem falar em "governo" e não em "Estado" para ressaltarem que o assim denominado poder estatal pertence, na verdade, àquelas pessoas que, por um modo enviesado de divisão de trabalho, estão cumprindo determinadas funções, entre as quais a de "produção de segurança"[1].

---

[1] Segundo Hayek: "in English it is possible, and has long been usual, to discuss these two types of order [organization and spontaneous order] in terms of the distinction between 'society' and 'government'. There is no need in the discussion of these problems, so long as only country is concerned, to bring in the metaphisically charged term 'state'. It is largely under the influence of continental and particularly Hegelian thought that in the course of the last hundred years the practice of speaking of the 'state' (preferably with a capital 'S'), where 'government' is more appropriate and precise, has come to be widely adopted. [...] It

Os liberais apontam para Hegel como o filósofo responsável pela impessoalização do Estado. Ao formular a "doutrina de que o Estado é tudo, e o indivíduo é nada"[2], o pensamento hegeliano teria fornecido o substrato filosófico para o Estado totalitário, coletivista, racista e antidemocrático dos marxistas-leninistas e dos nazifascistas[3]. Um dos desdobramentos da doutrina hegeliana, na visão liberal, teria sido a tendência expansionista do Estado, que não se contenta em só cuidar da lei e da ordem e passa a cumprir novas funções[4]. Mas Hegel certamente não tinha em mente nada parecido com isso.

Hegel

Para entender Hegel, acho útil partirmos da *meditação*. Não porque o filósofo a praticasse. Sequer há qualquer sugestão de que ele conhecesse a meditação ou tivesse alguma opinião sobre a importância dela. É um bom ponto de partida para compreender o intencionalmente obscuro pensamento hegeliano apenas pela referência à *imersão dentro de si mesmo*, que as técnicas de meditação propõem. Também é útil lembrar que, em algumas vertentes da meditação, o praticante é estimulado a não julgar os próprios pensamentos; algo que forçosamente pressupõe uma divisão interna entre, de um lado, o "eu que pensa" e, de outro, o "eu que julga". A recomendação dessa prática meditativa (o *mindfulness*) é que o pensamento do "eu pensador" deixe de ser *objeto* do julgamento do "eu julgador". Ajuda, finalmente, a entender a opaca filo-

---

becomes particularly misleading when 'the state' rather than 'government' is contrasted with 'society' to indicate that the first is an organization and the second a spontaneous order" (*Law, legislation and liberty...* obra citada, p. 48).

[2] POPPER, Karl. *The open society and its enemies.* Princeton: Princeton University Press, 2020. p. 246 de 755. *E-book*.

[3] POPPER, Karl, obra citada, pp. 271-287 de 755.

[4] Para Mises, "se se considera o estado, assim como Hegel, como 'a substância moral autoconsciente', como o 'universo em si e por si, a racionalidade da vontade', então, sem dúvida, deve-se considerar blasfema qualquer tentativa de limitar a função do estado de atuar como um vigia noturno" (*Liberalismo...* obra citada, p. 65).

sofia hegeliana a noção de que, lá na frente, a cisão do "eu pensador" e "eu julgador" desaparece em meio aos benefícios à saúde de quem medita[5].

Na descrição que Hegel faz do conhecimento, distinguem-se a *"consciência em si"* e a *"consciência para si"*[6]. A primeira categoria faz referência à percepção inicial que temos do objeto do conhecimento, em que a consciência é apenas sujeito: ela conhece algo. A segunda diz respeito à situação em que a consciência é simultaneamente sujeito e objeto: ela percebe (conhece) que ela conhece algo. A consciência para si é autoconsciência. Além desses dois momentos, há um terceiro, em que as duas categorias se mesclam: a consciência se dá conta de que a realidade é o que ela conhece. Para Hegel, o conhecimento é um movimento com três estágios: a *consciência em si* (que ele chama de consciência subjetiva), a *consciência para si* (consciência objetiva) e a *consciência em si e para si* (consciência absoluta). O conhecimento se torna verdadeiro e racional apenas no terceiro momento, em que os dois primeiros se fundem.

Se tomarmos por exemplo a "vontade livre", veremos que, de início, a consciência em si "enxerga" os impulsos na satisfação de desejos (*eu quero, eu vou lá e pego*). É a percepção do fenômeno, que decididamente não possibilita o conhecimento verdadeiro do objeto. No segundo momento, a consciência para si "identifica" táticas e artimanhas, uma margem de manipulação dos meios disponíveis para se ter algo (*eu quero, eu argumento e me dão*). Já se alcança, aqui, um entendimento mais ampliado sobre a vontade livre, mas não se conhece ainda a sua verdade. No terceiro momento, a consciência em si e para si "pensa" o ser da vontade livre

---

[5] Cf., por todos, KABAT-ZINN, Jon. *Viver a catástrofe total*: como utilizar a sabedoria do corpo e da mente para enfrentar o estresse, a dor e a doença. Tradução de Márcia Epstein. São Paulo: Palas Athena, 2017. pp. 76-95.

[6] *Fenomenologia do espírito*. Tradução de Henrique Cláudio de Lima Vaz. São Paulo: Victor Civita Editor, 1974. v. XXX, pp. 61-78. (Coleção Os Pensadores). Para uma introdução ao pensamento hegeliano, ver, entre outros, BRÉHIER, Émile. *História da filosofia*. Tradução de Eduardo Sucupira Filho. São Paulo: Mestre Jou, 1977. tomo segundo, fascículo 3, pp. 145-185.

como racional e a conhece verdadeiramente (*a vontade livre quer a si mesma como vontade livre, isto é, só sendo livre posso decidir ser livre*).

É complicado mesmo. Pessoas reconhecidamente inteligentes, como Tolstói e Popper, acham Hegel nebuloso[7] e indigesto[8]. E a complicação é proposital, para causar em nós certa sensação de ignorância. Convém perseverar, até mesmo porque, como se verá, a impenetrabilidade é necessária ao pensamento hegeliano. Um Hegel mais facilmente compreensível levaria a uma negação do próprio hegelianismo.

Os três momentos do conhecimento não se sucedem necessariamente no tempo. São etapas lógicas: o que existe, existe como movimento; o ser é um devir, um vir-a-ser. E isso deve ser compreendido no contexto da identificação entre *ser* e *ideia*.

Como estamos em um aspecto muito importante da reflexão hegeliana, vou tentar chegar a ele por outro lado. Você certamente identifica o movimento ao seu redor: vento, sol nascendo e se pondo, árvores crescendo, pessoas andando. E o movimento é sempre algo se tornando o seu contrário: o quente se esfria e o frio se esquenta. Tornar o movimento uma questão filosófica não é uma contribuição original de Hegel. Heráclito, filósofo pré-socrático, já o tinha feito por meio da conhecida imagem "nenhuma pessoa toma banho duas vezes no mesmo rio, porque, na segunda vez, ela é outra pessoa e o rio é outro rio".

A originalidade da filosofia hegeliana está na concepção do movimento em três momentos, em que a progressão deriva da absorção dos dois primeiros (*tese* e *antítese*) pelo último (*síntese*). Tudo que existe, então, existe do seguinte modo: algo que se nega (tese e antítese) e a subsequente negação da negação (síntese)[9]. A nega-

---

[7] TOLSTÓI, Leon. *O que é arte?* Tradução de Bete Torii. 4. ed. Rio de Janeiro: Nova Fronteira, 2019. p. 48.
[8] POPPER, Karl, obra citada, p. 246 de 755.
[9] Isaiah Berlin explica: "Hegel adota uma ideia a ser encontrada em Kant e Vico, uma ideia tão antiga quanto os gregos, segundo a qual é a luta e o conflito que causam o movimento – um conflito perpétuo que ocorre em todos os níveis da vida, e na matéria inanimada também faz com que cada um dos elementos em luta se desenvolva no próprio ato de pro-

ção da consciência em si é a consciência para si; e a negação dessa negação (a negação da consciência para si) é a *consciência em si e para si*. Quando a síntese nega a antítese, ela não retorna à tese – é assim que são os movimentos.

Mas, atenção, Hegel não estava falando das coisas que nós captamos como externas: esta árvore, aquela montanha, o planeta Terra, as estrelas... – coisas que ele chama de "ser-aí", isto é, fora do sujeito que conhece. Na autoconsciência (quando a consciência toma a ela mesma por objeto), a consciência em si escapa momentaneamente para o ser-aí. Essa escapada é a negação da consciência em si pela consciência para si. No passo seguinte, a consciência em si e para si resgata a consciência em si do ser-aí, trazendo-a novamente para o plano interior do sujeito que conhece. Esse resgate é a negação da negação, que impulsiona o movimento.

Insisto: tudo "acontece" no plano das ideias. A vontade livre só é verdadeiramente conhecida quando pensada pela *consciência em si e para si* como *vontade livre que quer a si mesma como livre*; mais que isso, esse pensamento é o *ser* da vontade livre. Antes dele, antes do pensamento, a vontade livre não era, não existia. Aliás, para Hegel, o ser é sempre racional porque nada existe antes de ser pensado.

Mas, se a verdade racional do ser é o pensamento, qualquer pessoa pensante pode chegar até ela, desde que atravesse os três momentos do movimento da consciência? *Claro que não*, responderia um impaciente Hegel. O ser racional resulta apenas do pensamento do filósofo. E não de qualquer filósofo, mas somente do que tem o pensamento "profundo". E quem é esse homem tão especial? Embora Hegel não diga isso explicitamente, só pode ser o titular da cátedra de filosofia. A filosofia é um departamento do

---

curar vencer e superar seu opositor. [...] Nenhum dos lados vence a luta, cada um destrói o outro numa espécie de vitória de Pirro, mas de sua destruição recíproca surge um terceiro elemento em que tudo quanto era requerido por qualquer um dos aspectos do processo é retido e transformado" (*In*: HARDY, Henry (org.). *Ideias políticas na era romântica*: ascensão e influência no pensamento moderno. Tradução de Rosaura Eichenberg. São Paulo: Companhia das Letras, 2009. p. 301).

Estado: o rei nomeia o filósofo, funcionário a quem compete dizer o que é a verdade.

Do mesmo modo que não questionamos o agente do Estado que nos cobra um imposto, também não questionamos o filósofo catedrático da universidade estatal quando ele diz o que é a verdade. Os dois foram nomeados, ainda que indiretamente, pelo rei, cada um para exercer certa função do Estado.

Hegel foi nomeado em 1818 como catedrático da Universidade de Berlim, que havia sido fundada por Wilhelm von Humboldt em 1810, exercendo o poder concedido no ano anterior pelo rei Frederico Guilherme III. A nova universidade era um dos ingredientes da política de afirmação do domínio prussiano sobre os povos alemães. Os professores dessa instituição se proclamavam "o corpo de guarda-costas intelectuais da Casa de Hohenzoller"[10], a dinastia dos regentes prussianos.

Hegel cumpriu bem o papel que se esperava do filósofo oficial. No exercício da cátedra de filosofia da Universidade de Berlim, defendeu a monarquia constitucional como a forma de governo perfeita – não por acaso o regime que o rei dizia adotar na Prússia. Para Hegel, a monarquia constitucional é o regime perfeito porque supera a classificação antiga, que remonta aos filósofos gregos, entre monarquia (governo de um só), aristocracia (governo de poucos) e democracia (governo de muitos). Ele embrulha o presente da seguinte maneira: na monarquia constitucional, o monarca é um, o governo são alguns e no legislativo intervêm muitos[11]. Também exerceu bem o encargo que lhe havia sido atribuído ao contornar a principal questão política na Prússia daqueles tempos: Frederico Guilherme III prometera outorgar uma Constituição, definindo as regras da monarquia, mas sucessivamente adiava o cumprimento da promessa. Hegel saiu-se com essa: é impossível fazer uma Constituição, porque todos os Estados já as possuem,

---

[10] ROTHBARD, Murray. *Anatomia do Estado*. Tradução de Paulo Polzonoff. São Paulo: LVM, 2018. p. 34.
[11] *Filosofia do direito*. Tradução de Paulo Meneses e outros. São Leopoldo: Editora Unisinos, 2010. p. 256.

mesmo que não sejam escritas[12]; o que dá para fazer é apenas alterar a Constituição[13].

Por fim, o mais eloquente da filosofia hegeliana em termos de contribuição para a manutenção da ordem estabelecida se acha na fórmula "*a coruja de Minerva alça voo ao anoitecer*". Minerva é a deusa da mitologia romana, correspondente a Atena da grega, associada à sabedoria. Ela é retratada normalmente na companhia de uma coruja, ave que enxerga no escuro, como os sábios desde que Platão descreveu a saga do filósofo no Mito da Caverna. Ao lembrar que a coruja de Minerva espera o início do crepúsculo para voar, Hegel pretendeu, na verdade, assentar que não cabe à filosofia explicar o que "deve ser". Ela é um conhecimento necessariamente retrospectivo, que trata apenas do que já aconteceu[14].

A partir dos hábitos noturnos dos mochos, Hegel disfarçava o seu entusiasmo pela Revolução Francesa e por Napoleão Bonaparte, os grandes inimigos da monarquia e da Prússia a que estava servindo. Como se dissesse que as preferências políticas particulares, incluindo as dele, são totalmente irrelevantes no debate filosófico. Na desqualificação da discussão sobre como a sociedade e o Estado deveriam ser, Hegel forja o critério para separar os filósofos "profundos" dos "superficiais". Profundidade se encontra no conhecimento do que é, enquanto a superficialidade está na defesa do que deveria ser.

O pós-kantiano Jakob Fries, catedrático de filosofia da Universidade de Jena, era um dos adversários acadêmicos de Hegel. O clima entre os dois não era nem um pouco amistoso. Fries costumava dizer que a metafísica hegeliana era um cogumelo crescido no lixo da servidão, e não no jardim da ciência. Embora não fosse, para os padrões atuais, exatamente um progressista (ele propagava

---

[12] A formulação hegeliana sobre a Constituição inspirará, entre outros, o socialista Ferdinand Lassale (*O que é uma Constituição?* Tradução de Walter Stönner. Porto Alegre: Vila Martha, 1980. pp. 47-51).

[13] *Filosofia do direito...* obra citada, p. 259.

[14] CHÂTELET, François. G. W. F. Hegel. *In*: CHÂTELET, François (dir.). *História da filosofia*. Tradução de Alexandre Pomar, Eduardo Freitas, Efigénia Fernandes e José Salgado Fonseca. Lisboa: Dom Quixote, 1995. p. 80.

que os judeus deviam vestir apenas certas roupas, para poderem ser mais facilmente identificados), Fries era um liberal na política. Não apenas inspirou o ativismo de estudantes radicais, como chegou mesmo a ser suspenso temporariamente da cátedra, por causa da suspeita de participação indireta num assassinato político em 1819[15]. Hegel considerava Fries um pensador superficial por defender ideias do tipo "o povo deveria ter o direito de participar dos assuntos públicos"[16].

As funções do Estado

Até a Grande Depressão, era consenso entre os pensadores capitalistas a tese do Estado mínimo responsável apenas pela "produção de segurança"[17]. De acordo com essa concepção, ele deveria cuidar apenas da "lei e ordem", isto é, garantir a propriedade privada, a execução dos contratos, punir os criminosos e prover a defesa contra inimigos externos, agindo sempre nos estreitos limites do princípio da não agressão. Antes da década de 1930, apenas críticos do capitalismo problematizavam o Estado dedicado somente a essa função: Ferdinand Lassale, em 1862, chamou ironicamente o Estado mínimo de "vigia noturno".

Diante do enfrentamento da crise mundial causada pela Grande Depressão desfez-se o consenso em torno do Estado mínimo[18]. A partir do *New Deal*, pode-se dizer, a questão do "tamanho do Estado" passou a ser tema de debate de economistas e estudiosos do direito. Podem-se divisar várias balizas para a presença do Estado na economia.

A primeira é a intervenção do Estado destinada a mitigar os efeitos de uma crise econômica. A receita, em termos bastante singe-

---

[15] *The Encyclopaedia Britannica*. 11. ed. Cambridge: Cambridge University Press, 1910. v. XI, pp. 229-230.
[16] *Filosofia do direito...* obra citada, p. 36.
[17] MISES, Ludwig von. *As seis lições...* obra citada, p. 84.
[18] Friedman acredita que "the Great Depression was the overwhelmingly event that persuade the public that government could do good" (*Why governemnt is the problem*. [S. l.]: Hoover Institution on War, Revolution and Peace, 1993. p. 15).

los, consiste em o Estado explorar novas atividades, diretamente ou contratando empresários, para injetar recursos na economia e deflagrar o processo multiplicador que irá descomprimir a demanda agregada. O exemplo típico é a construção de estradas ou outras obras públicas, mas o que será feito exatamente não é importante; interessa, na verdade, que o Estado mobilize o efeito multiplicador. Ela pode ser chamada de baliza Keynes.

Também há a baliza destinada a evitar a crise econômica, com instrumentos diferentes dos monetários. Nela, o Estado pode intervir, por exemplo, dando certa configuração a uma determinada política fiscal – tributos podem ser instituídos e quantificados com o objetivo de proteger determinados segmentos da economia da queda de preços de seus produtos. Outra possibilidade é o Estado receber a produção excedente em pagamento de impostos e os armazenar em estoques reguladores[19]. O Estado pode também prevenir os efeitos deletérios de uma crise provável, articulando-se com os agentes do mercado para comprar e estocar produtos. É a baliza Ramos.

Outra baliza da discussão sobre o tamanho do Estado está relacionada à exploração de atividades econômicas pelas quais a iniciativa privada não se interessa. São negócios pouco atraentes do ponto de vista da lucratividade, mas que se mostram necessários ao atendimento dos interesses de um grupo numeroso de pessoas. Trata-se de função do Estado cujo pressuposto é a incapacidade de a cooperação espontânea nascida de ações individuais levar aos consumidores todos os bens e serviços de que necessitam ou que desejam. A exploração de linhas deficitárias no transporte público por ônibus urbanos, o apoio à cultura por meio de renúncia fiscal e o financiamento de pesquisas acadêmicas são exemplos dessa baliza. Faz sentido chamá-la de baliza Merquior.

Bem extensa é a baliza do Estado como promotor do desenvolvimento. Considera-se que, mesmo em momentos de aquecimen-

---

[19] BULHÕES, Octávio Gouvêa de. Mercado e planificação. *Revista Brasileira de Economia*. Rio de Janeiro: IBRE-FGV, v. 12, n. 2, p. 50, 1958.

to no ciclo econômico, o Estado pode bancar custosas pesquisas básicas e aplicadas, bem como explorar atividades econômicas, diretamente ou contratando empresários, com o objetivo de estimular novos negócios. Investimentos em pesquisa e desenvolvimento (P&D) e em infraestrutura (portos, aeroportos, rodovias etc.). Podemos denominar por baliza Mazzucato (quando relacionada à assunção dos riscos mais elevados da inovação) e por baliza Furtado (nos demais casos).

E, por fim, a baliza do Estado promotor de justiça social, um conceito largo em que se veem desde a segurança social (aposentadorias, indenização por acidente de trabalho etc.) até políticas públicas inclusivas. Nela se inserem programas de renda mínima, auxílio-desemprego e a prestação de serviços públicos de educação e saúde, dentre outros exemplos de funções assumidas pelo Estado cuja finalidade é a mitigação das injustiças permanentes do sistema capitalista. Um nome para ela pode ser baliza Berlin.

Excetuando alguns libertários, os liberais consideram o Estado necessário[20]. E, no fim do dia, acabam concordando com algumas funções além da produção de segurança. O Estado mínimo é sempre visto como o ideal, mas o liberalismo tem que fazer concessões numa ou outra das balizas. Preocupam-se, assim, em defender a liberdade em face do poder do Estado, este mal necessário[21], mas não são irrealistas a ponto de rechaçar definitivamente qualquer intervenção. A presença do Estado na promoção da educação fundamental, para ficar num único exemplo, é considerada oportuna tanto por Smith[22] como por Friedman[23].

As funções no Estado

O Estado é uma abstração, não há como discordar. Mas o referencial semântico do conceito nos apresenta um conjunto de pessoas

---

[20] MISES, Ludwig von. *Liberalismo...* obra citada, p. 66.
[21] BOBBIO, Norberto. *Liberalismo e democracia...* obra citada, p. 49.
[22] *A riqueza das nações...* obra citada, v. II, pp. 989-995.
[23] *Capitalismo e liberdade...* obra citada, p. 97.

desempenhando cotidianamente determinadas funções: policiamento, aprovação das leis, julgamento dos criminosos, apreciação dos pedidos de licença para construção, fiscalização dos gastos governamentais e uma infinidade de outras ações e atividades. Essas pessoas se dividem em duas categorias: de um lado, estão os que cumprem as funções do Estado durante algum tempo, que são os eleitos para o exercício de mandato no Legislativo ou no Executivo e os profissionais da confiança deles; de outro, há os que as cumprem de modo permanente, que são os funcionários públicos. No anedotário do funcionalismo de Brasília, marcado por clichês do universo *pet*, os transitórios são chamados de "cães", porque não se apegam à casa, mas aos donos, e irão embora em pouco tempo, enquanto os permanentes são os "gatos", porque ficam na casa mesmo quando os donos a abandonam.

Em razão da natureza abstrata do Estado, o que existe é um conjunto de pessoas desempenhando certas funções, mas em decorrência de um processo diferente do que se observa ao considerar como as coisas acontecem para as demais pessoas. Em outros termos, há uma visível divisão de trabalho alocando cães e gatos nas funções estatais e as demais pessoas em funções não estatais. Mas enquanto estas últimas encontram o trabalho que lhes "cabe" na divisão por meio do regular funcionamento do livre mercado, os burocratas do Estado cumprem as funções deles em decorrência de outros critérios legitimadores[24]. Quer dizer, alguém é advogado somente enquanto os seus serviços advocatícios forem contratados por empregadores ou por clientes – de nada lhe valem o diploma universitário e a inscrição na OAB se os serviços que presta são deficientes a tal ponto de não encontrar ninguém interessado em pagar por eles. Já as pessoas encarregadas das funções estatais ocupam seus lugares na divisão do trabalho em virtude de outros fatores: eleição, nomeação para cargo de confiança, aprovação em concurso público, promoção por antiguidade etc.

---

[24] HEGEL, G. W. F. *Filosofia do direito...* obra citada, p. 274.

Com o repertório do neoliberalismo, diz-se que o trabalho é dividido de modo diferente na ordem *taxis* e na *kosmos*; naquela, a divisão acontece como construção de uma organização, ao passo que nesta é espontânea. Por isso, os neoliberais não veem nenhum problema no poder dos administradores de *corporations*, mas ficam amargamente indignados com o poder dos burocratas. Tudo fica de ponta-cabeça, como na divertida imagem da mão invisível invertida de Friedman: quem tem a intenção de servir apenas aos interesses públicos acaba levado por uma mão invisível a atender sem querer a interesses privados de que nem desconfia[25].

A burocracia

Ao encerrar suas reflexões sobre a liberdade, John Stuart Mill falou da pedantocracia como a degenerescência da burocracia – um processo que leva os funcionários públicos, até mesmo os mais talentosos, à indolência e prepotência. Ela representa mais um dos perigos a que se expõe a liberdade e, para enfrentá-lo, Mill faz uma recomendação que lembra os mecanismos contemporâneos de "controle externo"[26]. Admita-se que ele podia nutrir certo otimismo há 150 anos, mas nós, que já passamos pela experiência, sabemos que a criação de órgãos fiscalizadores apresenta resultados modestos nos controles que está encarregado de fazer e inevitavelmente aumenta a burocracia, a complexidade dos serviços burocráticos e a pedantocracia.

Muito mais que o presidente da República, os ministros de Estado e os seus inúmeros assessores de confiança, são os burocratas os detentores do poder do Estado. De um lado, esta assimetria do poder assegura a estabilidade da máquina estatal e impede atos de improbidade. Afinal, as ordens dos cães precisam ser cumpridas pelos

---

[25] *Why government is the problem...* obra citada, p. 11. A captura cognitiva das agências regulatórias pelos sujeitos à regulação, como demonstrado por George Stigler (The economic theory of regulation. *Beel Journal of Economics and Management Science*, v. 2, n. 1, pp. 3-21, 1971), parece ter alguma relação com a imagem de Friedman.
[26] *A liberdade/utilitarismo...* obra citada, pp. 170-171.

gatos, que contam com um arsenal poderoso para adiar, questionar e resistir dentro dos limites da legalidade, fazendo isso sem desobediência ou quebra de hierarquia. Mas, de outro, a tentativa de efetivação de mudanças pretendidas pelos cães que contrariam os interesses dos gatos burocratas demanda um grau elevado de esforços e energias e não raro se mostra pateticamente infrutífera.

O principal interesse dos burocratas é manter intocada a burocracia. E a razão desse interesse é muito fácil de identificar e de compreender: é dela que tiram o seu sustento. Qualquer mudança pode implicar, na melhor das hipóteses, ter que trabalhar mais para assegurar o mesmo salário (os "vencimentos") ou ter que receber menos pela mesma quantidade de trabalho, ou uma combinação dos dois prejuízos; e, na pior hipótese, no completo desaparecimento da função exercida. Todo burocrata se alia à defesa da burocracia, mesmo quando não está em pauta diretamente a supressão ou a mudança da função dele – se alguns segmentos nutrem o próprio corporativismo, algo como um megacorporativismo irmana todos os burocratas. A pedantocracia é um conjunto de valores e hábitos introjetados ao longo da carreira pública, e, como uma mão invisível, molda ações e visões de mundo.

A eliminação de determinada burocracia que se tornou irracional ao longo do tempo é muito difícil por conta da convergência dos interesses dos burocratas, o corporativismo. Já se sabe que a ação coletiva tem uma lógica peculiar: os pequenos grupos conseguem se organizar muito mais facilmente na defesa de seus interesses comuns que os grandes grupos[27]. Imagine que a privatização de uma empresa estatal desnecessária seja proposta pelo governo. Trata-se de uma medida que beneficiará a economia e a generalidade dos brasileiros. Mas esse grupo de pessoas é tão grande que elas não conseguem se organizar para pressionar os parlamentares a adotar a decisão que lhes interessa. Pouquíssimas pessoas desse grupo, ou mesmo nenhuma, se disporiam a arcar com os custos do *lobby* e ocupar parte do seu tempo indo a Brasília para conver-

---

[27] OLSON, Mancur. *A lógica da ação coletiva*. Tradução de Fábio Fernandez. São Paulo: Edusp, 2015. pp. 180-181. FRIEDMAN, Milton. *Capitalismo e liberdade*... obra citada, p. 147.

sar com deputados e senadores. Mas os burocratas empregados da empresa estatal facilmente se reúnem, cotizam as despesas, fazem caravanas para conversar com parlamentares e seus assessores, preparam documentos e mostram força. O resultado é que, *se* a privatização for aprovada, será por meio de benefícios concedidos aos burocratas mobilizados à custa dos interesses gerais do país: a lei de privatização exigirá a emissão de uma classe especial de ações, que serão todas atribuídas gratuitamente aos empregados da estatal privatizada, por exemplo.

Weber já tinha percebido, no início do século XX, que o profissionalismo dos burocratas se sobrepõe facilmente ao amadorismo dos governantes. Simplesmente todos os "detentores de poder", que se acham investidos de poder político (Weber lista: o povo, o parlamento constituído em bases mais ou menos aristocráticas ou democráticas, o colégio da aristocracia, o presidente eleito diretamente pelo povo e o monarca absolutista ou constitucional), ao tentarem enfrentar o poder dos burocratas, perdem porque são *diletantes* diante de *especialistas*[28]. Os burocratas (funcionários públicos estáveis) acabam, no fim do dia, exercendo um poder bem maior do que o originado da investidura democrática, seja direta (chefe do Executivo e membros do Legislativo) ou indireta (profissionais nos cargos de confiança). Os gatos mandam muito mais que os cães na casa da burocracia.

Mas os burocratas não usurparam o poder de ninguém. O poder burocrático surge e se amplia em razão do aumento da complexidade da máquina estatal, muitas vezes sobrecarregada por funções de que a iniciativa privada poderia cuidar e melhor. Com o poder aumentando conforme aumenta a complexidade do Estado, a burocracia alimenta-se de si mesma. Se dois órgãos públicos expandem as suas competências e elas se sobrepõem em parte, será necessária a intervenção de um terceiro órgão burocrático para arbitrar os conflitos entre eles. Se este órgão não existe, será preciso criá-lo ou estender a competência de um já existente[29].

---

[28] *Economia e società...* obra citada, v. 4, pp. 87-93.
[29] FRIEDMAN, Milton; FRIEDMAN, Rose. *Livre para escolher...* obra citada, pp. 419-422.

Será, por isso, sempre um enorme desafio, para os governantes democraticamente eleitos e para os agentes públicos temporários que eles nomeiam, conseguir contar com a cooperação dos burocratas na execução dos planos de governo.

Como Weber assinalou, os tecnocratas nas empresas privadas têm conquistado poder similar ao que os burocratas concentram nas entranhas do Estado. Uma vez mais, porém, *taxis* e *kosmos* se distinguem. Assim como acontece na divisão do trabalho específica de cada ordem, a lógica própria do livre mercado afeta o poder dos tecnocratas, mas não dos burocratas. O poder na economia, como aponta Galbraith, resulta da maior inelasticidade de oferta na margem, isto é, da maior dificuldade de se obter ou substituir algo ou alguém. Antes da industrialização, o proprietário da terra tinha o poder porque não era necessário muito capital para explorar atividade produtiva e a mão de obra era abundante. Na era industrial, o dono do capital passou a ter o poder porque a terra ficou um fator de produção menos importante e manteve-se a abundância de mão de obra. No capitalismo contemporâneo, o fator de produção mais difícil de constituir ou substituir é a organização, ou seja, a reunião de pessoas com os talentos demandados pelo estágio avançado da tecnologia e do planejamento empresarial[30]. Os administradores formariam uma espécie de burocracia da empresa. O poder deles é particularmente notável nas sociedades anônimas sob controle gerencial, como veremos à frente.

A sociedade civil

A ordem espontânea em que reina a liberdade, em contraposição ao poder do Estado, é identificada também pela expressão "sociedade civil"[31]. Nessa contraposição, sociedade civil é entendi-

---

[30] GALBRAITH, John. *O novo estado industrial*. Tradução de Leônidas Gontijo de Carvalho. São Paulo: Abril Cultural, 1982, pp. 53-55. (Coleção Os Economistas).
[31] Uma pesquisa abrangente do conceito de sociedade civil encontra-se, como já mencionado, em BOBBIO, Norberto. *Estado, governo, sociedade...* obra citada, pp. 41-67.

da como o largo âmbito dos relacionamentos interpessoais de algum modo *contra* ou *a despeito* do Estado. É o espaço em que se respira livre da interferência do governo, políticos, burocratas e polícias. O uso contemporâneo dado à expressão buscou inspiração em Gramsci. Como visto, ele é um marxista que entrevia para o surgimento do socialismo nos países da Europa ocidental um caminho bem diferente do golpe de Estado desferido por Lênin na Rússia. Para procurar explicar a estratégia, chamou de sociedade civil tudo o que não era Estado. Pelo que imaginava, a sociedade civil acabaria absorvendo o Estado.

Gramsci e Hegel, assim, têm entendimentos opostos quando falam da relação entre sociedade civil e Estado. Na filosofia de Hegel, a sociedade civil é o campo de luta de todos contra todos, em seus interesses privados. É a negação da família, que ele associa ao espaço do amor e fraternidade. A sociedade civil na visão hegeliana estaria mais próxima daquilo que atualmente chamamos de "mercado", local em que as pessoas realizam trocas, aferradas aos interesses egoístas que buscam realizar[32]. Como negação da negação da família, o Estado resgata o ambiente amoroso e fraternal inexistente na sociedade civil. O Estado hegeliano projeta a sua presença em todos os recantos da vida das pessoas e é a síntese, que absorve a família (tese) e a sociedade civil (antítese)[33]. Com isso, em Hegel, não sobra nenhum "lugar" onde possamos nos pôr "fora" do alcance do Estado[34].

A irrefreável expansão do poder

Bertrand de Jouvenel é um estudioso da lógica do poder que desfruta de grande prestígio entre os liberais[35]. Note bem: ele não estuda o poder como um fato histórico, mas a lógica dele, por

---

[32] CHÂTELET, François. G. W. F. Hegel... obra citada, p. 81.
[33] HEGEL, Georg W. F. *Filosofia do direito...* obra citada, pp. 220-221.
[34] Lembre-se de que Hegel não está nunca descrevendo uma trajetória no "ser-aí", isto é, o desenvolvimento dos Estados no modo em que encontraríamos na história de alguns deles, como a França ou a Inglaterra. As *consciências subjetivas e objetivas* de família e de sociedade civil são sintetizadas na *consciência absoluta* do Estado.
[35] Hayek, Friedrich A. *O renascimento do liberalismo...* obra citada, pp. 250-253.

meio do que chama de "método geométrico"[36]. Seu objeto é definido pela díade comando e obediência: onde houver um "comandar-obedecer", ali está o poder. Ele se encontra nos rituais das tribos primitivas, em que o sacerdote revela o que a divindade espera dos homens; está nos guerreiros liderando guerras de conquistas; e no rei aglutinando em torno de si uma nação[37]. Os poderes têm a natureza expansionista, num processo irrefreável impulsionado pelo egoísmo em combinação com serviços sociais[38].

Em seu processo de expansão, o poder político (ao qual se refere como Poder com inicial maiúscula) engolfa e agride a ordem social (referida como Sociedade com inicial maiúscula). Jouvenel identifica na Sociedade diversos poderes além do Estado, porque, como definira, há poder onde quer que alguém mande e seja obedecido. São os "poderes sociais" exercidos pelos pais (na família) ou pelos eclesiásticos (na hierarquia religiosa)[39]. Os poderes (o estatal e os sociais) estão em constante luta por crescimento, buscando ampliar o alcance de seus comandos. Nessa luta, os de diferentes naturezas (poder estatal, familiar, senhorial, religioso etc.) ora se associam, ora entram em conflito; mas a condição natural de dois poderes de igual espécie (dois Estados, por exemplo) é a guerra. A história, diz Jouvenel, é "luta de poderes"[40].

Do pensamento jouveneliano os liberais destacam a afirmação de que, ao longo da história, ocorreu uma tremenda concentração dos poderes em benefício de um deles: o Estado. Neles, o Poder se apresenta como o organizador da Sociedade, mas que, na verdade, está em permanente luta com os poderes sociais[41].

---

[36] *Du pouvoir*: histoire naturelle de sa croissance. Paris: Hachette, 1972. pp. 172-173.
[37] *Du pouvoir*... obra citada, pp. 117-187.
[38] *Du pouvoir*... obra citada, p. 205. Murray Rothbard ilustra a dinâmica dessa combinação entre egoísmo e serviço social: a democracia parlamentar nasce a pretexto de limitar o poder da monarquia absolutista, mas acaba tornando o parlamento o novo soberano (*Anatomia...*, obra citada, pp. 45-46).
[39] *Du pouvoir*... obra citada, pp. 218-221.
[40] *Du pouvoir*... obra citada, pp. 229-230.
[41] *Du pouvoir*... obra citada, p. 384.

PODER E IGUALDADE

Teoria marxista do Estado

Na antropologia marxista, antes de a propriedade dos bens de produção se tornar privada, os humanos conseguiam se entender facilmente e os conflitos eram pontuais e sem importância. Todos os membros da tribo caçavam e recolhiam juntos e a divisão do alimento era feita de modo justo, porque dependiam uns dos outros. A propriedade privada dividiu a sociedade em classes sociais antagônicas e irreconciliáveis, exacerbando os conflitos. Tornou-se necessária uma instância que se pusesse acima das classes sociais para poder arbitrar os antagonismos entre elas. O Estado surge para atender a essa necessidade[42]. Coerentemente, na utopia marxista, o Estado desapareceria com o fim das classes sociais. Findariam os conflitos antagônicos na produção e consumo porque cada um estaria contribuindo segundo a sua capacidade e recebendo segundo as suas necessidades. A inutilidade conduziria inevitável e lentamente o Estado ao seu fim. Ele seria esvaziado. A extinção decorreria naturalmente do novo modo de produção instaurado com o comunismo superior – e somente então, finalmente, seríamos iguais e livres[43].

Os anarquistas tratam a questão da extinção do Estado de forma bem diferente dos marxistas. Para o anarquismo, no Estado se

---

[42] ENGELS, Friedrich. *A origem da família, da propriedade privada e do Estado*: trabalho relacionado com as investigações de L. H. Morgan. 4. ed. Tradução de Leandro Konder. São Paulo: Civilização Brasileira, 1978. pp. 119-120.

[43] Segundo Lênin: "só na sociedade comunista, quando a resistência dos capitalistas estiver definitivamente quebrada, quando os capitalistas tiverem desaparecido, quando não houver classes sociais (isto é, não houver diferença entre os membros da sociedade quanto à sua relação com os meios sociais de produção) – só então o 'Estado desaparece e se pode falar de liberdade'. Só então se tornará possível e será realizada uma democracia verdadeiramente plena, verdadeiramente sem nenhuma exceção. E só então a democracia começará a extinguir-se devido à simples circunstância de que, libertos da escravatura capitalista, dos inúmeros horrores, das selvajarias, dos absurdos, das ignomínias da exploração capitalista, os homens habituar-se-ão gradualmente a observar as regras elementares da convivência conhecidas ao longo dos séculos e repetidas durante milênios em todas as prescrições, a observá-las sem violência, sem coação, sem subordinação, sem o aparelho especial de coação que se chama Estado" (O Estado e a revolução... obra citada, p. 282).

concentram todos os males e, como o seu fim trará a igualdade e liberdade, a luta dos trabalhadores deve concentrar seus esforços no objetivo imediato e urgente de abreviar a existência dele.

Os libertários pedem uma chance

Os libertários são os mais radicais entre os liberistas. Consideram que o Estado é essencialmente predatório[44]. E é desnecessário, porque a iniciativa privada poderia prestar os serviços há muito tempo reservados ao monopólio do Estado, como a polícia ou o judiciário – e o faria com muito mais vantagens para nós, os consumidores de segurança e justiça. Mas, quando indagados como funcionaria essa polícia ou justiça mantida no regime de livre mercado por empreendedores privados, em meio à concorrência, os libertários se acanham – alegam que podem fornecer somente ideias muito gerais de como agentes privados do livre mercado poderiam substituir o Estado nessas tarefas, baseadas na convicção da maior eficiência da iniciativa privada; até mesmo porque, complementam, a enorme criatividade dos empresários impede a antevisão de como esses serviços serão realmente prestados e que, ademais, ninguém consegue "prever o número de empresas, o tamanho de cada empresa, a política de preços etc., para qualquer futuro mercado de qualquer serviço"[45].

A proposta radical dos libertários de supressão do Estado – mediante a transferência à iniciativa privada das atividades de policiamento, solução institucional de conflitos e todas as demais a cargo dele – está muito precariamente desenhada, para que possamos lhe dar qualquer chance; seria uma responsabilidade.

Quando se arriscam a detalhar um aspecto da reivindicação, os libertários se enrolam em contradições. Na sociedade libertária, todas as ruas seriam de propriedade privada. E quem faria a limpeza, manutenção e controle de acesso? Uma associação dos proprietá-

---

[44] ROTHBARD, Murray. *Anatomia...* obra citada, p. 27.
[45] ROTHBARD, Murray. *O manifesto...* obra citada, p. 232.

rios das casas e estabelecimentos comerciais da rua, respondem[46]. Ora, o que fazer com aquele proprietário que, invocando o direito natural à liberdade, se recusar a custear a associação, mesmo se beneficiando dos serviços que ela presta? A resposta provável seria: como representante da maioria dos titulares do direito de propriedade de imóveis daquela rua, a associação poderia impedir que entrassem ou saíssem da casa do recalcitrante. Mas, e se esse intransigente defensor da liberdade individual fosse, por acaso, o dono do estabelecimento comercial mais importante da rua, responsável por atrair grande quantidade de consumidores para a região, beneficiando os demais estabelecimentos vizinhos? Ou: e se a atitude dele fosse imitada por outros proprietários igualmente importantes para a economia local em número tal que comprometeria a capacidade de a associação cumprir as suas finalidades de manutenção da rua com a receita drasticamente reduzida? Ora, diria o libertário, quem não estiver satisfeito que se mude dali e se mude também de tantos outros lugares, até encontrar um imóvel numa rua onde todos sejam cooperativos e tenham um mínimo de respeito pelo que se pode chamar de "interesse público" (e torcer para que essas pessoas não vendam nunca as suas propriedades para nenhum individualista egoísta).

Outro exemplo de contradição se encontra na solução para o trânsito e estacionamento, numa rua privada, de pessoas que não moram, nem são donas de estabelecimento comercial no local. A associação dos proprietários, respondem, poderia emitir "licenças", a preços proporcionais ao proveito dos transeuntes não proprietários[47]. Mas um risco que nem sequer lhes ocorre é por demais evidente: não existe razão nenhuma pela qual os funcionários da associação encarregados das tarefas de precificar, emitir, renovar e controlar o uso dessas licenças não seriam tão corruptos quanto os abomináveis funcionários do Estado.

Os libertários, na verdade, acreditam que as pessoas agem sempre de modo voluntariamente cooperativo e no atendimento

---

[46] ROTHBARD, Murray. *O manifesto...* obra citada, pp. 239-240.
[47] ROTHBARD, Murray. *O manifesto...* obra citada, p. 250.

racional de seu interesse, o que não poderia ser mais ilusório. Ingenuamente, creem que a corrupção na associação não existiria porque os dirigentes teriam todo o interesse em reprimi-la, descartando, não se sabe a razão, a hipótese de eles mesmos se beneficiarem da corrupção dos funcionários, participando da propina.

A exacerbada idealização do mundo libertário surge também quando, por exemplo, se indaga como seriam padronizados os sinais de trânsito numa infinidade de ruas particulares interconectadas. A resposta é: como não padronizar seria menos interessante para todos, então é óbvio, para o libertarianismo, que as associações de proprietários de ruas se organizariam para implantar os mesmos sinais de trânsito (provavelmente, numa federação de associações). E, claro, imaginam que todos os representantes dessa infinidade de associações chegariam facilmente a consenso de que a luz vermelha no semáforo significa "pare". Idiossincrasias, vaidades, disputas mesquinhas, rancores de outros carnavais, assimetrias informacionais e estratégias de dominação da associação não dificultariam nem impediriam, na sociedade libertária, o consenso – embora ninguém explique o motivo de tanto otimismo. Tampouco preocupa aos libertários a lei jouveliana da expansão irrefreável do poder (com a qual concordam sem ressalvas[48]) vir a estragar tudo: tal como no Estado, o poder dos dirigentes da associação (e da federação das associações) também tem a propensão natural de crescer até absorver os associados.

A segurança, no mundo idealizado dos libertários, seria também inteiramente privada. Cada proprietário, empresário ou associação contrataria o serviço de policiamento de seu agrado, entre os diversos oferecidos no livre mercado. Mas, nesse caso, os conflitos entre dois indivíduos seriam resolvidos como? Cada um mandando a sua polícia atirar na do outro? Os libertários acham que isso não aconteceria porque as empresas provedoras de serviço de segurança teriam interesse em evitar tamanho caos em seu segmento de negócio[49]. Claro, não lhes ocorre que alguns indiví-

---

[48] ROTHBARD, Murray. *O manifesto...* obra citada, p. 84.
[49] ROTHBARD, Murray. *O manifesto...* obra citada, pp. 261-262.

duos mais ricos e menos bem-intencionados, em vez de contratar as zelosas empresas prestadoras de serviço de segurança, poderiam organizar as suas próprias polícias para disputar mercados consumidores a bala com os concorrentes (aliás, os libertários brasileiros parecem não enxergar as frequentes trocas de tiros entre grupos rivais de narcotraficantes nas comunidades cariocas).

Os libertários admitem que a sociedade libertária não mudará a natureza dos homens e das mulheres. Mas consideram que, se as atividades vistas até hoje como essencialmente estatais fossem transformadas em serviços prestados por empresas privadas, em regime de liberdade de iniciativa e competição, a sociedade seria "a mais moral, a mais eficiente, a menos criminosa e a que garantirá mais segurança à pessoa e à propriedade"[50]. Exatamente porque a sociedade libertária não altera a natureza de homens e mulheres, mostra-se extremamente arriscado dar aos libertários uma chance para provar que estão corretos[51].

Diálogo imaginário entre Kropotkin e Rothbard

Anarquistas e libertários querem o fim do Estado, mas por razões e meios completamente diferentes.

O anarquismo considera haver duas causas de corrupção da humanidade: a propriedade e a autoridade[52]. E em razão desse

---

[50] ROTHBARD, Murray. *O manifesto...* obra citada, p. 277.
[51] Até mesmo alguns libertários não se mostram inteiramente à vontade para dar uma chance ao libertarianismo de Rothbard, como parece revelar o prestígio entre eles de Robert Nozick, que defende as impossibilidades, de um lado, da inexistência do Estado mínimo do pensamento liberal clássico e, de outro, da transição para um Estado mais que mínimo sem violar direitos das pessoas (*Anarquia, Estado e utopia...* obra citada, pp. 145-153 e 361-377). O libertarianismo nozickiano se afasta do liberalismo clássico ao elaborar um arcabouço de utopia, em que todos seriam inteiramente livres para organizar várias sociedades de acordo com os seus padrões ideais, bem como para se mudarem, a qualquer hora, de uma sociedade experimental para outra. Algumas sociedades desapareceriam e outras sobreviveriam por esse mecanismo de filtragem (pp. 398-409). Croce, Mises e Hayek repudiam qualquer utopia porque não admitem a possibilidade de uma sociedade racionalmente criada (no que estão certos, diga-se de passagem).
[52] KROPOTKIN, P. A. *O princípio anarquista e outros ensaios.* Tradução de Plínio Augusto Coelho. São Paulo: Hedra, 2007. p. 46.

princípio anarquista, eles se posicionam entre os marxistas e os libertários: de um lado, se distanciam dos marxistas e se aproximam dos libertários ao quererem o fim da autoridade e se distanciam dos libertários e se aproximam dos marxistas ao quererem o fim da propriedade; de outro, ficam um pouco mais próximos dos marxistas, ao acreditarem numa revolução proletária inevitável e ficam mais próximos dos libertários por não aceitarem "subordinar a existência do indivíduo à marcha da sociedade"[53].

O ponto de contato entre anarquistas e libertários está na crença de que a plena liberdade só existirá quando o Estado desaparecer. Em razão dessa visão compartilhada, há quem chame o anarquismo de "coletivismo libertário", mas é impossível qualquer aliança entre eles em razão das diferenças abordagens sobre a propriedade. Os anarquistas não veem sentido nenhum em lutar pela liberdade dissociando o fim do Estado do fim da propriedade privada dos bens de produção; já os libertários não só admitem essa dissociação como buscam mais liberdade para poderem desfrutar amplamente o direito de propriedade.

Um diálogo imaginário entre o anarquista Kropotkin e o libertário Rothbard giraria em torno da tensão entre liberdade e propriedade: *os proprietários podem ser livres?*

Não há como algumas poucas pessoas desfrutarem sozinhas de uma parcela proporcionalmente elevada dos bens sem algum tipo de coerção que mantenha as demais a distância. Os anarquistas nunca se entenderiam com os libertários por estes não perceberem que a propriedade privada simplesmente não convive com a plena liberdade. Os excluídos da propriedade têm a sua liberdade constrangida porque são mantidos a distância pela força das armas. Mas até mesmo os proprietários têm a liberdade constrangida, porque não podem escolher a alternativa de não contar com a proteção armada (dada pela polícia ou, onde o Estado não alcança, por milícias particulares). Abrir mão de parcela da liberdade faz parte do preço a se pagar pela propriedade. Locke já tinha insinuado isso.

---

[53] KROPOTKIN, P. A., obra citada, p. 61.

Intervenção do Estado na economia

Nas crises muitos perdem, mas alguém sempre ganha. Se, por exemplo, ocorre uma superprodução de café, os preços do produto despencam. Os cafeicultores não conseguem obter receita suficiente para cobrir os seus custos e perdem os investimentos feitos. Muitos vão à falência, deixam de pagar os bancos que o financiaram. Os trabalhadores das culturas cafeeiras perdem os seus empregos. Se ela for um setor importante da economia do país ou da região, a crise se alastra e alcança pessoas não diretamente ligadas à produção de café. Menos impostos são pagos, afetando os serviços públicos. Mas, diante da brutal queda nos preços do produto, quem possuir disponibilidades em dinheiro ou mesmo ativos que possam converter facilmente em dinheiro (ou dar em garantia de um empréstimo bancário) está em condições de lucrar muito com essa crise, adquirindo apenas a quantidade de café que o mercado tem condições de absorver, pagando pelo produto o preço fortemente depreciado e lucrando bastante ao revendê-lo com facilidade.

Para evitar crises, o Estado pode ter uma intervenção eficiente tomando medidas que mitiguem ou neutralizem os efeitos da superprodução: de um lado, pode proibir novas plantações e, de outro, viabilizar a estocagem dos grãos enquanto se aguarda o crescimento do mercado consumidor. É a intervenção da baliza Ramos.

Não é, contudo, apenas na prevenção das crises que o Estado pode intervir de forma eficiente. Ele pode ter um papel importante também na atração de investimentos, isto é, no estímulo à criação de novas empresas que trarão desenvolvimento à economia. Aumentar *temporariamente* os impostos de importação de determinados produtos industrializados pode ser uma medida salutar na criação de uma indústria nacional, desde que, entre outras condições, o mercado interno esteja inspirando um forte potencial de crescimento. Estamos, aqui, na baliza Furtado da discussão sobre o tamanho do Estado.

Também no campo da intervenção não limitada aos períodos recessivos dos ciclos econômicos, cabe lembrar que tem sido o

Estado, mais que o *venture capital*, o agente econômico que assume os riscos mais elevados da pesquisa de ponta com o objetivo de inovação tecnológica. A internet e o GPS, só para ficar em dois exemplos, não nasceram de investimentos da iniciativa privada, mas exclusivamente de recursos públicos investidos em defesa[54]. Somente após o Estado ter assumido diretamente os riscos mais elevados da pesquisa da inovação tecnológica é que os empresários passaram a assumir os riscos, de menor amplitude, da exploração empresarial de produtos e serviços com o uso da inovação[55]. A invenção e testagem de várias vacinas eficazes contra a covid-19 num prazo espantosamente curto de menos de um ano foi, na verdade, custeada pelas compras antecipadas dos governos das principais economias. Se qualquer uma delas não tivesse se mostrado eficaz, a perda não seria da indústria farmacêutica, mas dos Estados que a tinham adquirido em volumes de milhões ou dezenas de milhões de doses "no escuro", isto é, antes de se mensurar a sua eficácia. É a baliza Mazzucato.

A intervenção do Estado tanto pode ser eficiente como danosa. Se, em vez de se aliar aos grandes atacadistas de café da economia global, optar por concorrer como se fosse mais um empresário, a intervenção será nada mais que um vexaminoso desastre. Similar-

---

[54] Joseph Stiglitz apresenta outros exemplos: "sem alguma forma de intervenção do estado, quando há externalidades *negativas*, como poluição, os mercados produzem demais, e quando há externalidades positivas, como no caso da pesquisa básica, eles produzem muito pouco. A pesquisa patrocinada pelo governo (boa parte dela em universidades) foi fundamental para o sucesso da economia dos Estados Unidos no século XIX – grandes avanços na agricultura basearam-se em pesquisas patrocinadas pelo governo – e também se tem mostrado fundamental nos séculos XX e XXI. Foi o governo federal, por exemplo, que construiu a primeira linha telegráfica entre Baltimore e Washington, em 1844, e foi o governo federal que lançou a internet, a base da Nova Economia" (*Os exuberantes anos 90...* obra citada, p. 126).

[55] Para Mariana Mazzucato, "quando o estado é organizado eficientemente, sua mão é firme mas não pesada, proporcionando a visão e o *impulso* dinâmico [e, com isso,] acontecem coisas que de outra forma não aconteceriam. [O] estado não é nem um 'intruso' nem um mero facilitador do crescimento econômico. É um parceiro fundamental do setor privado – e em geral mais ousado, disposto a assumir riscos que as empresas não assumem" (*O Estado empreendedor*: desmascarando o mito do setor público *vs.* setor privado. Tradução de Elvira Serapicos. São Paulo: Portfolio-Penguin, 2014. posição 387 de 5823. *E-book*).

mente, a intervenção do Estado passa de eficiente para danosa quando o mercado interno para de crescer e não se revê a política de fechamento da economia.

É visível que a economia deve ser defendida contra as intervenções danosas do Estado; mas também é visível não haver sentido em descartar *a priori* as intervenções eficientes do Estado, impedindo a economia de se beneficiar delas.

Alguns liberais não admitem que possa haver algo assim como uma intervenção estatal eficiente[56]. Para eles, o Estado inevitavelmente piora as coisas e, por isso, é preferível que ele não intervenha nunca[57]. Outros estão convencidos de que a intervenção estatal, em determinados momentos de crise, será sempre eficiente, independentemente de seu sentido[58]. E há, entre os dois extremos, os liberais, que, ao apontarem os erros de uma intervenção do Estado que avaliam como danosa, acabam forçosamente admitindo que ela poderia ter sido eficiente se não tivessem ocorrido tais erros[59].

---

[56] Cf., por todos, MISES, Ludwig von. *Ação humana...* obra citada, p. 762. Não cuido aqui dos libertários, que nem discutem a questão da maior ou menor eficiência da intervenção do Estado na economia por considerar, por princípio, que qualquer intervenção é uma agressão, uma apropriação violenta de bens alheios. Na verdade, eles dão ao conceito maior amplitude que os demais economistas, ao considerarem, por exemplo, que a cobrança de tributos é uma espécie de intervenção – da categoria "binária" (cf. ROTHBARD, Murray. *Governo e mercado*. Tradução de Márcia Xavier de Brito e Alessandra Lass. São Paulo: Instituto Ludwig von Mises Brasil, 2012. pp. 105-196).

[57] MISES, Ludwig von. *Crítica ao intervencionismo...* obra citada, pp. 94-95.

[58] KEYNES, John M. *A teoria geral do emprego, do juro e da moeda...* obra citada, *en passant*.

[59] Para Milton Friedman, "[t]he tragedy is that because government is doing so many things it ought not to be doing, it performs the functions it ought to be performing badly" (*Why government is the problem...* obra citada, p. 6); além disso, ao considerar que "the problem in schooling is that government is spending too much on the wrong things" e "the problem in health care is that government is spending too much on the wrong things" (*Why government is the problem...* obra citada, p. 11), ele admite que haveria um modo mais eficiente de gastar o dinheiro na educação e saúde. Ele também aponta, como visto, as sucessivas falhas do Federal Reserve Bank na manutenção da base monetária como a causa da Grande Depressão, autorizando o seu leitor a crer que se o FED tivesse agido para aumentar a base monetária, ele teria sido eficiente (*Capitalismo e liberdade...* obra citada, pp. 42-43). É certo que ele manifesta preocupação com a concentração do poder, mas também para isso tem uma solução: governo "das regras" e não "de autoridades" (p. 54).

O Plano de Valorização do Café

Os irmãos Augusto Ramos e Francisco Ramos, engenheiros e professores da Escola Politécnica, desempenharam na história brasileira um papel singular e de grande importância. Foi graças aos cálculos estatísticos e ao trabalho de campo de Augusto e às habilidades negociais de Francisco que São Paulo não só contornou, nos primeiros anos do século XX, uma crise econômica de proporções catastróficas, como criou as condições para a sua rápida industrialização. E porque isso aconteceu na unidade da federação economicamente mais desenvolvida, os dois irmãos certamente escreveram páginas extraordinárias da história do Brasil. Além deles, desempenharam papel central no episódio dois presidentes de São Paulo (atual cargo de "governador"), Jorge Tibiriçá Piratininga (1904-1908) e Manoel de Joaquim Albuquerque Lins (1908-1912)[60].

Naquele tempo, era consenso que se corria o sério risco de uma crise de superprodução de grandes proporções na agricultura cafeeira, que infligiria enormes prejuízos à economia paulista e brasileira. A terra do interior de São Paulo era tão boa para a produção de café que nessa parte do Brasil se plantava a metade de todo o produto consumido no mundo – terra generosa que assegurava também uma excelente qualidade para a bebida. A demanda mundial crescia, mas a ritmo inferior ao do acelerado surgimento de novas plantações em São Paulo.

Augusto Ramos publicou, em maio de 1902, artigos no jornal *O Estado de S. Paulo* em que apresentou um plano para se evitar a crise anunciada. Para que a superprodução não baixasse mortalmente o preço do café, seria necessário impedir o aparecimento de novas plantações e estocar, por algum tempo, a produção, à espera do aumento da demanda. No início, o seu plano não previa propriamente nenhuma proeminência ao Estado, porque indicava a tributação como o mecanismo de desestimular o surgimento de

---

[60] Para as informações sobre essa singular página da história nacional, conferir CALDEIRA, Jorge. *História da riqueza no Brasil*. Rio de Janeiro: Estação Brasil, 2017. pp. 412-532.

mais fazendas cafeeiras e imaginava que um grande capitalista pudesse se interessar por adquirir o café (a preço compensador para o produtor) e arcar com os custos da sua armazenagem por pelo menos três anos.

A natureza se encarregou de adiar a crise e dar a Augusto mais tempo para os seus estudos e divulgação do plano. Em 24 de agosto de 1902, uma forte geada acabou com a terça parte dos cafezais paulistas, reduzindo o volume de produção daquele ano e do seguinte. Em 1904, dispensado de suas aulas na Escola Politécnica, Augusto foi encarregado pelo recém-empossado Jorge Tibiriçá de estudar *in loco* a situação dos demais países produtores do café na América Latina. Se esses países estivessem em condições de aumentar a produção deles a tempo, a estratégia de estocagem do café paulista não teria o efeito de regular o preço e seria um verdadeiro desastre. Em seu relatório sigiloso, Augusto afastou esse cenário, levando em conta os números que levantou e a realidade que foi conhecer pessoalmente em seu trabalho de campo.

Há produtos agrícolas de ciclos biológicos anuais. A cada ano, colhe-se o milho, trigo, algodão plantado não mais que doze meses antes. Mas o café plantado num ano só terá a primeira colheita cinco ou seis anos depois. Na agricultura de ciclo biológico anual, os ajustes entre produção e consumo são mais fáceis de arranjar. No caso do café, no entanto, é necessário um planejamento de longo prazo, que demanda cálculos estatísticos consistentes.

No governo federal, não havia grandes entusiastas ao plano de Augusto Ramos. Argumentava-se que o livre fluir das forças de mercado acomodaria as coisas ao seu tempo. Além disso, o monopolista do financiamento do Estado brasileiro, desde o Império e até então, tinha objetivos bem diferentes dos de São Paulo. Lorde Rothschild apostava na queda brutal dos preços do produto e queria ganhar financiando atacadistas sem estoques, que lucrariam com a crise de superprodução do café paulista. Os que se alinhavam a essa estratégia do banco inglês ganharam até mesmo um nome: eram os *baixistas*.

Sabendo que o financiamento do Plano de Valorização do Café (PVC) não contaria com o aval da União, os governos de São Paulo, Minas Gerais e Rio de Janeiro celebraram, em fevereiro de 1906, um acordo em que se obrigavam a adquirir o café por um preço mínimo, cobrar os mesmos impostos sobre a produção e promover propaganda no exterior (Convênio de Taubaté). Faltava só encontrar financiamento para cumprirem o prometido.

Entrou em campo, então, Francisco Ramos. Ele também foi dispensado de suas aulas na Escola Politécnica e encarregado, por Jorge Tibiriçá, de prospectar alternativas para o financiamento do PVC. Francisco procurou o segundo maior atacadista de café do mundo, o alemão Herman Sielcken. Dono de um considerável estoque de café, o empresário tinha todo o interesse em encontrar uma solução para evitar os desdobramentos da superprodução que se avizinhava. O emissário do governo paulista obteve êxito em sua missão e fez o acordo com Sielcken, que, então, acionou os seus contatos junto a banqueiros, distribuidores e mesmo atacadistas concorrentes, em todo o mundo, para buscarem quem estivesse disposto a emprestar a São Paulo a enorme soma de dinheiro demandada pelo PVC, sem poder contar com o aval da União. A única garantia seria o próprio café estocado. O risco era imenso, porque se o preço continuasse despencando, a garantia seria insuficiente.

O fluxo financeiro demorou a se consolidar. Minas Gerais e Rio de Janeiro abandonaram os seus compromissos no Convênio de Taubaté após constatarem que os poucos recursos levantados (cerca de 15% do necessário no primeiro ano) foram destinados exclusivamente à compra do café de fazendeiros paulistas, sob a alegação de ser o de melhor qualidade.

À medida, porém, que se confirmavam os números de Augusto, a aliança se ampliou, interna e externamente. A pedido de Tibiriçá, as ferrovias limitaram propositadamente a sua capacidade de escoamento, num esforço de contribuir para evitar a crise que também afetaria os negócios delas. O escocês concessionário da energia elétrica no Rio de Janeiro, Percival Farquhar, obteve um grande financiamento, em meados de 1907, do Bank of Scotland. Até mesmo no plano federal, após muito trabalho, conseguiu-se um empréstimo da União, que ajudou a viabilizar o PVC.

Mas o quadro era desalentador em 1908, quando Albuquerque Lins, que tinha sido o secretário da Fazenda de Tibiriçá, assumiu a presidência de São Paulo. O valor do café de propriedade do Estado, estocado em armazéns da Europa e dos Estados Unidos, era inferior ao do gasto para sustentar o PVC. Naquele ano, ele conseguiu consolidar as dívidas do plano, concentrando-a em alguns banqueiros, desta vez contando com o aval da União. Também em 1908, o consumo superou a produção em 1 milhão de sacas de café, começando a aparecerem os sinais de que seria possível dar escoamento aos estoques. No ano seguinte, mostrando mais uma vez o acerto dos cálculos estatísticos de Augusto, o preço do café subiu 26%. O balanço se tornou positivo, com o valor total do produto armazenado (de propriedade de São Paulo) superando o custo do PVC. Quando o empréstimo foi pago em 1918, São Paulo ainda tinha em estoque livre de qualquer ônus o correspondente a 43% das sacas que estavam estocadas dez anos antes.

O PVC não apenas resultou num extraordinário ganho patrimonial para São Paulo. Ele evitou uma crise de consequências desastrosas para a lavoura paulista e, consequentemente, para a economia do país. Parte da elite empresarial percebeu que era hora de diversificar e, aproveitando o cenário de prosperidade, fez investimentos significativos na indústria. Como predissera Augusto Ramos, seu plano não era produzir mais café, mas "produzir mais riqueza no Brasil, a partir do café"[61].

A necessária intervenção do Estado

Somente as forças do livre mercado não conseguiriam ter evitado a crise da economia cafeeira, que se antevia na primeira década do século XX. De um lado, o Estado é já uma organização "pronta",

---

[61] CALDEIRA, Jorge. *História da riqueza...* obra citada, p. 486.

com instâncias e autoridades definidas, bem como dotada de plena legitimidade para se posicionar à frente do processo. Se os próprios cafeicultores fossem se organizar para agirem em conjunto numa articulação global com os grandes atacadistas de café, teriam que inicialmente superar uma infinidade de resistências e pequenos conflitos, além de dedicarem tempo para a construção de uma liderança reconhecida. Além disso, o custeio da articulação também precisaria passar por um processo de legitimação entre os cafeicultores e estruturação de um sistema eficaz de cobrança e recebimento das contribuições. Com o Estado tomando a iniciativa de organizar os agentes econômicos, a questão do custeio já está equacionada por meio do sistema tributário.

Mas não é só isso. A proibição de novas plantações durante certo tempo, um ingrediente essencial para o sucesso do PVC, não poderia resultar eficazmente de nenhum acordo entre os cafeicultores organizados, porque sempre haveria o risco de entrantes prejudicarem os esforços associativos deles. A proibição só poderia derivar mesmo de uma determinação do Estado, isto é, uma coerção legítima da organização política.

O PVC foi engendrado e executado de um modo tão eficiente pelo estado de São Paulo que o seu maior legado – a geração de riqueza que propiciou a industrialização da economia paulista – não se perdeu nem mesmo quando, na década seguinte, as lideranças paulistas meteram os pés pelas mãos e causaram um desastre na cafeicultura[62].

A intervenção danosa em 1918

A partir de 1915, novas plantações foram criadas e, três anos depois, detectou-se o risco de mais uma crise de superprodução.

---

[62] Celso Furtado mostra que mesmo a política governamental, adotada a partir do fim dos anos 1920, de adquirir o café excedente simplesmente para destruí-lo teve um efeito multiplicador keynesiano que poupou relativamente o Brasil dos efeitos da Grande Depressão e possibilitou o crescimento da indústria com sustentação no mercado interno, que se tornou o centro dinâmico da nossa economia (*Formação econômica do Brasil*. 19. reimpr. São Paulo: Companhia das Letras, 2007. pp. 263-280).

São Paulo voltou a comprar café para estocar, com o objetivo de garantir o preço mínimo para o produto. Agora, porém, não se articulou com os grandes atacadistas e distribuidores globais. Acreditava presunçosamente que os podia dispensar porque estava rico e tinha como financiar o novo estoque regulador sem precisar da ajuda deles. A intervenção do Estado desta vez foi danosa.

No PVC, o estado de São Paulo aliou-se à parcela dos empresários que tinham o mesmo interesse de evitar a crise de superprodução, enfrentando a oposição inicial da União e os banqueiros e empresários ingleses baixistas. Os preços eram fixados pelos agentes de mercado e o estoque regulador era administrado por um comitê em que os principais interessados tinham assento. Já em 1918, São Paulo se portou não mais como um aliado, e sim como um *concorrente* dos grandes negociantes globais de café. Tomou decisões norteadas pelo favorecimento político e não por puras condicionantes econômicas, como acontece com frequência quando Estados querem ser empresários. Os grandes *players* do mercado reagiram, surgiram novos produtores importantes de café, que podiam sempre contar com o preço mínimo do produto garantido pelos estoques reguladores financiados pelo dinheiro dos impostos pagos pelos paulistas.

Em 1906, o Estado brasileiro (protagonizado por uma das unidades da Federação) mostrou-se espetacularmente eficiente ao aumentar a sua presença na economia, porque o fez como aliado dos empresários que tinham também interesse em contornar a anunciada crise de superprodução. Isso só trouxe, como visto, benefícios consistentes e duradouros para todos. Contudo, ao tentar, em 1918, aumentar mais a sua presença na economia, para competir com os grandes atacadistas e distribuidores de café, foi pateticamente ineficiente. São Paulo perdeu dinheiro e a enorme proeminência que desfrutara no mercado global do café, do qual tivera nada menos que a metade. A pujança da produção cafeeira paulista não sobreviveu à crise de 1929, quando deixou de ser a principal atividade da economia do estado. São Paulo é atualmente responsável por apenas 10% do café produzido no Brasil, sendo a terceira unidade da federação nesse segmento do agronegócio, atrás de Minas Gerais (55%) e Espírito Santo (20%).

Eficiência e danos da política de substituição das importações

O grau de presença do Estado brasileiro na economia deve ser visto e revisto com frequência e norteado pela gestão do capitalismo. Como ilustrou o episódio do Plano de Valorização do Café, a interferência econômica do Estado se revelou altamente eficiente e frutífera em 1906, mas, desastrosa em 1918. Na primeira oportunidade, aliou-se aos empresários com os quais tinha interesse convergente; na segunda, teve a pretensão de concorrer com eles – e essas diferenças dizem tudo sobre as razões do sucesso daquela e do fracasso desta. Outro exemplo da história brasileira desses acertos e desacertos é o da estratégia de substituição das importações. Ao contrário da crise de superprodução cafeeira, que ficou no passado, a da política de substituição de importações está à espera de decisões mais acertadas ainda hoje.

Para contextualizar a questão, vamos aos anos 1950, quando os economistas já não aceitavam mais a ideia de que o desenvolvimento econômico dos países se dava por etapas homogêneas. Os dados mostravam não existir uma espécie de escada desenvolvimentista, em que todos os países acabariam se encontrando um dia no degrau mais elevado. Estudos da Comissão Econômica para a América Latina e o Caribe (Cepal) mostravam que entre os países desenvolvidos ("centrais") e os subdesenvolvidos ("periféricos") havia uma relação assimétrica de dependência. No contexto da divisão internacional do trabalho e tendo em vista as vantagens comparativas entre as economias da periferia, os preços dos produtos que elas conseguiam exportar evoluíam sempre em ritmo inferior aos dos produtos que precisavam importar. Essa assimetria não só descartava o cenário do desenvolvimento homogêneo como indicava que o desenvolvimento de alguns e o subdesenvolvimento de outros eram correlacionados. Em razão disso, o Estado do país periférico tinha que atuar de forma mais intensa no planejamento da economia do que o de um país central, cumprindo a função de indutor do desenvolvimento. A substituição das importações era considerada, na metade do século XX, a principal estratégia desse planejamento. Na teoria do desenvolvimento de Celso Furtado, fortemente inspirada na abordagem cepalina dos primeiros anos da entidade, os Estados ainda precisariam se manter como "centros coordenadores das decisões econômicas", mesmo após o exaurimento dos frutos da substituição das importações[63].

A estratégia da substituição das importações foi adotada por longos períodos da nossa história, em que o protecionismo não tinha necessariamente essa designação. Na verdade, apenas no governo Goulart, um cepalino ocupou cargo de expressiva influência na política econômica brasileira – Celso Furtado foi o primeiro ocupante do Ministério do Planejamento entre 1962 e 1964. Mas, mesmo quando a nossa política econômica esteve sob o comando de liberais convictos e críticos do estruturalismo cepalino (Otavio Gouveia de Bulhões, Roberto Campos, Mário Henrique Simonsen e Antonio Delfim Netto, entre outros[64]), nunca se abandonou o ingrediente mais importante da estratégica de substituição das importações, que é o fechamento da economia por medidas protecionistas da indústria.

Entendida nesse conceito mais amplo, a estratégia de substituição das importações teve início com a ditadura Vargas, acentuou-se no governo desenvolvimentista JK e foi amplamente utilizada pela ditadura militar e pelo governo Sarney. Com forte acento nacionalista, a estratégia estimula a criação de um parque industrial no Brasil, em condições de vender no mercado interno (e talvez exportar) a maioria dos produtos e serviços de que necessita o consumidor brasileiro. São exemplos de iniciativas características desta estratégia a criação da Companhia Siderúrgica Nacional e da

---

[63] *Teoria e política do desenvolvimento econômico*. 2. ed. São Paulo: Abril Cultural, 1983. pp. 185-187. (Coleção Os Economistas).
[64] Cf. SALOMÃO, Ivan Colangelo (org.). *Os homens do cofre*: o que pensavam os ministros da Fazenda do Brasil Republicano (1889-1985). São Paulo: Unesp, 2021. pp. 319-514.

Petrobras (ditadura Vargas), a implantação da indústria automobilística no ABC (governo JK), a formação de polos petroquímicos (ditadura militar) e a nefasta reserva de informática (governo Sarney). No governo Collor e durante a era FHC, o Brasil afastou-se da estratégia de substituição das importações e passou a buscar maior inserção na economia global. Na era lulopetista, porém, retornou à estratégia, mal disfarçada nos programas governamentais de "conteúdo nacional" na indústria naval e dos "campeões nacionais".

A teoria cepalina não teve ainda a chance de mostrar resultados na América Latina[65]. Seus defensores lembram que, no Sudoeste Asiático, ao longo dos anos 1980, Estados da periferia do sistema capitalista calibraram estímulos adequados para a iniciativa privada e investimentos públicos com a mobilização da sociedade em torno da educação e pesquisa de ponta; com isso, conseguiram desenvolver um forte segmento industrial em suas economias, ameaçando a pujança da indústria dos países centrais[66]. O desen-

---

[65] Para Roberto Campos, que flertou com o pensamento cepalino até romper com o getulismo, "o desenvolvimento das nações de industrialização madura tinha sido um processo espontâneo (*supply induced*) liderado pelo empresário schumpeteriano que criava a oferta; o desenvolvimento industrial, mais recente, dos países em desenvolvimento, seria derivado (*demand induced*) em resposta a pressões sociais e ao efeito emulação. Caberia então aos governos uma função promotora para induzir a oferta, suprindo a escassez de empresários schumpeterianos. [...]. Desenvolvimento e subdesenvolvimento não seriam *fases* de um mesmo processo histórico, senão que processos qualitativamente diferentes. A industrialização dos chamados países periféricos era tida como *problemática*, pela heterogeneidade de suas estruturas, que teria de ser compensada pela intervenção planejadora do estado. Numa terceira visão, farinha do mesmo saco, formulada pelos partidários da teoria da dependência, haveria uma diferenciação entre *desenvolvimento independente* e *desenvolvimento dependente*, ou entre capitalismo dos países ricos, de um lado, e *capitalismo associado*, de outro. A falácia dessas diferentes taxonomias só viria a ser contundentemente demonstrada na década dos oitenta, com o espetacular sucesso das economias *periféricas* do leste asiático, que, numa estranha reversão de posições, passaram a provocar, nos países do centro, o receio de *desindustrialização*. A experiência asiática demonstrou que a diferença relevante não é aquela entre desenvolvimento *espontâneo* ou *derivado*, *central* ou *periférico*, *dependente* ou *independente*. A diferença relevante é entre o desenvolvimento orientado para a exportação, que impõe o constrangimento da eficiência, ou o desenvolvimento *introvertido*, que acoberta ineficiências através do protecionismo" (*A lanterna na popa...* obra citada, p. 166).

[66] Para Joseph Stiglitz, "[a]s ideias de fundamentalismo de mercado se refletiam na estratégia básica do desenvolvimento (e para a gestão de crises e da transição do comunismo para

PODER E IGUALDADE

volvimento dos países asiáticos sugere que o papel a ser exercido pelo Estado na promoção do desenvolvimento industrial não é cuidar do acirrado fechamento do mercado interno por meio de um protecionismo permanente, fundado numa distorcida concepção abstrata de nacionalismo. A promoção do desenvolvimento industrial pelo Estado se faz exatamente pelo caminho oposto, isto é, da abertura da economia, inserção das empresas locais em cadeias globais de valor e exposição delas à competição global. Na substituição das importações, o Estado age como uma espécie de escudo protetor do empresariado nacional contra a competição global. Enquanto o mercado interno brasileiro cresceu mais que o internacional, essa estratégia mostrou-se muito esperta e oportuna. Mas, desde a crise do petróleo, de 1973, inverteu-se essa relação e o mercado interno brasileiro, quando cresce, observa um ritmo menor que o de crescimento do internacional[67]. Conservar-se o Estado brasileiro como um escudo protetor do empresariado nacional deixou de ser eficiente para ser o prenúncio de um notável desastre.

Os maiores prejudicados com o prosseguimento desta míope política econômica de fechamento do mercado interno são os con-

o mercado), defendida no começo dos anos 80 pelo FMI, pelo Banco Mundial e pelo Tesouro americano, uma estratégia diversas vezes chamada de 'neoliberalismo' ou, porque os principais protagonistas que a promoviam estavam todos em Washington, de 'o consenso de Washington'. Ela envolvia minimizar o papel do governo, mediante a privatização de empresas de propriedade estatal e a eliminação das regulamentações e intervenções governamentais na economia. O governo era responsável pela macroestabilidade, mas isso significava manter a taxa de inflação baixa, e não baixar a taxa de desemprego. Os países mais bem-sucedidos do Leste Asiático não seguiram essa estratégia; o governo desempenhou um papel ativo não só na promoção da educação, da polpação e da redistribuição de renda, mas também no avanço tecnológico" (*Os exuberantes anos 90...* obra citada, p. 245).

[67] Destaca Jorge Caldeira: "Em 1973, o [Brasil] era a economia que mais crescera no mundo nas oito décadas anteriores: a República permitira o aproveitamento das oportunidades num mundo de comércio aberto e com elas houve retomada do crescimento (como nos tempos coloniais); a revolução de 1930 criara as condições para o crescimento num mundo fechado. Então o pagamento da conta do muro que separava o Brasil da globalização era mais que justificado naquele cenário: as taxas de crescimento internas haviam ficado muito acima da média mundial. Agora a situação se invertia. Enquanto o muro brasileiro ampliado levava a dívidas externas, desequilíbrio da economia interna e taxas pífias de crescimento médio, os sinais do mundo continuavam indicando outras direções" (*História da riqueza no Brasil...* obra citada, p. 576).

sumidores (que pagam mais caro por produtos e serviços de menor qualidade) e os trabalhadores (com menos postos de trabalho e oportunidades de emprego). A malograda reserva da informática, por exemplo, que nos obrigou, por infindáveis nove anos, a só adquirir programas de computador e equipamentos fabricados por empresas brasileiras, acabou não propiciando o surgimento de uma indústria nacional na área e onerou empresas e consumidores, forçando-os a se utilizarem de produtos caros e de baixa qualidade. Beneficiou, a rigor, apenas um punhado de empresários, que se enriqueceram copiando (sem pagar os correspondentes direitos, diga-se de passagem) *softwares* e *hardwares* desenvolvidos em outros países.

O fechamento da economia inerente ao processo de substituição das importações (em suas diferentes nomenclaturas) está fortemente enraizado num patriotismo de aparências. Na verdade, não há razão nenhuma para o Estado brasileiro proteger as empresas brasileiras da competição global, se isso não traz mais nenhum benefício para a nossa economia. Não se trata de uma questão nacional, mas do mais desavergonhado uso do Estado para propósitos exclusivamente individuais. Na patriotada em que se esconde a cooptação do Estado, dizem que ao preservar as empresas nacionais da competição global, reservando-lhes o mercado interno como cativo, o Brasil estaria protegendo o emprego de trabalhadores e os negócios das empresas satélites. Isso é mentira, porque se a abertura da economia pode trazer perdas às empresas brasileiras acomodadas que não cortaram custos, não investiram em modernização tecnológica e perderam a competitividade, ela também trará novas oportunidades de investimento para outros empresários nacionais e globais mais competitivos, que tenderão a contratar a mão de obra brasileira e os serviços de empresas satélites, sempre que isso for justificável sob o ponto de vista dos custos.

Claro, ninguém se diz a favor do fechamento, mas muitos reclamam quando a abertura é rápida demais. Lembram os saquaremas que não se opunham à abolição, mas diziam que "os escravos podiam esperar" o momento mais adequado, porque a escravidão brasileira não seria violenta. Na verdade, os beneficiados pelo fechamento estão tendo, até aqui, um enorme sucesso em deter o processo de efetiva inserção do Brasil na economia global. É claro que devemos abrir a economia de modo inteligente, mas *sobretudo* devemos abrir a economia, e não ficarmos estacionados no processo como estamos há um bom tempo[68].

A nova matriz econômica de Dilma

A estabilidade da moeda depende de decisões muito complexas. Se aumenta fortemente o investimento estrangeiro num país x, isso parece ser uma boa notícia para a sua economia. Afinal, é preciso capital para ter novas empresas e gerar empregos. Mas não se pode esquecer que os novos investidores vêm disputar o dinheiro local com os seus dólares e, como o aumento de demanda sem aumento de oferta faz subir o preço do objeto de desejo, ocorre a valorização da moeda desse país. Cada vez mais dólares são oferecidos pelos investidores que querem o dinheiro local. O fortalecimento da moeda do país x também parece ser uma boa notícia para ele, mas logo se percebe que não é assim para todo mundo. Quem tem dívida em dólares (os importadores e os turistas que retornaram do exterior e estão aguardando o vencimento do cartão de crédito) fica feliz com a valorização do dinheiro local. Mas quem tem crédito em dólares (os exportadores) se desespera: como ele conseguirá menos moeda do país x com os dólares que receber em pagamento pelos produtos vendidos ao exterior, o exportador talvez não lucre ou até mesmo sofra um prejuízo devastador. Se o país x for uma antiga colônia e sua economia depender, por isso, fortemente do fornecimento de *commodities* aos países mais ricos, a autoridade monetária terá que decidir entre intervir na livre flutuação do câmbio ou colocar em risco os lucros dos exportadores, o pagamento dos empréstimos que eles fizeram, os empregos ge-

---

[68] FRANCO, Gustavo. *Lições amargas*: uma história provisória da atualidade. Rio de Janeiro: História Real, 2021. pp. 193-228.

rados pelas atividades exportadoras, a arrecadação de tributos etc. A situação exige um delicadíssimo arranjo na base monetária. O país x pode optar pela redução dos juros básicos da economia, e para isso tem alguns instrumentos. Por um desses instrumentos (já um tanto em desuso, anoto), o país x pode diminuir os depósitos compulsórios dos bancos, possibilitando que eles tenham mais recursos para emprestar. Essa decisão de estimular a redução dos juros bancários servirá de desestímulo à atração de investimentos do exterior, que redirecionarão os seus interesses para outros locais em que a rentabilidade é mais atraente. Mas a redução da taxa básica dos juros aquece a economia: de um lado, mais empresários vão se interessar em emprestar dinheiro para investir em suas empresas ou em novas e, de outro, mais consumidores se interessarão em financiar atos de consumo. Mais consumidores procurando pelos mesmos produtos pode gerar inflação e mais empresários investindo poderá gerar uma produção acima da capacidade de absorção do mercado consumidor. Se a autoridade monetária do país x quiser se preservar dos riscos de aquecimento repentino da economia e decidir aumentar os juros básicos, em vez de abaixá-los (aumentar os depósitos compulsórios dos bancos, por exemplo), provavelmente terá sucesso nesse objetivo. O aumento dos juros, porém, acabará atraindo o interesse de maior número de investidores globais, que identificarão a oportunidade de ganhar mais dinheiro no país x do que em outros lugares, reintroduzindo o risco de valorização cambial da moeda local que se queria evitar.

Além de decisões bem complexas, a estabilidade da moeda depende também de um bocado de sorte. Primeiro, o gestor precisa tentar antecipar como vão se comportar os agentes econômicos espalhados em todo o mundo e, diante da multiplicidade de interesses conflitantes e convergentes e das variações nem sempre racionalmente previsíveis nas expectativas, a decisão dele terá um inevitável componente de "pura aposta". Segundo, por conta da competição inerente ao capitalismo, é impossível um alinhamento robusto das diversas autoridades monetárias. Elas vão se equilibrando como podem para atender aos interesses de suas próprias economias, mas sempre com o olho nas outras porque a globalização descarta a alternativa de cada uma cuidar apenas de seu quintal. Terceiro, ele precisa torcer para o déficit nas contas públicas não explodir. Se o Estado precisar ou resolver se endividar muito além do razoável, isso limitará muito a eficácia dos seus instrumentos de manutenção do poder aquisitivo da moeda.

Não havendo como prever exatamente as ações dos agentes econômicos (livres para decidir sobre o que fazer com os ativos de sua propriedade), não sendo possível a coordenação global (que exigiria a escolha de comum acordo de quais moedas seriam valorizadas e quais desvalorizadas, o que é absolutamente ilusório) e estando expostos à prodigalidade desenfreada dos políticos, os gestores todos precisam contar com a sorte, uma "mercadoria" muito rara e, por isso mesmo, bastante disputada.

Tal como acontece com os empresários, o acerto ou o erro das decisões dos gestores da estabilidade da moeda só se consegue saber no futuro. Mas, se um empresário é extremamente arrojado, assumindo constantemente riscos que a maioria de seus concorrentes não está disposta a correr e tudo dá errado, isso ocasiona danos pontuais na economia. Por sua vez, o gestor da estabilidade de uma moeda que toma decisões arrojadas ou decide ser excessivamente inventivo faz uma aposta a ser paga não por ele, mas por todos os que a usam como unidade de conta, meio de troca e reserva de valor. Os erros e acertos do empresário *risk taker* são assuntos da esfera do privado, enquanto os do gestor da moeda *risk taker* têm alcance muito maior. Por isso, o único jeito de se lidar com responsabilidade com as decisões complexas da estabilidade monetária e ficar menos dependente do acaso é contar com um gestor conservador e competente. E entre as competências de um bom gestor de questões econômicas está a humildade. Aquele que entrar no jogo com a presunção de saber mais do que todo mundo (mais que o mercado) irá falhar feio em suas decisões e tornar o país ainda mais dependente de se dar bem no "mercado da sorte". Por suas decisões envolverem uma incontornável dose de aposta feita com os interesses de muita gente, a humildade também aconselha o gestor a se manter na ortodoxia (o que já vai lhe dar um enorme trabalho) e não arriscar experimentalismos.

Mais uma observação: se manter a moeda estável é uma delicada engenharia, usá-la como instrumento de desenvolvimento econômico é acrescentar um ingrediente explosivo às complexas decisões do gestor. É particularmente difícil encontrar uma métrica de conciliação no *trade-off* entre o combate à inflação e o estímulo ao aquecimento da economia.

A Nova Matriz Econômica (NME) corresponde a um conjunto enorme de erros e desacertos a que a economia brasileira foi submetida durante o governo da presidenta Dilma Rousseff (2011--2016) – um pacote massudo de arrogância, pressa, improvisações, obstinações e experimentalismos que fez o país depender muito da sorte e... ela não veio: a China resolveu crescer mais devagar.

A falta de transparência foi um problema que comprometeu as boas intenções da NME: não se falava expressamente em acabar com a política de metas de inflação, mas as ações do BCB sugeriam que ela tinha sido abandonada; a criatividade na contabilidade pública maquiou a responsabilidade fiscal e frustrou a expectativa de maior zelo do governo pelo superávit primário; havia fundada desconfiança de que o câmbio não era mais flutuante; a manutenção da autonomia das agências regulatórias se contrapunha à saraivada de nomeação de diretores interinos, que podiam ser substituídos a qualquer hora, em vez de detentores de mandatos por tempo determinado. A falta de clareza dos objetivos de qualquer governo e dos meios que ele pretende empregar corrói a previsibilidade e estimula, por isso, a paralisia dos agentes econômicos. Diante da grande incerteza das decisões de produzir e consumir, as pessoas escolhem economizar e esperar.

Várias intervenções danosas podem ser identificadas na NME: protecionismo da indústria nacional copiando o receituário cepalino dos anos 1950 e sem nenhum estímulo à sua inserção em cadeias globais de valor; determinação aos bancos oficiais de praticar juros inferiores aos do mercado; congelamento dos preços de combustíveis com o objetivo de conter a inflação; a obtusa ordem para que certos empresários comprassem seus insumos de determinadas origens, mesmo que mais caros, numa política chamada de "conteúdo nacional"; abrupta redução das tarifas de energia elétrica, que desestruturou o setor de distribuição e obrigou o governo a pagar indenizações às distribuidoras; substituição do regime de concessão pelo de partilha na exploração do pré-sal; renúncia fiscal sem contrapartida clara, em razão da falta de critério nas sucessivas desonerações.

Entre as intervenções mais danosas do governo Dilma pode-se destacar a política dos campeões nacionais, iniciada no governo Lula e ampliada no NME. A pretexto de criar empresas brasileiras com capacidade de competir no mercado global, o país tomava dinheiro a juros de mercado (12,75 % em 2009) e os emprestava ao BNDES pela Taxa de Juros de Longo Prazo – TJLP (6 %, em 2009); em seguida, o banco de fomento repassava esses recursos para meia dúzia de empresas ungidas pelo governo em empréstimos remunerados pela mesma TJLP. Com esse uso do dinheiro dos impostos, ficamos todos sócios de alguns empresários na hora de investir, mas não na hora de lucrar. Isso sem falar que o subsídio aos juros frustra o controle da inflação que poderia ser feito por meio do aumento da taxa básica da economia e, como não consegue beneficiar todos os empresários do mesmo segmento, cria vantagens competitivas inadmissíveis. Um acúmulo de distorções ferindo de morte o sistema de incentivos e desincentivos do capitalismo revela um dos muitos estragos na economia provocados pela intervenção estatal do governo Dilma[69].

Estadofobia

Espalha-se a ideia de que todas as vertentes do liberalismo teriam a mesma visão negativa sobre a intervenção do Estado na econo-

---

[69] Sobre a intervenção do governo Dilma na economia, cf. SAFATLE, Claudia; BORGES, João; OLIVEIRA, Ribamar. *Anatomia de um desastre*: os bastidores da crise econômica que mergulhou o país na pior recessão de sua história. São Paulo: Portofolio-Penguin, 2016; BOLLE, Monica Baugarten de. *Como matar a borboleta azul*: uma crônica da era Dilma. Rio de Janeiro: Intrínseca, 2016.

mia, mas isso não é verdade. Os sociais-liberais não ficam confortáveis com a ojeriza dos neoliberais em face do Estado. Eles criticam firmemente as intervenções estatais que constrangem as liberdades políticas, sociais e econômicas de modo mais explícito, mas, embora o considerem um mal necessário, não exageram ao dosar a maldade.

José Guilherme Merquior critica a estadofobia dos neoliberais afirmando ser "possível defender o Estado sem querer fazer dele uma solução infalível, e menos ainda uma panaceia, a Solução universal". Concorda que onde o Estado tentou substituir *globalmente* o mercado, o resultado foi ineficiente. Mas ressalta a eficiência da intervenção estatal "onde ele se limitou a prover aquilo que o mercado, por si só, nunca esteve em condições de realizar", dando como exemplo a industrialização do Japão e o BNDES, que chamou, em 1981, de "o maior banco governamental de investimentos do mundo". E concluiu: "se é certo que uma economia que se deseje totalmente estatizada é uma receita segura de emperramento e ineficiência, a desestatização completa é, no mundo moderno, uma completa miragem – e, nos países em desenvolvimento, o caminho da injustiça e da estagnação"[70].

Valendo-se de uma das muitas imagens felizes de Bobbio, Merquior reforça que o Estado não pode ser nem o "guarda de trânsito" com que sonham os neoliberais, nem o "general" dos comunitaristas: "o guarda de trânsito se limitaria a tentar prevenir trombadas no tráfego volumoso do desenvolvimento econômico e social contemporâneo – a que o Estado democrático não pode ser indiferente. O general tentaria ordenar todas as ações da sociedade a partir de decisões tomadas exclusivamente por ele. No primeiro caso, a sociedade engoliria o Estado. No segundo, o Estado deglutiria a sociedade". A tarefa, para Merquior, não é jogar a sociedade contra o Estado, mas transformá-lo para que possa deixar de ser império e se tornar nação[71].

---

[70] O mais frio dos monstros... obra citada, pp. 107-108.
[71] Sociedade civil: mito e realidade. *In*: MERQUIOR, José G. *O argumento liberal*... obra citada, p. 113.

É preciso, entretanto, dar um passo além de Bobbio: a dúvida, na verdade, não consiste em encontrar o ponto exato entre o guarda de trânsito e o general em que deve o Estado ficar estacionado, de uma vez para sempre. Ele deve constantemente caminhar de um extremo a outro, posicionando-se onde ele puder ser o mais eficiente diante de cada demanda. Mais que isso: o Estado será simultaneamente guarda de trânsito, general e qualquer coisa entre um ou outro papel, a depender do setor ou setores acionados a darem a resposta mais eficiente a cada demanda.

Intervenção e não intervenção: a eficiência como diretriz

O debate acadêmico do tamanho do Estado, entre as balizas assinaladas, tem adotado por pressuposto a possibilidade de se submeter a questão ao crivo das ciências econômica e jurídica. Os cientistas da economia e do direito estão debatendo para encontrar a medida cientificamente correta para o tamanho do Estado – presume-se que a definição acerca de até onde intervir e a partir de onde não intervir possa advir de uma métrica encontrada com o rigor, método, lógica e exatidão assegurados pela elaboração científica. Não é por mero deleite filosófico que as principais obras de referência da escola austríaca se iniciam com uma discussão epistemológica[72].

No plano político, o debate sobre o tamanho do Estado assume ares de uma questão ideológica. A premissa, agora, não é buscada nas impenetráveis brumas da epistemologia, mas nas preferências valorativas dos personagens da cena política. O tamanho do Estado passa a ser visto como uma decisão tomada de acordo com o contrafactual argumento da racionalidade do processo democrático: se a maioria elegeu um presidente de esquerda, então o povo quer a maior presença do Estado; se o eleito é um presidente de direita, quer o Estado tendencialmente mínimo.

---

[72] Mises dedica os capítulos II e III do seu tratado de economia aos "problemas epistemológicos da ciência da ação humana" e à "revolta contra a razão" (*Ação humana...* obra citada, pp. 43-92) e Hayek inicia *Law, legislation and liberty* discutindo a diferença entre racionalismo construtivista e evolucionário (obra citada, pp. 8-34).

Por esses dois caminhos, não se aproxima das respostas adequadas. O tamanho do Estado não é cientificamente mensurável, tampouco decorre de uma definição guiada exclusivamente pelos valores. A ciência não consegue nos dar nenhuma certeza sobre os limites precisos e definitivos da intervenção estatal; e o debate ideológico também não ajuda, porque tais limites tampouco são determinados por procedimentos democráticos. Ciência e ideologia não nos dão a resposta porque, de um lado, não há causalidades a serem descobertas e, de outro, não há vontade majoritária a ser apurada.

O tamanho do Estado no capitalismo é um problema a ser administrado, isto é, uma questão relativa à gestão mais eficiente possível do que tem sido a nossa única alternativa de sistema econômico. Em outros termos, nosso problema é mitigar as crises periódicas e as injustiças permanentes do capitalismo. É essa mitigação a resposta ao problema que precisa ser gerido pelo Estado.

Pois bem. Constatadas a incomensurabilidade científica e a voluntariedade relativa dos limites da intervenção, três premissas são visualizadas.

A primeira é a da inexistência de algo como uma delimitação precisa, única e definitiva entre o Estado e o mercado. Gerenciar o problema significa deslocar a delimitação para um lado ou para o outro com a frequência e critérios exigidos pelos desafios de cada momento. De um modo muito genérico e esquemático: quando a economia está aquecendo, é hora de retrair o Estado; quando desaquece, é hora de o Estado agir.

A segunda premissa consiste em desqualificar as respostas quantitativas para o problema. Os critérios para o gerenciamento das crises periódicas e das injustiças permanentes do capitalismo não estão, a rigor, relacionados ao "tamanho" do Estado, mas sim à "qualidade" da intervenção. Os debates científico e ideológico se perdem logo na partida, ao definir de modo equivocado o objeto a discutir. O déficit público que pode ser gerado pelo gerenciamento das crises periódicas e injustiças permanentes não é uma questão quantitativa. Deve-se nortear o uso do dinheiro público pela qualidade do gasto. Na iniciativa privada, os empresários estão constantemente endividados, mas isso nem sempre é sinal de má gestão da empresa.

Um desdobramento da segunda premissa diz respeito ao modo da intervenção, que pode ser a proibição total ou parcial de atividades, o dirigismo por meio de incentivos e desincentivos, a exploração econômica direta pelo Estado ou outro qualquer. Nenhum instrumento de intervenção está excluído, assim como nenhum está definido de antemão. A flexibilização é uma condição para a eficiência. Estatizar ou privatizar não são dois princípios colidentes, mas alternativas que se mostram mais ou menos oportunas, em vista dos desafios do momento. Quando a energia sustentável predominar em todos os veículos civis e militares, será inteiramente desproposital o Estado brasileiro ter o controle acionário de uma empresa petrolífera para zelar pela segurança energética. De outro lado, poderá um dia se justificar, por exemplo, que o sistema de pagamentos eletrônicos PIX ou mesmo o real digital passem a ser administrados por uma sociedade de economia mista e não mais pela autoridade monetária, não convindo descartar essa alternativa em nome de um pretenso princípio rígido contrário às empresas estatais.

Por fim, deve-se excluir a pretensão de uma régua única para o gerenciamento dos limites entre Estado e mercado. É irracional pensar que o Estado deva crescer ou diminuir na mesma medida em todos os múltiplos setores em que pode estar presente. Essa é a premissa mais importante da gestão das crises periódicas e injustiças permanentes do sistema capitalista. Se, em determinado momento, mostra-se recomendável destravar a economia com a racionalização do sistema tributário e supressão de regulamentos, isso não significa minimamente que o Estado deva recuar também da proteção dos povos originários, do apoio à cultura, do fortalecimento do sistema público de saúde etc. Não é porque a mitigação das crises periódicas demanda determinada ação do Estado que a das injustiças permanentes a recomenda na mesma direção.

Não há uma hierarquia entre os dois problemas que precisam ser geridos pelo Estado. As ações de mitigação das crises periódicas não têm preferência sobre as voltadas às injustiças permanentes, nem vice-versa. No dia em que os números revelarem que determinada ação afirmativa alcançou os seus objetivos, é hora de o Estado se afastar da questão, independentemente de como está gerindo naquele momento as crises periódicas.

É claro que existe uma correlação entre as crises periódicas e as injustiças permanentes. Se uma crise não for adequadamente mitigada, haverá um recrudescimento das injustiças em virtude da alta nas taxas de desemprego, falências etc. A crise provocada pelo desarranjo da economia brasileira pela NME do governo Dilma nos legou uma perda de riqueza da ordem de 5% do PIB, isto é, 300 bilhões de reais[73].

Do mesmo modo, se as injustiças se exponenciam, a legítima revolta dos injustiçados deixa de exigir respostas apenas por urgência moral diante dos impactos que pode projetar na economia. Os indígenas nascem no "útero do Brasil", mas são tratados como "filhos bastardos"[74] e, por isso, o quietismo do Estado, diante da aceleração do conflito entre eles e alguns empresários criminosos, em torno da ocupação das reservas, potencializa o risco de o injusto tratamento imposto aos povos originários (guardiões da Floresta Amazônica) prejudicar a competitividade do agronegócio brasileiro na economia global.

Mas essas relações extremamente complexas entre os dois âmbitos do problema a ser gerenciado não sugerem que o Estado deva crescer ou decrescer sempre no mesmo compasso em todos os seus setores. Ao contrário, a complexidade exige a departamentalização da gestão, de modo que o Estado intervenha em maior ou menor grau onde e quando se justificar, sob o ponto de vista da maior eficiência da gestão.

---

[73] BOLLE, Monica Baugarten de. *Como matar a borboleta azul...* obra citada, p. 241.

[74] Na *performance* de Zahy Guajajara, "a violência que um dia foi oculta, hoje explicita / Nasci no útero do País e me tornei a filha bastarda" (*Aikuẽ zepè (Ainda r-existo)*. Vídeo dirigido por Mariana Villas-Bôas, 2021.

Eficiência das decisões judiciais

Quando se fala em qualidade da intervenção do Estado, de modo nenhum está-se excluindo o Poder Judiciário. O Estado-juiz tem que ser igualmente eficiente nas suas decisões que podem afetar a mitigação das crises periódicas e as injustiças permanentes.

A revisão judicial do contrato empresarial deve ser excepcionalíssima (CC, art. 421 e 421-A, III) não porque exista algo assim como uma liberdade natural e sagrada dos agentes econômicos, como sugerem alguns liberalismos, mas sim por ser o modo mais eficiente de o Estado-juiz participar da gestão do capitalismo. Quando o Poder Judiciário prestigia firmemente a vontade contratada entre dois empresários, ainda que em sentido diverso do legalmente estabelecido (Lei n. 13.874/19, art. 3º, VIII), ele decide alinhado com os incentivos do sistema capitalista (de premiar com o lucro o empresário que acerta e punir com o prejuízo o que erra) e, portanto, atua do modo mais eficiente para a economia.

Mas, se o contrato é de trabalho ou de consumo, o Estado-juiz não pode se retrair e deve interferir na relação jurídica entre os contratantes de acordo com a lei trabalhista ou de proteção dos consumidores. É certo que o problema da mitigação das injustiças permanentes tem um pouco mais de peso nas decisões de direito do trabalho ou do consumidor, mas não há uma incompatibilidade intrínseca entre ele e o da contribuição para a maior eficiência econômica. Numa economia em que os trabalhadores têm os seus direitos respeitados, há mais consumidores e, portanto, mais mercado para os bens e serviços produzidos. E o tratamento justo dos consumidores fortalece a economia, porque produtos e serviços de maior qualidade exigem mais investimentos e geram empregos.

A participação do Estado-juiz na gestão dos problemas do capitalismo é tão complexa quanto a dos demais poderes. É de extrema ineficiência, por exemplo, o Poder Judiciário simplesmente tomar partido do trabalhador e do consumidor, como se a sua missão fosse sempre tirar um pouquinho do empresário presumivelmente mais forte para dar à parte fraca da relação, permanecendo na superfície do litígio. Muitas vezes, o atendimento ao que parece ser o interesse imediato dos trabalhadores e consumidores litigantes acaba prejudicando-os coletivamente e é preciso que o Poder Judiciário fique muito atento para as implicações de suas decisões que vão além do específico litígio em julgamento.

São vários os exemplos dessas decisões justas na aparência, mas essencialmente injustas e ineficientes; vou apresentar um. É prática no varejo a venda de produtos a prazo sem a cobrança de juros quando se divide o preço em até quatro ou cinco parcelas. Imagine que o Ministério Público proponha uma ação civil pública contra cinco varejistas para tentar impedir que eles parcelem os seus preços sem cobrar juros. Alega, nesta ação, que os juros estariam necessariamente embutidos nessas parcelas e, consequentemente, a informação prestada aos consumidores seria falsa. Independentemente do mérito dessa alegação ministerial, se o Estado-juiz acolher o pedido irá gerar efeitos altamente prejudiciais no plano da concorrência. A procedência da ação impediria somente aqueles cinco varejistas *escolhidos* pelo Ministério Público de adotar a prática de parcelamento sem juros largamente difundida no varejo nacional, enquanto todos os demais concorrentes (que tiveram a sorte de não serem listados na petição inicial) continuariam livres para a adotar. Na solução de determinadas ações judiciais, principalmente as de tutela de interesses metaindividuais, o Poder Judiciário contribuirá para a maior eficiência da economia ao dar plena concretude ao princípio constitucional da legalidade (CF, art. 5º, II), porque as limitações à liberdade de iniciativa e concorrência devem ser estabelecidas no plano geral que só as leis podem alcançar.

O paradoxo da proteção da liberdade

O leitor certamente já percebeu, ao chegar a esse ponto do livro, que eu não sou um liberal. A liberdade não pode prevalecer sempre sobre a igualdade. Muito ao contrário, esses valores devem ser constantemente balanceados. Em outros termos, é uma perda de tempo tentar construir argumentos em favor de um ou de outro valor, quando conflitam, na ilusão de termos sempre um único critério abstrato de validade universal que nos pudesse fornecer a hierarquização correta entre eles. O balanceamento entre liberdade e igualdade é parte da gestão das crises periódicas e das injustiças permanentes.

Para defender a liberdade, às vezes é necessário constrangê-la em determinada medida. O liberalismo conhece esse paradoxo há muito tempo: a teoria do contrato social é, em essência, a narrativa da renúncia de uma parcela da liberdade para a proteger.

Como disse no capítulo anterior, para serem rigorosamente coerentes com a premissa da cooperação espontânea a partir de ações individuais egoístas, os neoliberais não poderiam aceitar a existência de um sistema de defesa da concorrência, como o coordenado no direito brasileiro pelo Cade. André Santa Cruz mostra como apenas os argumentos libertários contra o sistema antitruste são compatíveis com a premissa neoliberal fundamental[75]. Mas um sistema de defesa da concorrência é necessário à gestão eficiente do capitalismo e seus problemas. Mais uma vez, para defender a liberdade de iniciativa, é necessário impedir determinadas iniciativas[76].

Em suma, não há uma liberdade como direito natural, sagrado e intocável: determinada liberdade só deve ser assegurada a alguém se isso for o mais eficiente para mitigar as crises periódicas e as injustiças permanentes do capitalismo.

Minhas concordâncias com os liberais

Procurando fixar algumas diretrizes gerais para dar um pouco mais de concretude à intervenção eficiente do Estado, quero apontar diversas concordâncias com os neoliberais.

Concordo com Friedman que haveria ganhos para a eficiência econômica se o sistema de credenciamento como condição para a

---

[75] *Os fundamentos...* obra citada.
[76] Meu *Direito antitruste brasileiro*: comentários à Lei n. 8.884/94. São Paulo: Saraiva, 1995. p. xvi.

prestação de serviços fosse completamente abolido, mediante a afirmação da mais plena liberdade de iniciativa e concorrência, em meio à qual os empregadores e consumidores se guiariam por certificações dos profissionais feitas por entidades ou empresas privadas. Essa medida não deve ficar restrita àquelas situações em que o corporativismo grita mais alto, como os representantes comerciais autônomos e os corretores de imóveis, mas deve alcançar também aquelas em que ele tem conseguido se esconder atrás da desculpa da fiscalização deontológica da profissão, como no caso dos médicos, advogados e demais prestadores de serviços que demanda formação superior.

Vou tomar a medicina como exemplo, mas as mesmas considerações são integralmente extensíveis à advocacia, engenharia, odontologia etc. Com a abolição dos conselhos federal e estaduais de medicina, os hospitais públicos e privados passariam a submeter a exame os médicos antes de os contratar, em vez de simplesmente acreditarem num papel expedido pela corporação de ofício. Os planos de saúde só reembolsariam gastos com médicos certificados e os pacientes escolheriam os seus médicos particulares do mesmo modo com que se escolhe um restaurante pelas certificações de guias especializados de gastronomia. A responsabilização profissional ficaria a cargo do Poder Judiciário, preservada das politicagens internas das corporações de ofício[77].

Também concordo com Friedman sobre o alistamento militar dever ser voluntário e remunerado em tempo de paz e estou de pleno acordo com a avalição dele de que, comparando com a experiência soviética, cubana e norte-coreana, o capitalismo promove mais igualdade que essas alternativas de socialismo real[78].

Com Hayek estou de acordo em impedir que o Estado tenha qualquer tipo de monopólio na prestação de serviços, exceto os da lei e da ordem (*"enforcement"*)[79]. Os consumidores só têm a ganhar com a competição entre a empresa pública e a iniciativa privada,

---

[77] FRIEDMAN, Milton. *Capitalismo e liberdade...* obra citada, pp. 142-162.
[78] FRIEDMAN, Milton. *Capitalismo e liberdade...* obra citada, p. 171.
[79] HAYEK, Friedrich. *Law, legislation and liberty...* obra citada, p. 140.

permitindo que a comparação entre as demonstrações de resultado delas forneçam elementos objetivos para os argumentos pela manutenção da presença do Estado ou pela privatização.

Em relação a Rothbard, concordo com a liberdade de comércio sexual[80] e dos jogos de azar[81]. E, tal como ele e Friedman, sou também favorável à liberalização do comércio e consumo de todas as drogas[82], acompanhado de uma robusta política pública de saúde física e mental.

Concordo com Nozick que as pessoas são muito diferentes e, por isso, não existe um único modelo de sociedade que seja o ideal para todos[83], ressalvando, contudo, que não temos controle sobre isso e, portanto, não acredito na utopia do sistema de filtragem que ele propõe[84].

Quanto a Mises, penso que ele não poderia estar mais certo ao apontar que as tentativas de controle dos preços pelo Estado geram apenas desabastecimento e são sempre fadadas ao insucesso. Além disso, acabam demandando novas intervenções igualmente desastrosas[85].

Por fim, compartilho com todos os neoliberais a mesma preocupação com a tendência de crescimento do poder dos burocratas, embora aposte no aperfeiçoamento dos controles democráticos como antídoto (falo de ampla liberdade de imprensa, plena autonomia do debate acadêmico, livre organização partidária, completo desimpedimento no trânsito de ideias etc.) e não na simplória fórmula do Estado mínimo.

---

[80] ROTHBARD, Murray. *O manifesto...* obra citada, pp. 127-131.
[81] ROTHBARD, Murray. *O manifesto...* obra citada, pp. 132-134.
[82] ROTHBARD, Murray. *O manifesto...* obra citada, pp. 134-135.
[83] NOZICK, Robert. *Anarquia, Estado e utopia...* obra citada, p. 399.
[84] NOZICK, Robert. *Anarquia, Estado e utopia...* obra citada, pp. 403-409.
[85] MISES, Ludwig von. *Crítica ao intervencionismo...* obra citada, pp. 92-95.

5. Livres e iguais

Estima-se que uma em cada quatro adolescentes brasileiras falta às aulas quando menstrua por não ter dinheiro para comprar absorventes higiênicos. É evidente que a pobreza menstrual constrange a liberdade dessas adolescentes, retirando a ida à escola das alternativas postas à sua escolha. Não há dúvidas, também, de que políticas públicas de distribuição gratuita de produtos de higiene na rede pública de ensino são pertinentes, urgentes e justas. É uma ação do Estado que ampliará a igualdade e a liberdade das jovens em situação de pobreza menstrual. Parece muito improvável, por fim, que igual resultado pudesse ser alcançado contando-se apenas com o livre mercado e o Estado mínimo.

À minúscula porção de liberdade e igualdade que essas jovens passam a desfrutar em razão do acesso aos produtos de higiene menstrual corresponde uma porção também minúscula de redução da liberdade dos pagadores de impostos. As duas porções são minúsculas mas muito diferentes: para as adolescentes beneficiadas com programas estatais de combate à pobreza menstrual, o aumento da liberdade e da igualdade gera efeitos relevantes (educacionais, psicológicos, sociais e materiais) e é simbolicamente significativa; enquanto para o pagador dos impostos, a redução da liberdade proporcional à participação no custeio desse programa estatal é imperceptível e não altera em nada a vida dele. Quando ignora essa diferença e se aferra à liberdade do homem abstrato de seu axioma da liberdade – para o defender intransigentemente da coação do Estado cobrador dos impostos indispensáveis ao custeio das políticas públicas –, o liberalismo está argumentando em desfavor de pessoas como as mulheres em situação de pobreza menstrual.

Balizas da intervenção do Estado

Identifiquei cinco diferentes respostas à questão dos limites da intervenção do Estado. Chamei-as de "balizas" e nomeei cada uma fazendo homenagem a engenheiros, economistas ou pensadores com os quais é possível fazer uma associação. Na baliza Keynes, o Estado pode intervir gerando oportunidades de negócios e emprego com o objetivo de mitigar crises econômicas. Na baliza Ramos, nomeada em homenagem aos irmãos que viabilizaram o primeiro Plano de Valorização do Café, a intervenção se faz também para evitar as crises, mediante alianças táticas do Estado com os empresários mais expostos ao risco de grandes perdas. Na baliza Merquior, com que homenageio José Guilherme Merquior, a intervenção do Estado visa prover a economia daquelas atividades que a iniciativa privada não tem interesse em explorar, por não se mostrarem atraentes sob a perspectiva da lucratividade. A baliza Furtado, que nomeei evocando as ideias cepalinas defendidas por Celso Furtado, o Estado atua na promoção do desenvolvimento industrial. Na baliza Mazzucato, em homenagem à economista Mariana Mazzucato, o Estado chama para si os riscos mais altos da pesquisa de ponta para que os empresários se sintam estimulados a assumir os menores riscos no espectro da exploração econômica. E, por fim, identifiquei a baliza Berlin, chamando-a assim em homenagem a Isaiah Berlin, para indicar a intervenção direta ou indireta do Estado na economia, com o objetivo de balancear liberdade e igualdade.

Qual dessas balizas é a correta? A proposta deste livro é dizer que nenhuma delas é mais correta que as demais. O Estado intervém mais ou menos, aqui ou ali, e deixa de intervir orientado por essas balizas, ou por nenhuma delas, sempre que for o meio mais eficiente para tentar alcançar a finalidade de mitigar as crises econômicas periódicas e as injustiças permanentes do capitalismo. Não há uma métrica universal e atemporal, que se mostre eficiente de uma vez por todas e em qualquer país. A história flui, tornando a economia crescentemente mais complexa e exigindo maior sofisticação na teoria e renovações na prática. Estamos assistindo, nesse início do século XXI, a uma mudança nas funções da moeda de tal magnitude que se antevê a aproximação de uma economia desmonetizada. Nela, desaparecerão de vez os resquícios da moeda-mercadoria, que é, para os neoliberais, o único instrumento ao alcance do Estado em meio aos altos e baixos dos ciclos econômicos.

Claro que não dispor de uma baliza única torna tudo bem mais complicado para governantes, políticos, burocratas, economistas, juristas e juízes. O Estado mínimo na regulação da atividade econômica (que suprima barreiras tarifárias, vantagens competitivas institucionais, tipos contratuais legalmente rígidos e formalidades cartorárias, e que simplifique as obrigações tributárias instrumentais, module os efeitos temporais das alterações na interpretação da lei tributária, elimine burocracias etc.) deve ser o mesmo Estado com presença ostensiva e constante em outros campos (na firme proteção do meio ambiente e dos direitos dos povos originais, assim como na prestação de serviços de alta qualidade na educação e na saúde e provedor de efetiva seguridade social etc.). O Estado não deve ser uma entidade rígida e eterna; ao contrário, deve ser flexível e preocupado com a qualidade e eficiência de suas intervenções.

O Estado mínimo dos neoliberais

Os neoliberais defendem o Estado mínimo argumentando que qualquer intervenção estatal na economia cria condições artificiais, isto é, ruído nas informações transmitidas pelos preços entre os agentes econômicos. Para eles, se o governo constrange a base monetária em descompasso com a demanda por moeda, agrava ou prolonga as recessões, porque o preço artificial do dinheiro (juros elevados) transmite aos empresários a falsa informação de inexistência de mercado consumidor; e, então, eles deixam de investir. (Foi deste modo que o Federal Reserve teria gerado a Grande Depressão dos anos 1930.) Argumentam que se, por outro lado, o governo adota política visando aumentar a base monetária, o preço artificial do dinheiro (juros baixos) transmite aos empresários a falsa informação de existência de um potencial de consumo a ser explorado; eles fazem, então, investimentos que acabarão se revelando maus investimentos, porque os produtos e serviços não encontrarão consumidores. (Desse modo, o governo causa os *booms* que precisam ser forçosamente corrigidos por recessões.)

O Estado só não erra quando a sua intervenção se alinha às forças espontâneas da economia[1]. O neoliberalismo faz, assim, apenas uma discreta concessão à intervenção estatal ao admiti-la quando tem caráter geral (não beneficia nenhum segmento específico) e se limita a criar estímulos a determinadas ações individuais (nunca por meio de obrigações ou proibições). Quando zela pela liquidez, ampliando a base monetária com o objetivo de atender à presumível demanda das pessoas por moeda, o Estado se contém na estreitíssima baliza dessa única hipótese de atuação econômica que os neoliberais aceitam, meio a contragosto.

O Estado mínimo do neoliberalismo não coincide exatamente com o Estado "vigia noturno" do liberalismo político do século XIX. Enquanto este se limitava a "produzir segurança", o Estado mínimo neoliberal possui uma função na economia, embora bastante tímida.

O Estado mínimo neoliberal foi posto à prova na crise de 2008. O indisfarçado quietismo do Federal Reserve diante das exuberantes alavancagens da securitização dos créditos *subprime* parecia ser, aos olhos dos neoliberais, a atitude certa de uma autoridade monetária alinhada com as forças espontâneas da economia.

Aliás, em 2002, o FED havia se desculpado publicamente com Milton Friedman pela desastrosa atuação do órgão, nos anos 1930,

---

[1] HAYEK, Friedrich A. *The constitution of liberty...* obra citada, pp. 329-332.

causadora da contração da base monetária[2]; e Ben Bernanke, que tinha sido o porta-voz do pedido oficial de desculpas e prometera que nunca mais esse erro seria cometido, era o presidente da instituição quando a crise de 2008 eclodiu. Ele aplicou com zelo a receita neoliberal. Até mesmo encontrou novos caminhos para zelar pela liquidez da economia, como programas de compras maciças de títulos públicos e privados no mercado secundário (*quantitative easing*). A estratosférica liquidez, porém, não evitou os inadimplementos dos mutuários e secutirizadores, a irrecuperabilidade dos empréstimos na execução dos imóveis financiados, a repentina retração nas indústrias da construção civil e de mobiliários, o desemprego e a desaceleração geral da economia[3]. A intervenção mínima neoliberal não só não conteve a crise financeira de 2008 como contribuiu para ela com a insuficiente regulação bancária[4].

A crise de 2008

A segunda maior crise do sistema capitalista, cujo marco temporal é o pedido de falência do Lehman Brothers em 15 de setembro de 2008, foi desencadeada pela inconsistência dos créditos que lastreavam um volume extraordinário de operações de securitização[5]. Os lastros dessas operações eram financiamentos bancários

---

[2] "Let me end my talk by abusing slightly my status as an official representative of the Federal Reserve. I would like to say to Milton and Anna: Regarding the Great Depression. You're right, we did it. We're very sorry. But thanks to you, we won't do it again." Disponível em: www.federalreserve.gov/BOARDDOCS/SPEECHES/2002/20211108/. Acesso em: 27 jul. 2021.
[3] Ademais, como destacado por Steven Landsburg, "a oferta monetária aumentou dramaticamente desde a crise de 2008, porém os preços não responderam como a velha teoria quantitativa teria previsto. Isto está de acordo om a previsão de Keynes de que a teoria da quantidade tende a falhar (como nos anos seguintes a 2008), particularmente quando as taxas de juros estão muito baixas" (*O essencial de Milton Friedman*. Tradução de Matheus Pacini. São Paulo: Faro, 2021. p. 44).
[4] Cf., por todos, STIGLITZ, Joseph E. *The price of inequality...* obra citada, pp. 307-310 de 502 *et passim*.
[5] Para simplificar, vou falar apenas em securitização, deixando de lado o autofinanciamento. Sobre a diferença entre esses dois negócios, ver o meu *Títulos de crédito...* obra citada, pp. 82-85.

destinados à aquisição de imóveis residenciais. A garantia dada ao banco consistia na hipoteca sobre os imóveis financiados. Por isso, aparentemente os financiamentos contavam com uma garantia sólida: se o adquirente parasse de pagar as prestações, o banco pedia a expropriação judicial do bem onerado (por exemplo, sua venda em leilão) e receberia o que lhe era devido. A questão, contudo, é bem mais complexa.

Nas operações de securitização lastreadas em créditos, as companhias securitizadoras ganham com a diferença entre o valor do lastro e o de colocação de um título junto aos investidores. Por exemplo, o banco empresta $100 ao adquirente do imóvel residencial, que fica devedor de $200, para pagamento em prestações em longo prazo. O banco, tão logo tenha assinado o contrato de empréstimo emite (por meio de uma companhia securitizadora) um título lastreado nesse crédito de $200 e o vende a investidores por $110. Seu lucro foi de $10. Assim que recebe os $110, empresta $105 para outro cidadão interessado em financiar a aquisição do imóvel residencial, que fica devedor de $210. Novamente, o banco emite um título lastreado nesse segundo crédito e o vende aos investidores por $115. Teve um lucro de mais $10. Em seguida, do valor que recebe na venda do título, empresta $110 para uma terceira pessoa interessada em financiar a compra do imóvel, e assim sucessivamente.

Você já percebeu que quanto mais créditos o banco conceder a interessados no financiamento de imóveis, mais ele ganha com a securitização nele lastreada. Desse modo, na competição entre os bancos, há um forte estímulo para a fragilização da avaliação dos riscos de crédito. As instituições financeiras norte-americanas passaram a conceder créditos a quem não tinha renda, emprego nem bens. No cínico jargão da área, eram devedores "ninja" (*no income, no job, no assets*). Argumentava-se que a hipoteca do imóvel financiado era uma garantia mais que suficiente para os bancos e investidores. Foi com base nesse pressuposto que as agências de avaliação de risco continuaram atribuindo o maior grau aos títulos de securitização de recebíveis imobiliários *subprime*.

A extraordinária ampliação do volume de securitização trouxe efeitos aparentemente benéficos para diversos setores da economia norte-americana: incorporadoras aceleraram a construção de residências, mobilizando arquitetos, engenheiros, operários da construção civil, fornecedores de insumos; corretores de imóveis lucraram com comissões; fabricantes de mobília e utensílios domésticos também venderam mais produtos etc. Mas as instituições financeiras estavam obtendo os seus vistosos ganhos por meio de uma "alavancagem" frenética e perigosamente alta.

Na primeira onda de inadimplemento, a garantia hipotecária cumpriu a sua finalidade. O banco obteve a expropriação judicial do imóvel onerado e conseguiu realizar o seu crédito com o produto da venda do bem. Mas a quantidade de inadimplementos aumentou rapidamente na segunda onda e, em razão da grande oferta de imóveis em execuções forçadas, o preço pago pelos arrematantes era insuficiente para a satisfação integral da dívida. E, nas ondas subsequentes, não havia sequer interessados em fazer lances nos leilões judiciais dos imóveis. A garantia hipotecária, de tão sólida, desmanchou no ar.

Com o colapso do lastro dos créditos *subprime*, os bancos e demais agentes econômicos que operavam nesse mercado não puderam honrar o pagamento de seus títulos e alguns foram à falência. Apesar dos socorros governamentais, a crise inicialmente financeira se projetou sobre toda a economia. Você pode estar se perguntando – como fez a rainha da Inglaterra em 5 de novembro daquele ano desafiador – "por que os economistas não previram o desastre?". Na verdade, a crise já estava anunciada, alguns anos antes. Investidores arrojados já faziam negócios no mercado de futuro para ganhar com a sua eclosão pelo menos desde 2006[6]. Faltou regulação bancária eficiente, que impusesse limites à alavancagem dos securitizadores dos recebíveis imobiliários.

---

[6] Cf., por exemplo, OBAMA, Barack. *Uma terra prometida*. Tradução de Berilo Vargas, Cássio de Arantes Leite, Denise Bottmann e Jorio Dauster. São Paulo: Companhia das Letras, 2020. pp. 187-190.

A avaliação da crise de 2008

Os neoliberais ficaram em silêncio.

A receita monetarista ignorada na Grande Depressão teve a sua chance, pedida pelo neoliberalismo, ao ser implantada fielmente pelo Federal Reserve no início do século XXI. A recessão norte-americana de 2001 foi marcada pela desvalorização das ações das empresas pontocom – as pioneiras no comércio eletrônico, arrogantemente chamado então de "nova economia", para as quais interessava apenas o crescimento e não a lucratividade. Houve também turbulências no financiamento imobiliário. Em 1996, o FED já tinha externado preocupação com a "exuberância irracional" espalhada no mercado, mas, fiel às diretrizes neoliberais, nada fizera a respeito[7]. A recessão durou pouco: iniciada em março terminou em novembro de 2001. Por isso, ela não foi suficiente para demonstrar de modo definitivo o quanto o FED estava sendo irresponsável em sua inércia neoliberal. Mais uma chance foi dada à cooperação espontânea e sobreveio a estonteante crise de 2008, deflagrada pelo colapso no financiamento imobiliário *subprime*; uma crise que só não ganhou a dimensão da Grande Depressão porque os bancos centrais e os Estados das principais economias repentinamente rasgaram a receita do neoliberalismo e providenciaram um gigantesco socorro a algumas empresas privadas do sistema financeiro[8].

Se os neoliberais se calaram, os libertários identificaram rapidamente o culpado pela crise de 2008: o Estado. De acordo com a

---

[7] STIGLITZ, Joseph. *Os exuberantes anos 90...* obra citada, pp. 83-89.

[8] Piketty concorda com Friedman e considera a ineficiência do FED em manter a liquidez da economia a causa da Grande Depressão; mas, ao contrário do neoliberal, não vê nisso nenhum fundamento para defender o quietismo estatal: "contrary to the monetarist doctrine, the fact that the Fed followed an unduly restrictive monetary policy in the early 1930s (as did the central banks of the other rich countries) says nothing about the virtues and limitations of other institutions" (*Capital in the Twenty-First Century...* obra citada, pp. 547--549). Nesse diapasão, conclui que "the main reason why the crisis of 2008 did not trigger a crash as serious as the Great Depression is that this time the governments and central banks of the whealty countries did not allow the financial system to collpase and agreed to create the liquidity necessary to avoid the waves of bank failures that led the world to the brink of the abyss in the 1930s" (*Capital in the Twenty-First Century...* obra citada, p. 472).

avaliação libertária, a política de aumento da base monetária do Federal Reserve levou os empresários a uma leitura distorcida dos juros baixos nos empréstimos de financiamento imobiliário – isso teria acontecido tanto no mercado *prime* (com taxas de juros variáveis) como no *subprime* (em que o financiador se considera devidamente protegido apenas pela hipoteca do imóvel). Repetiram o mantra: o ruído na informação que os preços deveriam transmitir induziu à avaliação equivocada sobre a real capacidade de compra dos consumidores. Em relação à exponencial alavancagem na securitização de recebíveis imobiliários, os libertários também culparam o Estado (mas não por seu quietismo diante da exuberância irracional). Ignorando as securitizadoras inteiramente privadas, concentraram as críticas nas securitizações feitas por duas *government-sponsored enterprises*: a Federal National Mortgage Association (Fannie Mae) e a Federal Home Loan Mortgage Corporation (Freddie Mac). À lista de intervenções desastrosas do governo norte-americano acrescentam outras, entre as quais ações afirmativas raciais e a política de construção de uma "sociedade de proprietários"[9].

Estamos todos concordando, aparentemente, que as entidades do Estado e o governo norte-americano não só não viam nenhum problema no expressivo aumento da base monetária por meio das securitizações imobiliárias como até mesmo a estimularam. Na avaliação dos estímulos é que surgem as divergências. Como o Federal Reserve tinha prometido que nunca mais seriam ignoradas as recomendações deles, os neoliberais não poderiam criticar a inércia do órgão diante das ações individuais tateando atrás da cooperação espontânea. Já os libertários, por considerarem o Estado um mal em si, não conseguiriam sequer vislumbrar um cenário em que o Federal Reserve poderia ter tomado uma única decisão acertada (salvo declarar a própria extinção). De minha parte, por concordar com a avaliação de ter sido a falta de regulamentação

---

[9] Cf. WOODS JUNIOR, Thomas E. *Meltdown*. A free-market look at why the stock market collapsed, the economy tanked, and government bailouts sill make things worse. Washington: Regnery Pub., 2009. pp. 13-32 *et passim*.

bancária limitativa das alavancagens a causadora da crise, vejo no quietismo estatal o principal estímulo ao inebriante carnaval da securitização.

O valor das coisas

No tema econômico do valor, os liberais adotam a teoria da utilidade marginal pressupondo, em decorrência do axioma do homem livre, que as pessoas tomam as decisões que têm vontade. Para eles, se o desempregado não está trabalhando é porque preferiu o ócio ou o lazer ao salário oferecido pelos empregadores[10]. Desse modo, os empregadores devem aumentar os salários ofertados até chegarem ao valor que faça o desempregado preferir empregar-se a continuar ocioso.

Os economistas consideram que o surgimento da teoria da utilidade marginal do valor, em obras de William Jevons[11], Karl Menger[12] e León Walras[13] nos anos 1870, acarretou um significativo giro conceitual. Até então, a abordagem clássica (de Smith e Ricardo) considerava que o valor de um produto era definido objetivamente, isto é, pela quantidade de trabalho despendido na sua produção. Com o marginalismo, o valor passou a ser considerado um fator subjetivo, resultante dos desejos das pessoas[14].

Mas, na verdade, o primeiro a tratar o valor como uma relação social foi Marx, ao refletir sobre o fetichismo das mercadorias. Na complexa e sutil teoria do valor marxista, o cálculo da taxa de mais-valia depende, de um lado, do quanto o operário despende para

---

[10] MISES, Ludwig von. *Ação humana...* obra citada, p. 128.

[11] *A teoria da economia política*. Tradução de Cláudia Laversveiler de Morais. São Paulo: Victor Civita Editor, 1983. pp. 65-75. (Coleção Os Economistas).

[12] *Princípios de economia política*. Tradução de Luiz João Baraúna. São Paulo: Victor Civita Editor, 1983, pp. 298-306. (Coleção Os Economistas).

[13] *Compêndio dos elementos de economia política pura*. Tradução de João Guilherme Vargas Netto. São Paulo: Victor Civita Editor, 1983. pp. 99-104. (Coleção Os Economistas).

[14] MAZZUCATO, Mariana. *O valor de tudo*: produção e apropriação na economia global. Tradução de Camilo Adorno e Odorico Leal. São Paulo: Portfolio-Penguin, 2018, posições 1365-1419 de 7611 *et passim*. E-book.

manter-se vivo e com capacidade mínima de trabalho, isto é, dos gastos com alimentação, moradia, saúde etc. e, de outro, do quanto o industrial embolsa com a venda do produto. Essas variáveis, porém, são definidas pelas relações sociais atributivas de valor às mercadorias. Para Marx, o trabalho que está na substância do valor é ocultado pela "forma mercadoria"[15].

O liberalismo não está errado ao se afastar da abordagem clássica e desconsiderar a quantidade de trabalho como critério do valor. Ele erra ao presumir que a relação social atributiva de valor se assenta no encontro de duas vontades inteiramente livres. As coisas realmente não têm valor em si mesmas. O valor delas resulta do encontro da *decisão* não inteiramente livre de duas pessoas (comerciante e consumidor, industrial e operário, industrial e fornecedor de insumos etc.). O trabalhador não tem a opção do ócio, assim como o industrial não tem a de não vender a sua produção – quando o trabalhador não tem emprego ou o industrial não consegue mercado para os seus produtos, não se pode dizer que eles estão escolhendo livremente uma das variáveis ao alcance da vontade deles.

O discreto descrédito da Teoria Quantitativa da Moeda

A concepção do valor pela utilidade marginal está na base da Teoria Quantitativa da Moeda (TQM), segundo a qual o nível geral dos preços é definido pela quantidade de moeda disponível na economia. A moeda é vista, na TQM, como uma mercadoria: originariamente a que tinha maior liquidez, ou seja, correspondia à que a maior quantidade de pessoas estava disposta a aceitar em troca de outras mercadorias (para alguns economistas, teria sido o trigo). E, como acontece com as demais mercadorias, será a maior ou menor procura que lhe atribuirá valor[16]. Quando há mais pro-

---

[15] *O capital*: crítica da economia política. Tradução de Regis Barbosa e Flávio R. Kothe. São Paulo: Victor Civita Editor, 1983. v. I, pp. 70-78 *et passim*. (Coleção Os Economistas).

[16] Ludwig von Mises distingue a oferta e procura de dinheiro da oferta e procura de empréstimos para investir ou consumir, vinculando o aumento ou a redução do valor do dinheiro fundamentalmente à poupança (*O livre mercado e seus inimigos...* obra citada, p. 84).

cura que oferta de moeda, o seu valor aumenta; quando há menos procura, diminui. A teoria da moeda-mercadoria, porém, não conseguiu se sustentar quando o padrão-ouro foi abandonado. Hoje, ela está desacreditada.

Na TQM, assim, a inflação dos preços é resultado da oferta de moeda abaixo da procura. Por isso Friedman insiste que ela é um fenômeno exclusivamente monetário, do início ao fim.

Ao delimitar o seu Estado mínimo, os neoliberais adotam essas premissas e consideram, em decorrência, que a intervenção do Estado limitada a aumentar ou reduzir a base monetária será sempre a medida eficiente e suficiente para reagir à flutuação de preços; a única que pode expandir o *boom* ou abreviar a recessão nos ciclos econômicos. Apesar de não ter sido confirmada por estudos empíricos, a TQM gozava de grande prestígio entre os economistas. (Aliás, em sua essência a teoria era conhecida pelos leigos: as pessoas em geral acreditam que se o governo for irresponsável a ponto de emitir dinheiro sempre que precisar fazer uma despesa, isso levará à inflação.)

A TQM pressupõe que o Estado, por meio de sua autoridade monetária (banco central), tem o controle sobre a quantidade de moeda disponível na economia. Quando os bancos são obrigados a depositar no banco central parte dos recursos que receberam em depósito de seus clientes, isso reduz a quantidade de moeda disponível porque eles ficam impedidos de os emprestar. Por outro lado, ao emprestar os recursos não reservados e os receber novamente em depósito, os bancos acabam aumentando a base monetária, ou, como se diz, emitindo moeda escritural. A circularidade do processo (o banco empresta dinheiro nele depositado e recebe, ele mesmo ou outro banco, novamente esse dinheiro em depósito) é infinita. Quanto mais dinheiro escritural um banco emite, mais ele está "alavancado". Pois bem, o banco central, se quer ter efetivo controle sobre a quantidade de moeda disponível na economia, deve regulamentar a atividade bancária para impor limites à alavancagem.

Na crise de 2008, o fracasso das medidas extremas de ampliação da base monetária aflorou o equívoco das premissas da TQM.

Os fatos desacreditaram totalmente a já bastante fragilizada – porque nunca demonstrada por meios empíricos – relação entre quantidade de moeda e preços. A farra da securitização do crédito *subprime* tinha ampliado significativamente a base monetária, enquanto o Federal Reserve assistia a tudo impassível (a cada operação, mais moeda escritural era emitida). E, embora os preços dos imóveis tivessem aumentado, a excepcional alavancagem das securitizadoras não havia deflagrado nenhum processo inflacionário. Além disso, na década seguinte à crise, o Federal Reserve majorou a base monetária norte-americana de 50 bilhões para quase 3 trilhões de dólares, e isso tampouco causou inflação[17].

Os fatos confirmaram, em suma, que o banco central não controla a base monetária, por meio de simples aumento ou diminuição das emissões de moeda; ele consegue, na verdade, exercer algum controle sobre as taxas de juros, com a presença na negociação de títulos públicos ou privados em mercados secundários e por essa via procurar manter a estabilidade da moeda.

Gastar o dinheiro dos outros

Um dos clichês do neoliberalismo, em suas cruzadas contra o Estado, consiste em afirmar que os burocratas gastam mal o dinheiro dos contribuintes obrigados ao pagamento de impostos pesados. Ele não é despropositado, muito ao contrário; mas dá conta de apenas metade da verdade.

Quem compara os burocratas encarregados da realização de despesas públicas com os administradores de mais elevado nível

---

[17] De acordo com André Lara Resende: "a teoria da política monetária passou por grandes transformações nos últimos vinte anos [fim do século XX e início do XXI]. Depois de mais de sete décadas de preponderância, a Teoria Quantitativa da Moeda, a suposta relação estável entre moeda e preços e a oferta de moeda exógena foram deixadas de lado. [...] Nas ciências sociais, sob a desculpa de que a realidade em si pode mudar, justificam-se grandes reversões teóricas sem que se faça necessário explicar como e por que a antiga ortodoxia foi superada pela nova. A velha teoria monetária resistiu por muito tempo às evidências contrárias para ser simplesmente descartada como vítima da mudança das circunstâncias" (*Juros, moeda e ortodoxia*. São Paulo: Portfolio-Penguin, 2017, p. 80; sobre o aumento da base monetária norte-americana, ver p. 114).

das grandes *corporations* (sociedades anônimas abertas) vê que aqueles estão sujeitos a um conjunto de restrições, controles e medidas de fiscalização muito maior que estes. Nenhum alto burocrata de democracia liberal vai de jatinho passar o fim de semana em estações de esqui à custa dos nossos impostos, mas vários CEOs fazem isso gastando o dinheiro dos acionistas das companhias que dirigem. O grau de transparência do gasto público é infinitamente maior que na iniciativa privada. Não falo aqui em afrouxar a condição dos burocratas, tampouco em cercear com burocracia a ação dos administradores de empresas; falo apenas de enxergar a realidade por inteiro: no terreno em que viceja o mais puro capitalismo, o mundo corporativo norte-americano, estão encastelados os que *realmente* gastam *muito* dinheiro dos outros.

O poder de controle gerencial

Nos anos 1930, um advogado e um economista fizeram um estudo acurado das sociedades anônimas abertas nos Estados Unidos. Foi um estudo tão preciso e valioso que ainda hoje a parte analítica serve de referência no direito societário no mundo todo. Nele, os autores identificaram a nítida separação entre a propriedade e a gestão da empresa. Em uma quantidade considerável de *corporations*, algumas pessoas tomam todas as decisões relativas ao negócio sem terem nenhuma participação relevante no investimento. Eles controlam a gestão sem ser, numa linguagem nada jurídica, os "proprietários da empresa". As ações de emissão dessas sociedades anônimas estão de tal modo dispersas no mercado de capitais que nenhum acionista consegue ter uma participação além de 1% ou 2% do capital social. Além disso, muitos dos acionistas com essa diminuta participação não se sentem capacitados para intervir nas questões administrativas da *corporation*, ou não estão interessados nelas porque investiram visando apenas obter renda em seus anos de aposentadoria. Nessas enormes sociedades anônimas abertas com as ações extremamente pulverizadas quem acaba controlando de fato as empresas são os administradores dela.

Os autores do estudo dos anos 1930 chamaram de "poder de controle gerencial" (*management control*) essa espécie de dissociação entre propriedade e gestão da empresa[18].

Nós, brasileiros, podemos ter às vezes dificuldades de visualizar a situação em que se encontram esses controladores-administradores, porque nunca houve entre nós uma companhia realmente sob controle gerencial[19]. Predominam, aliás, as sociedades anônimas em que o controlador tem a maioria das ações com direito a voto e ele, claro, não permite nenhum abuso dos administradores com o dinheiro da empresa. (Quando o controlador é também diretor, ele até pode farrear um pouco, mas não o restante da diretoria.)

Já as *corporations* sob *management control* são muito comuns nos Estados Unidos. Elas são empresas sem "dono" e sem "olho do dono". De vez em quando surge um escândalo, como na revelação do pagamento, alegadamente em razão do desempenho da empresa no exercício de 2008, de polpudos bônus para administradores e empregados de bancos que só tinham sobrevivido à crise daquele ano graças ao substancial socorro do governo. Mas fatos como estes são "acidentes de percurso" que rapidamente desaparecem do noticiário.

Os administradores costumam justificar os seus estonteantes ganhos alegando que agregam muito valor à empresa com as suas habilidades excepcionais e raras, sua inteligência acima da média e incomum sagacidade. Os neoliberais acreditam nessa conversa fiada e a revestem de cientificidade. Milton Friedman, por exemplo, chega a dizer que, como empregados dos acionistas, os administradores só usam os recursos da empresa nos interesses de seus empregadores (caso contrário, estariam demitidos). Isso é tão equivocado e ingênuo quanto a história da cooperação espontânea na fabricação e comercialização de lápis.

Uma breve nota, antes de passar adiante. Aquele afamado estudo sobre as *corporations* feito dos idos de 1930 acertou na análise,

---

[18] BERLE, Adolf A.; MEANS, Gardiner C. *The modern corporation and private property*. 9. reimpr. New Brunswick: Transaction Pub., 2007. pp. 78-84.
[19] CASTRO, Rodrigo Monteiro de. *Controle gerencial*. São Paulo: Quartier Latin, 2010. pp. 28-36 *et passim*.

mas errou feio no prognóstico. Seus autores, Adolf Berle e Gardiner Means, acreditavam que as sociedades anônimas sob o controle gerencial seriam cada vez mais numerosas em todo o mundo e, graças a elas, o capitalismo evoluiria para um sistema em que todos os trabalhadores seriam também acionistas de organismos mais poderosos que o próprio Estado. A crença deles ia além: o controle das *corporations* por administradores (e não pelos proprietários) garantiria uma "tecnocracia neutra" à frente das empresas e, portanto, com condições de eventualmente empregar uma parte dos lucros no atendimento a interesses da comunidade[20]. É óbvio que isso não aconteceu, já tendo decorrido quase um século.

A responsabilidade social da empresa

Em 1970, atendendo a pressões de um grupo de advogados norte-americanos, a General Motors (GM) adotou medidas destinadas a tornar os seus veículos mais seguros para os consumidores e menos poluentes para o meio ambiente. Os administradores da GM justificaram os gastos para os acionistas invocando a "responsabilidade social da empresa". Milton Friedman, num artigo de jornal[21], repreendeu severamente esses administradores repisando o argumento que já havia apresentado em 1956: a única responsabilidade social da empresa é usar os seus recursos para gerar mais lucros[22]. No artigo de imprensa ele argumentou que o administrador é empregado dos acionistas e está, por isso, impedido de usar o dinheiro da empresa em qualquer finalidade diferente dos interesses de seus empregadores.

[20] *The modern corporation and private property...* obra citada, pp. 312-313.
[21] "[t]he same argument applies to the newer phenomenon of calling upon stockholders to require corporations to exercise social responsibility (the recent G.M. crusade, for example). In most of these cases, what is in effect involved is some stockholders trying to get other stockholders (or customers or employes) to contribute against their will to 'social' causes favored by the activists" (A Friedman doctrine – The social responsibility of business is to increase its profits. *The New York Times*, 13 set. 1970).
[22] *Capitalismo e liberdade...* obra citada, p. 137.

Ao falar que a responsabilidade social das empresas é gerar lucros, Friedman certamente estava fazendo referência a "lucros verdadeiros", isto é, à diferença positiva entre faturamento bruto e despesas. Ele não disse isso, mas consegue-se vislumbrar que a geração de "lucros verdadeiros", em razão da exploração de uma atividade econômica num contexto de competição, vem sempre acompanhada de ganhos difusos em favor de trabalhadores, consumidores e outros empresários (fornecedores de insumo, de financiamento etc.), porque criam empregos e oportunidades de negócios para outras empresas – mobilizam riquezas, em suma.

O artigo de Friedman de 1970 deu origem à abordagem econômica da "teoria da agência", que era trabalhada até então apenas por advogados. A teoria lança luz sobre aspectos delicados das *corporations* sob controle gerencial, ao discutir os conflitos de interesses entre administradores (*agent*) e acionistas (*principal*). A partir da constatação de que os administradores muitas vezes tomam decisões que atendem apenas aos seus próprios interesses, em prejuízo dos acionistas, os advogados investigam qual poderia ser a normativa adequada para evitar essa distorção. Em 1976, numa abordagem não normativa da teoria da agência, um discípulo de Friedman propôs que o modo mais eficiente de combater os conflitos de agência nas companhias abertas seria o fortalecimento do mercado de capitais, por meio da maximização dos ganhos dos acionistas[23]. Atribuíram à recomendação de Friedman, então, uma enunciação mais sofisticada: a única responsabilidade social da empresa é maximizar os ganhos dos acionistas.

Em páginas cínicas da história do liberalismo, contudo, administradores de grandes empresas norte-americanas acharam meios de continuar privilegiando os seus próprios interesses em detrimento dos de seus "empregadores", mas agora sob o mantra da "maximização dos ganhos dos acionistas". Eles se utilizaram desavergonhadamente de instrumentos financeiros e contábeis que

---

[23] JENSEN, Michael; MECKLING, William. Theory of the firm: managerial behavior, agency costs and ownership structure. *Journal of Finance Economics*, v. 3 (4), pp. 305-360, out. 1976.

não tinham nada a ver com o que estou chamando de "lucros verdadeiros". Abusaram dos instrumentos considerados pelos pensadores liberais como expedientes de alinhamento entre os interesses dos administradores e dos acionistas, com o objetivo de evitar os conflitos de agência.

Um desses instrumentos foi a "opção de compra de ações" (*stock option*). Apresentou-se para a sua criação uma justificativa bastante razoável: a companhia deveria conceder aos seus principais administradores o direito de, após um ano, comprar ações de emissão dela por um preço um pouco mais elevado (5%, por exemplo) da cotação atual. Com este formato, só seria lucrativo para o administrador exercer o direito de comprar as ações se, transcorrido um ano, o seu trabalho à frente da empresa tiver sido reconhecido pelo mercado de tal modo que as ações teriam se valorizado para um patamar acima do preço combinado na concessão da opção (uns 10%, por exemplo). A opção de compra foi apresentada como um estímulo poderoso para os administradores se empenharem em desenvolver a empresa e, com isso, maximizar os ganhos dos acionistas.

Na prática, porém, a *stock option* foi desvirtuada e assumiu ares de complementação de remuneração: os administradores receberam o direito de comprar ações por preço inferior ao da cotação no momento de sua contratação, para que pudessem ganhar exercendo a opção e, em seguida, revendendo as ações no mercado (mesmo que não tivesse ocorrido nenhuma valorização presumivelmente atribuída ao trabalho deles pelo mercado de capitais). Mas o problema é que essa remuneração complementar não aparecia na contabilidade da companhia. Durante muito tempo, apesar dos alertas de contabilistas sérios e entidades contábeis de prestígio, boa parcela da remuneração dos administradores – a complementação da *stock option* – não era contabilizada como despesa, nem antes nem após o exercício da opção de compra[24].

Um detalhe importante a assinalar é que, na *stock option*, as ações podem ser criadas no momento em que o administrador

---

[24] STIGLITZ, Joseph. *Os exuberantes anos 90...* obra citada, pp. 136-145.

exerce o direito de compra. Nem sempre a companhia vende ao administrador ações mantidas em tesouraria. O mais comum é a venda desses títulos de participação no capital emitidos especificamente para complementar a remuneração dos administradores. Os acionistas, deste modo, acabam pagando os administradores, quando exercem a opção, com participações societárias – necessariamente reduzindo o percentual das deles, acionistas. Enquanto os administradores não exercem a opção de compra, os lucros da empresa não são impactados pela despesa oculta. Deste modo, enquanto conseguiram impedir que a contabilidade fizesse a apropriação adequada da obrigação contraída pela companhia ao conceder *stock option*, os administradores "otimizaram os ganhos dos acionistas" sem que o trabalho deles tivesse proporcionado nenhum centavo de "lucro verdadeiro".

Outro instrumento, ainda na esfera da contabilidade, era um pouco mais rudimentar. As empresas fazem a sua escrituração com base no regime de competência, e não de gestão ou caixa. No regime de competência, o contador faz a apropriação no momento da constituição da obrigação credora ou devedora, e não na época de sua liquidação. Isso significa que os negócios a prazo celebrados num exercício, mas com vencimento no subsequente, são desde logo contabilizados no ativo e majoram a conta dos lucros líquidos. No giro normal das empresas, é natural que uma parcela muito reduzida desses negócios não seja cumprida e as partes optem pela rescisão do contrato. Pois bem, numa das várias práticas contábeis de duvidosa legalidade que se encontram nos escândalos da Enron (2001) e na Worldcom (2002), uma quantidade significativa de "negócios-para-serem-desfeitos", principalmente com empresas de fachada, era contratada no fim do exercício apenas para inflar os lucros líquidos nas demonstrações financeiras das companhias. Mais uma vez, os administradores estavam otimizando os ganhos dos acionistas sem lastro em nenhum "lucro verdadeiro".

Por fim, cabe mencionar a compra das próprias ações pelas companhias, em movimentos destinados a promover a valorização da cotação em Bolsa. O mercado, esse rapazola ingênuo, interpreta o movimento da companhia "readquirindo" suas ações como a clara indicação de que elas estão subavaliadas pela cotação na Bolsa de Valores; afinal, ninguém melhor que os próprios administradores para saberem com exatidão o valor da empresa – e, se eles decidiram comprar, é porque as ações estão baratas e vale a pena comprá-las. Com a disseminação dessa percepção, aumenta-se a procura pelas ações e o valor delas naturalmente sobe. Mais uma vez, os administradores estão otimizando os ganhos dos acionistas, sem ter dado nenhuma contribuição ao desenvolvimento da atividade econômica[25].

Os neoliberais dizem acreditar que o atendimento aos interesses de todos resulta naturalmente das ações individuais focadas no próprio interesse. Bom, tal resultado definitivamente não se vê nesses episódios em que os administradores se dedicaram firmemente à realização de seus interesses egoístas[26].

Empresas com propósito

Milton Friedman provavelmente não teria como antecipar (em mais de meio século) que a evolução dos valores disseminados na sociedade exige, hoje, das *corporations* uma guinada radical na questão da responsabilidade social das empresas. Pesquisas de mercado mostram que os consumidores reconhecem e valorizam as marcas exploradas por "empresas com propósito"[27]. Nesse conceito se encaixam as empresas que se aliam às causas de grande apelo social, como a de igualdade de gênero, combate ao racismo e inclusão de LGBTQIA+. O consumidor demanda um comprometi-

---

[25] MAZZUCATO, Mariana. *O valor de tudo...* obra citada, posições 3542-3594 de 7611.
[26] Para Joseph Stiglitz, "nenhuma ideia foi mais poderosa do que a da mão invisível de Adam Smith, segundo a qual mercados desimpedidos conduzem, como se por uma mão invisível, a resultados eficientes; que cada indivíduo, ao perseguir seu próprio interesse, promove o interesse geral. Os anos 90 e seus desdobramentos mostraram que os CEOs, perseguindo seus próprios interesses, não fortaleceram a economia americana – e enquanto se beneficiavam, outros pagavam o preço" (*Os exuberantes anos 90...* obra citada, p. 283).
[27] Refiro-me ao *Purpose Premiun Index* (PPI) da Porter Novelli. Disponível em: www.porternovelli.com. Acesso em: 19 nov. 2021.

mento verdadeiro da empresa com essas causas e tende a perceber quando a publicidade não se sustenta em ações reais e efetivas. Uma empresa com propósito também se posiciona publicamente em questões políticas, tais como o fortalecimento da democracia e a proteção ao meio ambiente.

Se, como propalam os liberais, o empresário é servidor do consumidor, os administradores das *corporations* só conseguirão maximizar os "lucros verdadeiros" dos acionistas, nesta segunda década do século XXI, se derem um claro e explícito propósito às empresas.

A baliza Berlin

Se liberalismo é a defesa da primazia da liberdade, nos conflitos com a igualdade, Isaiah Berlin não pode ser considerado um pensador genuinamente liberal[28]. Essa minha afirmação, claro, contraria o entendimento dos construtores da tradição do liberalismo[29]. Mas, ao defender a possibilidade de, em alguns conflitos, prevalecer o aumento de igualdade à custa da liberdade, não estaria ele numa fronteira do liberalismo? Não seria mais um estudioso da liberdade do que propriamente um pensador liberal? Um liberósofo?

Berlin não deixou nenhuma obra sistemática, nem contribuiu para a reflexão em torno de um grande tema, de modo a resolver definitivamente essas questões. Aliás, não fosse a insistência de um admirador, Henry Hardy, os seus escritos teriam permanecido espalhados em veículos acadêmicos e talvez um tanto esquecidos, acontecendo de eventualmente não contribuírem para a defesa da liberdade. Seu interesse sempre foram as ideias originais e sutis, que procurava apreender numa abordagem histórica feita sem o

---

[28] Isaiah Berlin é um raro pensador liberal que lucidamente fala em balanceamento de pretensões e compromissos em situações concretas: "a ampliação da liberdade de um homem ou de um povo de escolherem viver como desejam deve ser pesada com as exigências de muitos outros valores, dos quais a igualdade, justiça, felicidade, segurança ou ordem pública talvez sejam os exemplos mais óbvios" (*Quatro ensaios sobre a liberdade...* obra citada, p. 168).

[29] LLOSA, Mario Vargas. *O chamado da tribo...* obra citada, pp. 156-186.

rigor dos historiadores. Ajudou a compreensão da liberdade mostrando a sua complexidade, que tentou capturar nas categorias potencialmente inconciliáveis de "liberdade negativa" (não ser impedido de fazer o que se quer) *versus* "liberdade positiva" (autorrealização e autonomia para tomar decisões), "liberdade humanista" (ausência de interferência e vontade autônoma) *versus* "não humanista" (tomar decisões inspirados em ideais de bens coletivos) e "liberdade romântica" (um fim em si mesmo) *versus* "liberdade liberal" (com caráter instrumental).

Os liberais reivindicam a presença dele na tradição construída do liberalismo e Berlin certamente era um aliado das causas enfrentadas pelo movimento principalmente no século XX (a luta contra os "coletivismos" e "totalitarismos" marxista e nazifascista). Mas não o encontramos de braços dados com os neoliberais, quando, no fim do século, o inimigo do liberalismo voltou a ser o burocrata. Ao contrário, em um de seus últimos discursos, proferido depois do colapso da experiência soviética e significativamente chamado de "uma mensagem para o século XXI", Isaiah Berlin não mencionou direta ou indiretamente o redirecionamento da luta por um Estado mínimo na democracia (a pauta neoliberal) e insistiu que "a liberdade completa é incompatível com a equanimidade total – se os homens fossem totalmente livres, os lobos não teriam amarras que evitassem que devorassem as ovelhas"[30]. Por não ter nunca se preocupado com eventual ameaça à liberdade por

---

[30] E completou: "uma perfeita equanimidade significa que algumas liberdades humanas devem ser restringidas no intuito de frear os mais habilidosos e mais inteligentes de dominarem os mais frágeis, caso a livre competição fosse posta em prática. [...] Se realmente estamos em busca desses valores mais etéreos da condição humana, somos necessariamente obrigados a fazer concessões, forjar compromissos, lançar mão de custos de oportunidades e nos organizarmos para que o pior não nos assombre. Meu ponto básico é que algumas virtudes batem de frente com outras: os fins perseguidos pelos seres humanos são todos gerados pela nossa natureza em comum, mas suas buscas devem ser, de alguma maneira, controladas – a liberdade e a procura pela felicidade, repito, podem não ser totalmente compatíveis uma com a outra, nem a liberdade, a equanimidade e a fraternidade. É por isso que nos cabe pesar, negociar, nos comprometer e prevenir o esfacelamento de uma delas pelas mãos de suas rivais" (*Uma mensagem para o século XXI*. 2. ed. Tradução de André Bezamat. Belo Horizonte: Âyiné, 2020. pp. 50-52).

um Estado capitalista não mínimo e, sobretudo, por sua persistente defesa do balanceamento entre liberdade e igualdade[31], posso associá-lo à baliza da intervenção estatal que promove as políticas públicas e ações afirmativas[32].

Desigualdade, diferença e diferenciação

As pessoas são *diferentes* por sua configuração genética e pelas inflexões fenotípicas do ambiente; e são *diferenciadas* pelos preconceitos[33]. Uma mulher é diferente de um homem graças à sua genética; e é diferenciada do homem na hora de ser remunerada pelo mesmo trabalho em razão dos preconceitos sexistas no mundo corporativo. As desigualdades em razão das diferenças devem ser valorizadas; já as desigualdades em razão das diferenciações devem ser abolidas.

Céticos diante da redução das desigualdades confundem diferenças e diferenciações, justificando estas por aquelas e concluindo que nunca haverá igualdade plena entre as pessoas. Não entenderam a discussão: ninguém está pensando em igualdade absoluta, porque as diferenças continuarão existindo e isso é bom; quando se combatem as desigualdades, quer-se o fim das diferenciações e dos males que produzem.

Desigualdade, economia e tecido social

Algum leitor poderia objetar: as balizas Keynes, Ramos, Merquior, Furtado e Mazzucato são claramente "econômicas", mas a

---

[31] O balanceamento da liberdade com outros valores, com destaque à igualdade, encontra-se em sua obra pelo menos desde 1958 (*Dois conceitos de liberdade*) até 1997, ano de sua morte (*Uma mensagem para o século XXI*).
[32] Fukuyama considera as tensões entre liberdade e igualdade nas democracias liberais um inescapável *trade-off* (*The end of history...* obra citada, p. 346). Por essa maneira de ver a questão, nunca se alcança nem liberdade nem igualdade porque sempre há perdas, isto é, a tensão se resolve entre as alternativas de perder mais ou menos. Em Berlin, o balanceamento entre os dois valores parece ter mais o sentido de um consenso democrático sem o ingrediente da sugestão de uma "perda inevitável" embutida na noção de *trade-off*.
[33] Meu *Biografia não autorizada do direito...* obra citada, pp. 46-47.

baliza Berlin não diz respeito à economia, e sim a questões morais. Políticas públicas e ações afirmativas de combate à desigualdade, por meio do balanceamento entre liberdade e igualdade, diriam respeito a assuntos estranhos à economia. Essa objeção, respondo, não procede. Adam Smith estava certo ao afirmar que economia e moral são indissociáveis. A mitigação da desigualdade é atualmente a principal questão econômica.

A desigualdade passou a ser um tema central para a economia com os trabalhos de Amartya Sen (principalmente após ter recebido o Prêmio Nobel em 1998) e de Thomas Piketty (com a publicação de *Capital no século XXI*, em 2013).

Amartya Sen mostrou como o desenvolvimento econômico depende da remoção dos obstáculos à liberdade (*unfreedom*). Quais são esses obstáculos? Ele os aponta na fome, na falta de acesso a serviços de saúde, água potável, saneamento básico, educação, emprego e seguridade social, na discriminação das mulheres e na privação de liberdades políticas[34]. A lista fala de flagelos que são ao mesmo tempo obstáculos à liberdade e índices de desigualdade, revelando que o desenvolvimento econômico só pode ser obra de pessoas livres e iguais[35].

---

[34] *Development as freedom...* obra citada, p. 15.
[35] Ao abordar a questão da igualdade em outra obra, Amartya Sen leva-a do plano das razões para o da definição do objeto. Por meio da *capability approach*, pondera que, como ninguém discorda da igualdade – até os libertários a defendem ao propugnar que ninguém pode ter mais liberdade que os outros –, a indagação a fazer não seria exatamente *"por que igualdade?"*, mas sim *"igualdade de quê?"*. A discussão assume, por essa abordagem, o sentido do estabelecimento de prioridades e hierarquias (*The idea of justice...* obra citada, pp. 291-295). Exemplifico com a contextualização da pertinência de um aumento de impostos para o custeio do serviço público de saúde na pergunta: a igualdade de acesso ao direito de propriedade prevalece sobre a igualdade de acesso ao direito à saúde ou esta prefere àquela? Aqui, a tensão entre dois valores (liberdade e igualdade) é concentrada em um deles (igualdade), deixando de lado o outro (liberdade). A abordagem da capacidade vê a liberdade como uma vantagem pessoal, ao lado de fatores como renda ou bens que atendem às necessidades primárias, e que, por isso, não merece a primazia e principiologia absoluta dadas pela teoria da justiça como *fairness* de John Rawls, com quem constantemente dialoga (*The idea of justice...* obra citada, pp. 299-300). Noto que a mesmíssima discussão acerca dos impostos para o custeio da saúde pública pode ser posta em torno da existência, ou não, de prioridade da liberdade (não sofrer a coerção de pagar mais tributo) sobre a igualdade

Por sua vez, Thomas Piketty mostrou que os efeitos dos fatores que promovem mais igualdade, como a educação (forças convergentes), são menores que os projetados pelos que incrementam a desigualdade (forças divergentes); e que os indiscutíveis progressos na expectativa de vida ao nascer, alfabetização, saúde etc. são fragilizados pelo crescimento das desigualdades no longo prazo[36].

Ele provou empiricamente que a renda do capital vem crescendo a taxas superiores à do crescimento da renda e produção, ampliando crescentemente a desigualdade; e propôs como meio de mitigação das consequências deletérias da desigualdade a maior tributação progressiva da renda do capital[37].

A remoção dos obstáculos à liberdade (Sen) ou a majoração dos tributos sobre a renda do capital (Piketty) são, claro, medidas de intervenção do Estado – intervenção na baliza Berlin, por meio de ações de balanceamento da liberdade e da igualdade, como valores fundamentais.

Esse balanceamento está longe de ser simples. Dependendo da finalidade em jogo, a promoção da igualdade concreta (aproximação entre as quantidades de alternativas ao alcance das decisões das pessoas) pode implicar aumento ou redução da liberdade concreta (poder escolher entre várias alternativas sem a influência ou coerção de ninguém).

No plano dos costumes e da cultura, quanto mais liberdade houver, mais igualdade haverá. Por exemplo, quanto mais livres forem as pessoas para vivenciar a sua sexualidade, mais igualdade existirá. Já no plano direta ou indiretamente econômico, muitas vezes dá-se o inverso. Para assegurar maior acessibilidade aos prédios públicos e privados, afastando desigualdades ligadas a necessida-

---

(de acesso à saúde). Na abordagem da capacidade, não se reserva um espaço especial para o liberalismo, enquanto concepção que invariavelmente privilegia a liberdade sobre a igualdade. Mas, ao convertê-lo em uma forma de igualitarismo, acaba ocultando a fricção entre os dois valores (liberdade e igualdade) que, tanto aos olhos dos liberais quanto aos dos não liberais, precisa aflorar à pele.

[36] Para Piketty a progressividade é "a maior inovação tributária do século XX" (*Capital in the Twenty-First Century...* obra citada, p. 493).
[37] *Capital in the Twenty-First Century...* obra citada, pp. 571-573.

des especiais de mobilidade, os proprietários não são inteiramente livres para construí-los como desejam e estão obrigados a dotá-los de determinados recursos (rampas, sinalização táctil etc.).

Altamente complexas, as medidas de balanceamento demandam sempre esforços de construção do consenso ao meio das instituições democráticas.

Os neoliberais explicam as demandas por maior igualdade como originadas exclusivamente na inveja dos que não conseguiram vencer a dura competição do livre mercado[38]. É uma explicação injusta, arrogante e sobretudo simplista. Enquanto permanecem acuando a questão na ideologia, repetindo que a liberdade é sempre superior à igualdade, alheiam-se da realidade.

Na verdade, as políticas públicas e ações afirmativas por maior igualdade não pairam nas brumas da ideologia. Se as injustiças permanentes do capitalismo não forem devidamente administradas como questões de fundamento do sistema, o tecido social pode se esgarçar a ponto de comprometer a organização da economia. Privilegiar sempre a liberdade em detrimento da igualdade é uma perigosa tolice.

Fiat "libertas", et pereat mundus

Quando Piketty comprovou o crescimento irrefreável da desigualdade no capitalismo e sugeriu tributar "os mais ricos" para mitigar os riscos dessa tendência, os liberais reconheceram a consistência do estudo empírico, mas rejeitaram a sugestão insistindo na liberdade como valor supremo e inegociável[39]. Não há, porém, como confiar que o livre mercado conseguirá, com o tempo, atenuar os efeitos das desigualdades porque os números revelam o movimento inverso de imparável crescimento.

O capitalismo não funciona da maneira como os liberais o enxergam.

---

[38] HAYEK, Friedrich. *The constitution of liberty...* obra citada, p. 156.
[39] MARTINS, Ives Gandra da Silva. *O estado à luz da história, da filosofia e do direito*. São Paulo: Noeses, 2015. pp. 96-97.

Se as ações individuais, com todos tomando decisões livres sem nenhuma coerção do Estado, gerassem mesmo uma cooperação espontânea, não haveria correlação entre a discriminação de fundo sexista ou racial e o nível dos salários. A igualdade estaria acompanhada do achatamento dos salários, mas seria um resultado inevitável no mundo fantasiado na história do lápis dos Friedmans. Afinal, fosse assim, os empregadores tenderiam a dar preferência à contratação dos empregados discriminados, pagando-lhes salários menores; com o tempo, se chegaria a um equilíbrio, de um lado, em razão da concorrência entre as empresas pelos empregados e, de outro, porque as parcelas não discriminadas da população trabalhadora acabariam concordando em aceitar empregos pela remuneração achatada[40]. Ora, essa igualdade simplesmente não existe e não estamos sequer caminhando em direção a ela – ao contrário, os números mostram que mulheres e negros continuam recebendo há tempos, na média, salário menor que os homens brancos.

De outro lado, a curva ascendente da desigualdade só tem sido interrompida de tempos em tempos por fatos extraordinários e de enorme potencial disruptivo como as guerras de maior legado destrutivo, as revoluções mais radicais, os colapsos da organização social e política e as mais devastadoras pandemias[41]. No curso ordinário dos acontecimentos, enquanto a economia não é assaltada

---

[40] STIGLITZ, Joseph E. *The price of inequality...* obra citada, pp. 84-86 de 502.
[41] Para Walter Scheidel: "durante milhares de anos, a civilização não se prestou à igualização pacífica. Numa grande diversidade de sociedades e níveis de desenvolvimento, a estabilidade favoreceu à desigualdade econômica. Isso aconteceu tanto no Egito dos faraós como na Inglaterra vitoriana, no Império Romano ou nos Estados Unidos. Os choques violentos foram de importância fundamental na disrupção da ordem estabelecida, na redução da distribuição de rendimentos e riqueza e na diminuição do fosso entre os ricos e os pobres. Durante toda a história humana de que há registros, o nivelamento mais forte resultou sempre dos choques mais fortes. Há quatro tipos de rupturas violentas que nivelaram a desigualdade: a guerra de mobilização em massa, a revolução transformadora, a falência do Estado e a pandemia mortífera. [...] Às vezes atuando [sozinhas] e outras em conjunto, produziram resultados que para as gentes da época muitas vezes pareciam verdadeiramente apocalípticos. Centenas de milhões de pessoas pereceram à sua passagem. E, depois de o pó assentar, o fosso entre os ricos e os pobres tinha diminuído, por vezes de forma drástica" (*A violência e a história da desigualdade...* obra citada, pp. 27-28).

por nenhum fator exógeno de proporções colossais como estes, a desigualdade só aumenta.

Em suma, nada indica que o crescimento da desigualdade possa ser revertido senão pela intervenção do Estado[42].

A elevação da desigualdade é uma questão econômica. Com ela, aumenta-se progressivamente a quantidade de pessoas excluídas tanto do mercado de trabalho como do mercado de consumo. Não há dados empíricos dando sustentação à tese de que isso decorreria da falta de força de vontade ou de espírito de empreendedor dessas pessoas. Os dados existentes, ao contrário, sugerem fortemente que o crescimento das desigualdades é tendência estrutural do capitalismo, que empurra cada vez mais gente para fora da produção e do consumo. É uma tendência que precisa ser urgentemente revertida, para que ela não coloque em risco o tecido social.

Até mesmo a tentativa de reversão do colapso ambiental desencadeado pela ação humana depende fundamentalmente da redução das desigualdades por meio de contenções do consumismo tresloucado da parcela mais rica (incluindo medidas como o aumento dos impostos) e de melhoria da qualidade de vida da mais pobre (com saneamento básico, coleta seletiva de lixo, educação etc.).

É triste, porém, que, diante das estatísticas sobre as desigualdades e do visível perigo à economia e à organização da sociedade, o

---

[42] A receita neoliberal faz supor, em termos gerais, que, se o Estado intervier o menos possível, haverá mais desenvolvimento econômico. Com isso, todos terão mais oportunidades para trabalhar ou empreender e as desigualdades tenderão a diminuir. Considerando o indicador da desigualdade racial, porém, essa receita não funciona. O IFER (Índice Folha de Equilíbrio Racial) mostra que a desigualdade racial cresce nos estados brasileiros mais ricos, quando confrontados com a dos demais. No Sul e Sudeste do país, as oportunidades a que têm acesso os negros são menores que nas demais regiões. Os números chegam até mesmo a sugerir uma correlação inversa entre desenvolvimento econômico e igualdade racial; de qualquer modo, convencem que, sem políticas públicas, sem uma intervenção eficiente do estado, o Brasil não irá resgatar a enorme dívida com os filhos brasileiros da diáspora africana (Regiões ricas falham mais em dar oportunidade igual a negros e brancos, mostra índice. *Folha de S.Paulo*, 21 jun. 2021. Disponível em: https://www1.folha.uol.com.br/cotidiano/2021/06/regioes-ricas-falham-mais-em-dar-oportunidade-igual-a-negros-e-brancos-revela-indice.shtml. Acesso em: 21 jun. 2021.

liberalismo continue apegado ao conceito de que *os livres não podem ser iguais*.

A doutrina da suficiência

O núcleo duro do liberalismo tende a desqualificar a discussão sobre as desigualdades, de um lado, negando-lhe relevância econômica e, de outro, atribuindo as demandas por mais igualdades, como mencionado acima, à inveja dos que não venceram a competição meritocrática. Nas franjas do movimento, contudo, encontram-se pessoas mais sensatas, que não conseguem chamar de invejosas as adolescentes brasileiras em situação de pobreza menstrual. Nessas franjas surgiu a doutrina da suficiência[43].

De acordo com o seu autor, Harry Frankfurt, a desigualdade de renda não é em si objetável sob o ponto de vista moral; o moralmente condenável é apenas a pobreza. Para a doutrina da suficiência, é irrelevante, sob o ponto de vista moral, se as pessoas têm diferentes rendas e riquezas. O importante é que todo mundo tenha o *suficiente*. A doutrina da suficiência considera um grande erro concentrarmos os esforços na busca da igualdade de renda, quando nossa única preocupação deveria ser o fim da pobreza[44].

A doutrina da suficiência é mais uma resposta a Piketty e aos seus desconfortáveis números. Para os defensores dessa doutrina, o panorama desenhado pelo economista francês não teria levado em consideração outros indicadores. Quer dizer, se é verdade que a desigualdade de renda tende a aumentar de modo consistente no capitalismo, também é verdade que a pobreza vem diminuindo: os ricos estão cada vez mais ricos e os pobres também; e embora os ricos enriqueçam mais que os pobres, esses também vêm enriquecendo[45]. A desigualdade de renda, argumentam, não é um índice

---

[43] FRANKFURT, Harry. *On inequality*. Princeton: Princeton University Press, 2015. pp. 6-9 de 102. *E-book*.
[44] FRANKFURT, Harry, obra citada, p. 6 de 102 *et passim*.
[45] PINKER, Steven. *O novo iluminismo*: em defesa da razão, da ciência e do humanismo. Tradução de Laura Teixeira Mota e Pedro Maia Soares. São Paulo: Companhia das Letras, 2018. pp. 128-133.

de bem-estar, como são a expectativa de vida, nível de educação formal, percentual de pessoas com acesso a serviços de saúde, saneamento básico, segurança e riqueza. E em todos esses índices, o capitalismo tem proporcionado um vistoso progresso[46].

Note que a doutrina da suficiência se atém à desigualdade de renda[47]. Isso é compreensível porque o seu objetivo é se contrapor a Piketty e ao estudo dele sobre as tendências dessa espécie de desigualdade. Por isso mesmo, contudo, não se pode esquecer o enfoque muito parcial da doutrina da suficiência quando o contexto for de discussões mais amplas, sobre políticas públicas e ações afirmativas de redução das desigualdades. Se o objetivo fosse apenas acabar com a desigualdade de renda, o Estado poderia se limitar a promover um ou mais programas de transferência de renda. Mas a sua intervenção na baliza Berlin visa também o combate a outras formas de desigualdades, incluindo as de recorte racial e de gênero.

A concepção de que "alguns poucos podem ter muito mais do que necessitam desde que ninguém seja privado do suficiente para viver" não é uma novidade no pensamento de tradição liberal, que teria surgido apenas com o desafio de responder a Piketty. Encontramo-la, na verdade, já na origem da tradição construída do liberalismo, isto é, em Locke. O inglês justifica a propriedade sobre os bens pela propriedade de cada um sobre a própria pessoa. Quando alguém retira algo da natureza (pesca um peixe, por exemplo) torna-se dono do que retirou porque trabalhou para isso. O bem pertence a quem trabalhou para retirá-lo da natureza porque se misturariam duas propriedades (sobre ele e sobre o próprio trabalho). Por esta razão, ninguém pode reivindicar direitos sobre a coisa apropriada por uma pessoa. Locke, no entanto, faz uma importante ressalva: a apropriação é legítima desde que não impeça os demais de terem coisas de igual qualidade em quantidade suficiente[48].

---

[46] PINKER, Steven, obra citada, pp. 75-76 *et passim*.

[47] Frankfurt foca na igualdade de renda, mas identifica a mesma irrelevância moral em qualquer forma de igualdade – de bem-estar, de oportunidade, de direitos, de consideração etc. (obra citada, pp. 67-68 de 102).

[48] Na seção 27 do *Segundo tratado*, Locke afirma: "embora a terra e todas as criaturas inferiores sejam comuns a todos os homens, cada homem tem uma propriedade em sua própria pessoa; a esta ninguém tem qualquer direito senão ele mesmo. O trabalho do seu corpo

A ressalva de Locke (*lockean proviso*) representa um entrave no pensamento liberal. Se faltou o suficiente para o último homem, teria havido uma apropriação excessiva por parte do penúltimo, do antepenúltimo ou de quem? Ou todos teriam se apropriado de um pouco a mais do que legitimamente podiam? Simplesmente, não se consegue identificar quem estaria descumprindo a ressalva de Locke por estar na posse de algo sem poder ter a sua propriedade legítima.

A maioria dos liberais ignora a ressalva[49], mas Nozick tenta contornar as dificuldades reduzindo o critério lockeano de limitação à propriedade privada legítima como se fosse pertinente apenas à vedação da piora da situação dos demais[50]. Pode-se dizer que, por esse critério, se o pobre não tem acesso a uma nova descoberta da medicina (porque quem descobriu está cobrando caro), isso não piora a situação dele; afinal, se a nova descoberta não existisse, ele estaria na mesma situação em que se encontra com a nova descoberta inacessível, isto é, sem receber o correspondente tratamento[51]. Mas a restrição de Locke à legitimidade da propriedade

e a obra de suas mãos, pode dizer-se, são propriamente dele. Seja o que for que ele retire do estado que a natureza lhe forneceu e no qual o deixou, fica-lhe misturado ao próprio trabalho, juntando-se-lhe algo que lhe pertence, e, por isso mesmo, tornando-o proprietário dele. Retirando-o do estado comum em que a natureza o colocou, anexou-lhe por esse trabalho algo que o exclui do direito comum de outros homens. Desde que esse trabalho é propriedade exclusiva do trabalhador, nenhum outro homem pode ter direito ao que se juntou, pelo menos quando houver bastante e igualmente de boa qualidade em comum para terceiros" (*Segundo tratado sobre o governo...* obra citada, pp. 51-52).

[49] Murray Rothbard, por exemplo, ao transcrever a seção 27 do *Segundo tratado* (ver nota acima) num livro sobre ética, simplesmente esconde a ressalva ("pelo menos quando houver bastante e igualmente de boa qualidade em comum para terceiros") em inexplicadas reticências (*La ética de la libertad*. 2. ed. Tradução de Marciano Villanueva Salas. Madrid: Unión Editorial, 2009, posição 652 de 7776. *E-book*).

[50] Murray Rothbard critica a abordagem da ressalva lockeana por Nozick afirmando, de um lado, que ela poderia levar à ilegitimidade de todas as propriedades e, de outro, que não dispomos de meios para conhecer ou quantificar quem fica pior. Rothbard sintetiza: "a todas las personas se les debe reconocer el derecho a añadir a sus propriedades las tierras – o los recursos – antes no explotados. Si esto empeora la situación de los últimos llegados, debe consignarse bajo el epígrafe de la assunción de riesgos inevitable en este mundo nuestro, libre e inestable" (*La ética de la libertad...* obra citada, posições 5377-5390 de 7776).

[51] *Anarquia, Estado e utopia...* obra citada, pp. 230-235.

privada não pode ser reduzida a impedimentos de pioras. A ressalva lockeana não alcança a situação de alguém que, tendo três vezes mais que o bastante, piora e passa a ter duas. No rigor da lógica, para a *lockean proviso*, seria ilegítima a apropriação do melhor tratamento de saúde por alguns enquanto não houver o bastante do melhor tratamento de saúde para todos.

Enfim, a doutrina da suficiência ignora que necessidades atendidas geram novas necessidades – paradoxo que torna indeterminável a parametrização do "suficiente" (ou do "bastante"). Se um dia todos contarem com serviços de saúde básica, haverá desigualdade no acesso à medicina de ponta. Mas, para a doutrina da suficiência, não deveríamos nos preocupar com essa desigualdade porque alguém[52] teria decidido que ter saúde básica já seria o suficiente e poder ser tratado pela medicina mais avançada não passaria de um luxo para poucos. Aqui, a doutrina da suficiência, tal como a ressalva de Locke, incorre no mesmo erro do marxismo.

O combate à pobreza não exclui a luta por menos desigualdades. Na verdade, são idênticas as razões que justificam os esforços nas duas frentes de gestão das injustiças permanentes do capitalismo.

Conflito de escolha

Depois dos escândalos dos conflitos de agência no estouro da bolha pontocom, da crise financeiro-econômica de 2008 e do descrédito da teoria quantitativa da moeda (e seu pressuposto a moeda-mercadoria), quem poderia ainda honestamente acreditar que as ações individuais levam naturalmente à cooperação espontânea assentada nas informações transmitidas pelos preços? Quando liberais, neoliberais e libertários insistem nessa crença, estão

---

[52] Frankfurt não deixa claro a quem caberia definir o padrão da "suficiência": de um lado, ao reconhecer a maior dificuldade que os intelectuais têm para lidar com esse padrão, comparando-se com o da igualdade de renda, parece sugerir que seria deles a incumbência (obra citada, pp. 14-15 de 102); mas, de outro, fala em apreciação subjetiva do quanto cada pessoa está satisfeita (feliz) com o patrimônio que possui, desconsiderando as insatisfações que não podem ser resolvidas com mais dinheiro (pp. 47-49 de 102).

apenas procurando ocultar sob um discurso pretensamente científico o que buscam de verdade – a invariável prevalência da liberdade em qualquer tensão com a igualdade. Disfarçam a vileza do desprezo pela igualdade em teorizações vazias.

Os conflitos de interesse que surgem atualmente são extremamente complexos e o liberalismo não tem prestado suficiente atenção a Isaiah Berlin para evoluir acompanhando o aumento de complexidade. Ao permanecer preso ao axioma do homem livre, o movimento não consegue oferecer respostas satisfatórias aos graves dilemas da contemporaneidade.

O liberalismo nem ao menos enxerga qualquer *trade-off* entre liberdade e igualdade: para tratar os conflitos entre os dois valores dessa maneira, precisaria admitir a possibilidade da prevalência da igualdade sobre a liberdade em certas ocasiões. Para o pensamento liberal, porém, a mínima limitação à liberdade jamais justifica qualquer redução da desigualdade.

Tampouco o liberalismo rejeita a noção de *trade-off* pela razão correta. Isso porque o balanceamento entre os dois valores é um ganha-ganha e não um ganha-perde. No capitalismo do nosso tempo, a liberdade corre sério risco se não houver ações afirmativas de aumento da igualdade. É, ainda aqui, o paradoxo da proteção da liberdade por meio de sua redução. (Como no direito concorrencial, que protege a liberdade de iniciativa coibindo determinadas iniciativas.)

Escapa-lhe, assim, que o risco à liberdade pelo aumento da desigualdade se projeta em todas as direções: política, social, ambiental e econômica. A ameaça à democracia por movimentos populistas de inspiração trumpista é impulsionada por ideários supremacistas, elitistas e misóginos, isto é, adversários do combate às desigualdades. Imagens da brutalidade de tratamentos desiguais se espalham rapidamente pelas redes sociais levando ao cotidiano esgarçamento do tecido social, com consequências imprevisíveis. Nenhuma ação decisiva na tentativa de reverter o desastre ambiental em curso terá resultado sem efetiva melhoria das condições de vida, educação e saúde dos bilhões de seres humanos mais pobres. E, enfim, de pouco servirá a liberdade econômica em meio à instabilidade política, desorganização social e colapso ambiental. Precisamos de um Estado atuante e competente para promovermos mais igualdade concreta e, por meio dela, mais liberdade concreta.

As reduções simplificadoras dos catecismos

Os catequizados em liberalismo talvez vejam contradição na afirmação de que o Estado não deve intervir em determinadas relações e deve intervir em outras. Também devem ver contradição nisso os que se catequizaram em marxismo. As simplificações de um e outro catecismo[53] são meios diferentes de se evitarem as mesmas dificuldades oriundas da indissociabilidade de liberdade de iniciativa e economia anárquica. Para os primeiros, na versão neoliberal, a mais radical minimização do Estado permitiria extrairmos da liberdade de iniciativa todos os benefícios, entre os quais até mesmo o equilíbrio na economia, no grau possível de mitigação da anarquia. Para os marxistas, isto é, os que ainda resistem às evidências da impossibilidade do planejamento central pelo Estado expropriador dos bens de produção, o sacrifício das liberdades (a começar pela de iniciativa) seria condição para a organização racional e científica da economia. As duas visões extremadas são por demais simplistas, como penso ter demonstrado neste livro. A discussão, portanto, sobre a "quantidade ideal" de Estado na economia atende unicamente a essas simplificações de liberalismo e marxismo. O frutífero, no debate acadêmico, é discutir a "qualidade da intervenção", uma questão bem mais complexa.

---

[53] Emprestei a imagem de Celso Lafer: "um dos efeitos dos combates políticos no plano do debate intelectual é o reducionismo simplificador dos catecismos. Durante muitos anos o esforço de esquerda para organizar a cultura a partir da expansão hegemônica de sua perspectiva misoneisticamente estruturada em torno da obra de Marx teve como subproduto a forte presença na discussão pública de uma fraca 'vulgata' marxista. Hoje, a derrocada do 'socialismo real' e a consequente crise da esquerda vêm provocando, quase que simetricamente, a insatisfatória organização da agenda na forma de um catecismo liberal" (Posfácio. *In*: MERQUIOR, José Guilherme. *O liberalismo antigo e moderno*. 3. ed. São Paulo: É Realizações, 2014. p. 325).

A antropologia liberal

Durante a Idade Média, quando o cristianismo dominava o pensamento europeu, ninguém pensava na possibilidade de um tempo em que não teria existido a sociedade organizada, isto é, em que as pessoas não estivessem sujeitas à obediência de regras de conduta. Não cogitavam, em outros termos, da existência de um primitivo "estado de natureza", ou seja, uma experiência prévia à civilização pela qual homens e mulheres tivessem passado em tempos longínquos. Afinal, não podendo duvidar do mito de criação bíblico, pensavam que a sociedade já era organizada desde a expulsão de Adão e Eva do paraíso, isto é, desde sempre.

No fim do século XV, porém, Cristóvão Colombo chegou às ilhas do Caribe e os europeus conheceram pessoas que viviam de um modo aparentemente pré-civilizatório: sem fé, sem lei, sem rei e sobretudo sem roupas. O estranhamento foi recíproco: de um lado, os europeus, que se achavam os únicos seres com alma nesse mundo, investigaram se os indígenas podiam ter uma alma igual à deles; de seu lado, os indígenas, para os quais todos os seres (animais, vegetais, minerais etc.) têm alma, investigaram se o corpo dos europeus seria igual ao deles. Fizeram essas investigações cada um a seu modo: europeus por meio de um inquérito rigoroso processado por clérigos e indígenas matando um europeu para ver se o cadáver também se deteriorava[54].

Na construção da ideologia do projeto colonialista, os povos habitantes da América e da África são descritos como viventes de

---

[54] Eduardo Viveiros de Castro, partindo do relato de Levi-Strauss, conclui: "para os espanhóis do incidente das Antilhas, a dimensão marcada era a alma; para os índios, era o corpo. Por outras palavras, os europeus nunca duvidaram de que os índios tivessem corpo (os animais também os têm); os índios nunca duvidaram de que os europeus tivessem alma (os animais e os espectros dos mortos também as têm). O etnocentrismo dos europeus consistia em duvidar que os corpos dos outros contivessem uma alma formalmente semelhante às que habitavam os seus próprios corpos; o etnocentrismo ameríndio, ao contrário, consistia em duvidar que outras almas ou espíritos fossem dotadas de um corpo materialmente semelhante aos corpos indígenas" (*Metafísicas canibais*: elementos para uma antropologia pós-estrutural. São Paulo: Ubu, 2018. p. 37).

uma situação pela qual os europeus tinham passado havia muito tempo, o "estado de natureza". Por esta perspectiva, introduz-se a justificativa do desenvolvimento civilizatório destinada a ocultar a usurpação das terras dos ameríndios e a escravização dos africanos. Para alimentá-la tornou-se preciso explicar como o europeu já tinha deixado o estado de natureza, em que ainda se encontravam os outros povos, e passado a viver numa sociedade organizada (com fé, lei, rei e roupas). A explicação buscou-se numa decisão livre e racional que, se não foi realmente tomada em algum momento do passado, deve ser presumida como ato fundador da civilização. É nesse contexto que surge, na filosofia política, a noção de "contrato social" – Hobbes (1651)[55], Locke (1690)[56] e Rousseau (1757)[57] são os principais pensadores que lidaram com o conceito, embora por diferentes abordagens.

A teoria do contrato social descreve a passagem do estado de natureza para a civilização de um modo mais ou menos repentino, ao sustentar que, a partir de um determinado momento (impossível de se precisar historicamente), homens e mulheres tinham tomado uma decisão racional que os transportou da vida natural, desregrada e livre, para o ambiente civilizado da sociedade organizada. Há sempre um "degrau" na antropologia contratualista.

No início, o liberalismo acolheu a teoria do contrato social, na versão lockeana de instrumento destinado a assegurar o exercício dos direitos, em especial a liberdade e a propriedade. Para Ralf Dahrendorf, por exemplo, o contrato social é "o acordo implícito de obedecer determinadas normas elementares e aceitar o monopólio da violência em mãos de um poder comum para proteger essas normas". Algumas pessoas não participam deste acordo implícito, embora estejam todas obrigadas a cumpri-lo. Além disso, o contrato social não é rígido, mas passa por alterações de tempos

---

[55] Obra citada, pp. 109-110.
[56] *Segundo tratado sobre o governo...* obra citada, p. 73.
[57] *Do contrato social.* Tradução de Lourdes Santos Machado. São Paulo: Victor Civita Editor, 1973. v. XXIV, pp. 37-40 *et passim.* (Coleção Os Pensadores).

em tempos[58]. Outros pensadores da tradição construída pelos liberais também consideravam ou sugeriam algum tipo de "contrato social", seja referindo-o como fatos históricos (Tocqueville[59]) ou como a mera premissa lógica da sociedade política (Edmund Burke[60] e John Rawls[61]).

Parte do liberalismo, todavia, deixou de nutrir entusiasmo pela teoria surgida no início da Idade Moderna. Não se compatibiliza com a ideia de civilização constituída por um contrato social, por exemplo, o entendimento de Mises quanto à inerência da sociabilidade na capacidade de agir dos homens[62]. Do mesmo modo, é inconciliável com o contrato social a inevitabilidade, por imperativo moral, da transformação da associação de proteção dominante em Estado ultramínimo e deste em Estado mínimo defendida por Nozick[63], que, aliás, prefere a noção de "mão invisível" como a contraposição ao estado de natureza[64]. Rothbard, a seu turno, rechaça explicitamente o Estado político surgido por entendimento entre as pessoas, afirmando que geralmente ocorre mesmo é o oposto, quer dizer, o surgimento ao meio de violência e conquista[65,66].

---

[58] *A lei e a ordem.* Tradução de Tamara Barile. Brasília: Instituto Tancredo Neves, 1987. pp. 88-89.

[59] *A democracia na América...* obra citada, pp. 195-196.

[60] *Reflexões sobre a revolução na França...* obra citada, pp. 59-60, 102 e 154.

[61] RAWLS, John. *A theory of justice.* Cambridge: Harvard University Press, 1971. p. 11 *et passim*; *O liberalismo político.* Tradução de Álvaro de Vita. São Paulo: WMF Martins Fontes, 2020. pp. 321-326.

[62] *Ação humana...* obra citada, p. 139.

[63] *Anarquia, Estado e utopia...* obra citada, pp. 66-67.

[64] Se o contrato social é, na verdade, outro modo de descrever a mão invisível, trata-se de questão que, para Dahrendorf, não passa de mera sutileza de linguagem (*A lei e a ordem...* obra citada, p. 137).

[65] *O manifesto libertário...* obra citada, p. 89.

[66] Anarquistas, como Bakunin, também não aceitam a tese do contrato social, que consideram "falsa do ponto de vista da natureza" (*O princípio do Estado e outros ensaios.* Tradução de Plínio Augusto Coelho. São Paulo: Hedra, 2011. p. 75). Ele visualiza três etapas da humanidade que se sucederiam inevitavelmente por negações (evocando o hegelianismo de esquerda): "1º, a animalidade humana; 2º, o pensamento; 3º, a revolta. À primeira corresponde propriamente a *economia social e privada*; à segunda, *a ciência*; à terceira, *a liberdade*" (*Deus e o Estado.* Tradução de Plínio Augusto Coelho. São Paulo: Hedra, 2011. p. 37).

Hayek também não é entusiasta do contratualismo e propõe uma antropologia diferente da associável à teoria do contrato social. Questiona a pertinência da transição abrupta, que teria acontecido por meio de um grande salto da natureza para a civilização. Ele considera, ademais, uma etapa intermediária entre aquela em que o instinto era o único recurso (natureza) e a do predomínio da razão (civilização). Nessa etapa intermediária, os homens agem de acordo com o que aprendem com as gerações anteriores, ainda sem entender as relações de causalidade que tornam determinadas ações eficientes. Não são mais intuitivos e ainda não são racionais: nessa etapa intermédia, o principal instrumento mental dos homens é o que Hayek chama de "tradição", a reprodução de ações que "vêm dando certo". O objetivo dele é contestar a racionalidade construtivista, isto é, a afirmação de que a civilização foi construída racionalmente por vontade dos homens, que está na base da teoria do contrato social; e afirmar a racionalidade evolucionista, para a qual as ações individuais acabam se articulando numa cooperação espontânea a que passamos a chamar de civilização[67]. Montesquieu já teria sugerido certo evolucionismo, de acordo com Isaiah Berlin[68] e Tocqueville também havia pensado numa transição por três momentos sucessivos[69].

Todavia, se Hayek acerta em aderir a uma concepção evolucionista, errava ao ver a evolução apontando para mais liberdade e menos igualdade. O que tem acontecido é o oposto.

Conclusão: mais igualdade e menos liberdade no empoderamento do mais fraco

A premissa do contrato social é falsa, seja como um fato historicamente situado, seja como mera construção ideal. A reunião em

---

[67] A antropologia hayekiana foi desenvolvida nos três volumes de sua obra *Law, legislation and liberty*, publicada nos anos 1970, e se encontra sintetizada em *Os erros fatais do socialismo...* obra citada, pp. 19-41.

[68] *Against the current*: Essays in the history of ideas. 2. ed. Editado por Henry Hardy. Princeton: Princeton University Press, 2013. p. 175.

[69] Ensaio sobre o pauperismo. *In*: REIS, Helena Esser dos (org.). *Democracia e miséria*. Tradução de Helena Esser dos Reis. São Paulo: Almedina, 2020. p. 162.

grupos complexamente organizados com número muito elevado de indivíduos é uma estratégia evolucionista da espécie humana. Quer dizer, a civilização aconteceu do mesmo modo pelo qual nosso ancestral primata um dia desceu das árvores e, depois, passou a andar em posição ereta, ou seja, pela seleção natural.

Yuval Harari não sugere nenhum "degrau" ou transição abrupta, mas fala que a revolução cognitiva, verificada há cerca de 70 mil anos, assinalou o fim da evolução biológica do *Homo sapiens* e o início de sua evolução histórica[70]. Para mim, no entanto, sendo a civilização uma estratégia evolucionista da espécie humana, biologia e história são indissociáveis. Ainda estamos evoluindo como a espécie mais bem adaptada aos desafios da disputa pelos bens escassos de sobrevivência ao tratarmos os conflitos de interesses internos aos diversos agrupamentos em que nos organizamos por meio de padrões progressivamente empoderadores dos mais fracos[71].

Hayek, não tendo os dados de que dispomos hoje, só podia olhar a árvore, sem conseguir ver o bosque. Pareceu-lhe que a evolução era a ampliação da liberdade e a inevitável reprodução das desigualdades, dando concretude ao axioma do homem livre. Com os dados que possuímos, a conclusão certa a tirar é bem outra: o aumento da igualdade por meio do fortalecimento dos mais fracos no tratamento de conflitos de interesses, mesmo que eventualmente à custa da liberdade, tem sido o ingrediente essencial da estratégia evolucionária da espécie humana.

Livres e iguais – somos assim não exatamente porque decidimos; mas sim por pertencermos a uma espécie com uma estratégia evolutiva única. Uma estratégia de adaptação ao meio ambiente que tem sido bastante eficiente na seleção natural; pelo menos até agora.

---

[70] *Sapiens*: uma breve história da humanidade. 48. ed. Tradução de Janaína Marcoantonio. Porto Alegre: L&PM, 2019. pp. 46-48.
[71] Meu *Biografia não autorizada do Direito...* obra citada, pp. 323-330.

Bibliografia

AGUILLAR, Fernando Herren. *Direito econômico*: do direito nacional ao direito supranacional. 2. ed. São Paulo: Atlas, 2009.

ARENDT, Hannah. *Entre o passado e o futuro*. 2. ed. Tradução de Mauro W. Barbosa de Almeida. São Paulo: Perspectiva, 1979.

BACHUR, João Paulo. Desigualdade, classe social e conflito: uma releitura a partir da teoria de sistemas de Niklas Luhmann. *In*: BACHUR, João Paulo; DUTRA, Roberto (org.). *Dossiê Luhmann*. Belo Horizonte: Editora UFMG, 2013.

BAKUNIN, Mikhail Alexandrovitch. *Deus e o Estado*. Tradução de Plínio Augusto Coelho. São Paulo: Hedra, 2011.

BAKUNIN, Mikhail Alexandrovitch. *O princípio do Estado e outros ensaios*. Tradução de Plínio Augusto Coelho. São Paulo: Hedra, 2011.

BARBOSA, Rui. *Obras completas*. Rio de Janeiro: Ministério da Educação e Saúde, 1945. v. XVIII, tomo I.

BASTIAT, Frédéric. *A lei*. Tradução de Pedro Sette-Câmara. São Paulo: LVM, 2019.

BERLE, Adolf; MEANS, Gardiner. *The modern corporation and private property*. 9. reimpr. New Brunswick: Transaction Pub., 2007.

BERLIN, Isaiah. *Against the current*: essays in the history of ideas. 2. ed. Editado por Henry Hardy. Princeton: Princeton University Press, 2013.

BERLIN, Isaiah. *Ideias políticas na era romântica*: ascensão e influência no pensamento moderno. Organização de Henry Hardy. Tradução de Rosaura Eichenberg. São Paulo: Companhia das Letras, 2009.

BERLIN, Isaiah. *Quatro ensaios sobre a liberdade*. Tradução de Wamberto Hudson Ferreira. Brasília: Editora UnB, 1981.

BERLIN, Isaiah. *Uma mensagem para o século XXI*. 2. ed. Tradução de André Bezamat. Belo Horizonte: Âyiné, 2020.

BOBBIO, Norberto. *Estado, governo, sociedade*: fragmentos de um dicionário político. 24. ed. Tradução de Marco Aurélio Nogueira. Rio de Janeiro: Paz e Terra, 2020.

BOBBIO, Norberto. *Liberalismo e democracia*. Tradução de Marco Aurélio Nogueira. São Paulo: Edipro, 2017.

BOBBIO, Norberto; MATTEUCCI, Nicola; PASQUINO, Gianfranco. *Dicionário de política*. Tradução de Carmen Varrialle, Gaetano Lo Mônaco, João Ferreira, Luís Guerreiro Pinto Cacais e Renzo Dini. 4. ed. Brasília: Editora UnB, 1992.

BOÉTIE, Étienne de la. *Discurso sobre a servidão voluntária*. Tradução de Evelyn Tesche. São Paulo: Edipro, 2017.

BOFF, Emmanoel de Oliveira. What's the problem, Mr. Smith? Shedding more light (than Heat) on Adam Smith's view of man. *Economia e Sociedade*, Campinas, v. 27, n. 1 (62), pp. 1-28, abr. 2018.

BOLLE, Monica Baugarten de. *Como matar a borboleta azul*: uma crônica da era Dilma. Rio de Janeiro: Intrínseca, 2016.

BOURRICAUD, François. *Le bricolage idéologique*: essai sur les intellectuels et les passions démocratiques. Paris: PUF, 1980.

BRÉHIER, Émile. *História da filosofia*. Tradução de Eduardo Sucupira Filho. São Paulo: Mestre Jou, 1977. tomo segundo, fascículo 3.

BUKHARIN, Nicolai. *A economia mundial e o imperialismo*. Tradução de Raul de Carvalho. São Paulo: Abril Cultural, 1984. (Coleção Os Economistas).

BULHÕES, Octávio Gouvêa de. Mercado e planificação. *Revista Brasileira de Economia*. Rio de Janeiro: IBRE-FGV, v. 12, n. 2, 1958.

BURKE, Edmund. *Reflexões sobre a revolução na França*. Tradução de Marcelo Gonzaga de Oliveira e Giovanna Louise Libralon. Campinas: Vide Editorial, 2017.

CALDEIRA, Jorge. *História da riqueza no Brasil*. Rio de Janeiro: Estação Brasil, 2017.

CAMPELLO, André Barreto. *Manual jurídico da escravidão*: Império do Brasil. Jundiaí: Paco, 2018.

CAMPOS, Roberto. *A lanterna na popa*: memórias. 5. ed. Rio de Janeiro: Topbooks, 2019.

CAMPOS, Roberto. Merquior, o liberista: prefácio. *In*: MERQUIOR, José Guilherme. *O liberalismo antigo e moderno*. 3. ed. Tradução de Henrique de Araújo Mesquita. São Paulo: É Realizações, 2014.

CARNEIRO, Sueli. *Racismo, sexismo e desigualdade no Brasil*. São Paulo: Selo Negro, 2011.

CASTRO, Eduardo Viveiros de. *Metafísicas canibais*: elementos para uma antropologia pós-estrutural. São Paulo: Ubu, 2018.

CASTRO, Rodrigo Monteiro de. *Controle gerencial*. São Paulo: Quartier Latin, 2010.

CHÂTELET, François. G. W. F. Hegel. *In*: CHÂTELET, François (dir.). *História da Filosofia*. Tradução de Alexandre Pomar, Eduardo Freitas, Efigénia Fernandes e José Salgado Fonseca. Lisboa: Dom Quixote, 1995.

CHAUI, Marilena. *Brasil*: mito fundador e sociedade autoritária. São Paulo: Fundação Perseu Abramo, 2000.

COELHO, Fábio Ulhoa. *Biografia não autorizada do Direito*. São Paulo: WMF Martins Fontes, 2021.

COELHO, Fábio Ulhoa. *Curso de direito comercial*. 24. ed. São Paulo: RT, 2021.

COELHO, Fábio Ulhoa. *Direito antitruste brasileiro*: comentários à Lei n. 8.884/94. São Paulo: Saraiva, 1995.

COELHO, Fábio Ulhoa. *Títulos de crédito*: uma nova abordagem. São Paulo: RT, 2021.

COMPARATO, Fábio Konder. *Ética*: Direito, moral e religião no mundo moderno. São Paulo: Companhia das Letras, 2006.

CONSTANT, Bejamin. *A liberdade dos antigos comparada à dos modernos*. Tradução de Leandro Cardoso Marques da Silva. São Paulo: Edipro, 2019.

CONSTANT, Benjamin. *Escritos de política*. Tradução de Eduardo Brandão. São Paulo: Martins Fontes, 2005.

COUTINHO, João Pereira. Prefácio. *In*: BURKE, Edmund. *Reflexões sobre a revolução na França*. Tradução de Marcelo Gonzaga de Oliveira e Giovanna Louise Libralon. Campinas: Vide Editorial, 2017.

CROCE, Benedetto. *História como história da liberdade*. Tradução de Julio Castañon Guimarães. Rio de Janeiro: Topbooks, 2006.

DAHRENDORF, Ralf. *A lei e a ordem*. Tradução de Tamara Barile. Brasília: Instituto Tancredo Neves, 1987.

DIAS, Everaldo Medeiros. *Cotas para negros em universidades*: função social do Estado contemporâneo e o princípio da proporcionalidade. Jundiaí: Paco, 2017.

DORIGNY, Marcel. *As abolições da escravatura no Brasil e no mundo*. Tradução de Cristian Macedo e Patrícia Reuillard. São Paulo: Contexto, 2019.

DORIGNY, Marcel; GAINOT, Bernard. *Atlas da escravidão*. Tradução de Guilherme João de Freitas Teixeira. Petrópolis: Vozes, 2017.

DORLIN, Elsa. *Sexo, gênero e sexualidade*: introdução à teoria feminista. Tradução de Jamille Pinheiro Dias e Raquel Camargo. São Paulo: Ubu, 2021.

DWORKIN, Ronald. *A raposa e o porco-espinho*: justiça e valor. Tradução de Marcelo Brandão Cipolla. São Paulo: WMF Martins Fontes, 2014.

DUARTE, Evandro Piza. Princípio da isonomia e critérios para a discriminação positiva nos programas de ação afirmativa para negros (afro-descendentes) no ensino superior. *In*: DUARTE, Evandro Piza; BERTÚLIO, Dora Lúcia de Lima; SILVA, Paulo Vinicius Baptista (coord.). *Cotas raciais no ensino superior*: entre o jurídico e o político. Curitiba: Juruá, 2008.

DUARTE, Evandro Piza; SÁ, Gabriela Barretto de; QUEIROZ, Marcos (coord.). *Cultura jurídica e Atlântico Negro*: história e memória constitucional. Rio de Janeiro: Lumem Juris, 2019. v. 1.

ECO, Umberto. *Nos ombros de gigantes*. Tradução de Eliana Aguiar. Rio de Janeiro: Record, 2018.

ENGELS, Friedrich. *A origem da família, da propriedade privada e do Estado*: trabalho relacionado com as investigações de L. H. Morgan. 4. ed. Tradução de Leandro Konder. São Paulo: Civilização Brasileira, 1978.

EPSTEIN, David. *Por que os generalistas vencem em um mundo de especialistas*. Tradução de Marcelo Barbão e Fal Azevedo. Rio de Janeiro: Globo, 2020.

FAUSTO, Boris. *História do Brasil*. São Paulo: Editora da USP, 2007.

FERRAZ JÚNIOR, Tércio Sampaio. *Estudos de filosofia do direito*: reflexões sobre o poder, a liberdade, a justiça e o direito. São Paulo: Atlas, 2002.

FERRAZ JÚNIOR, Tércio Sampaio. *O direito, entre o futuro e o passado*. São Paulo: Noeses, 2014.

FRANCO, Gustavo. *Lições amargas*: uma história provisória da atualidade. Rio de Janeiro: História Real, 2021.
FRANKFURT, Harry Gordon. *On inequality*. Princeton: Princeton University Press, 2015. *E-book*.
FRAZÃO, Ana. *Direito da concorrência*: pressupostos e perspectivas. São Paulo: Saraivajur, 2017.
FREYRE, Gilberto. *Casa-grande & senzala*: formação da família brasileira sob o regime da economia patriarcal. 51. ed. São Paulo: Global, 2006.
FRIEDMAN, Milton. A Friedman doctrine – The social responsibility of business is to increase its profits. *The New York Times*, 13 set. 1970.
FRIEDMAN, Milton. *Capitalismo e liberdade*. Tradução de Afonso Celso da Cunha Serra. Rio de Janeiro: LTC, 2020.
FRIEDMAN, Milton. *Why governemnt is the problem*. [S. l.]: Hoover Institution on War, Revolution and Peace, 1993.
FRIEDMAN, Milton; FRIEDMAN, Rose. *Livre para escolher*: um depoimento pessoal. 10. ed. Tradução de Ligia Filgueiras. Rio de Janeiro: Record, 2021.
FRÖLICH, Paul. *Rosa Luxemburgo*: pensamento e ação. Tradução de Nélio Schneider e Erica Ziegler. São Paulo: Boitempo: Iskra, 2019.
FUKUYAMA, Francis. *The end of history and the last man*. 3. ed. London: Penguin Books, 2020. *E-book*.
FURTADO, Celso. *Formação econômica do Brasil*. 19. reimpr. São Paulo: Companhia das Letras, 2007.
FURTADO, Celso. *Teoria e política do desenvolvimento econômico*. 2. ed. São Paulo: Abril Cultural, 1983. (Coleção Os Economistas).
GALBRAITH, John. *O novo Estado industrial*. Tradução de Leônidas Gontijo de Carvalho. São Paulo: Abril Cultural, 1982. (Coleção Os Economistas).
GOMES, Joaquim Barbosa. A recepção do instituto da ação afirmativa pelo Direito Constitucional Brasileiro. *Revista de Informação Legislativa*. Brasília, DF: Senado Federal, v. 151, jul./set. 2001.
GOMES, Laurentino. *Escravidão*. Rio de Janeiro: Globo Livros, 2019. v. 1.
GOMES, Laurentino. *Escravidão*. Rio de Janeiro: Globo Livros, 2021. v. 2.
GRAMSCI, Antonio. *Concepção dialética da história*. 6. ed. Tradução de Carlos Nelson Coutinho. Rio de Janeiro: Civilização Brasileira, 1986.
GRAMSCI, Antonio. *Maquiavel, a política e o Estado moderno*. 5. ed. Tradução de Luiz Mário Gazzaneo. Rio de Janeiro: Civilização Brasileira, 1984.

GREAVES, Bettina Bien. Prefácio à edição de 1985. *In*: MISES, Ludwig von. *Liberalismo*. São Paulo: Instituto Ludwig von Mises Brasil, 2010.

GUÉRIOS, Paulo Renato. *Heitor Villa-Lobos*: o caminho sinuoso da predestinação. Rio de Janeiro: Editora FGV, 2003.

HARARI, Yuval Noah. *Sapiens*: uma breve história da humanidade. 48. ed. Tradução de Janaína Marcoantonio. Porto Alegre: L&PM, 2019.

HAYEK, Friedrich A. *A pretensão do conhecimento*. Tradução de Leandro Augusto Gomes Roque. São Paulo: LVM, 2019.

HAYEK, Friedrich A. *Law, legislation and liberty*: A new statement of the liberal principles of justice and political economy – Rules and order. Chicago: The University of Chicago Press, 1983. v. I.

HAYEK, Friedrich A. *O caminho da servidão*. 6. ed. Tradução de Anna Maria Capovilla, José Ítalo Stelle e Liane de Morais Ribeiro. São Paulo: Instituto Ludwig von Mises Brasil, 2010.

HAYEK, Friedrich A. *O renascimento do liberalismo*. Editado por Peter G. Klein. Tradução de Carlos Szlak. São Paulo: Faro, 2021.

HAYEK, Friedrich A. *Os erros fatais do socialismo*. Tradução de Eduardo Levy. Barueri: Faro, 2017.

HAYEK, Friedrich A. *Prices and production and other works on money, the business cycle and the gold standard*. Editado e com introdução de Joseph T. Salerno. Alburn: Ludwig von Mises Institute, 2008. E-book.

HAYEK, Friedrich A. *The constituition of liberty*. The definitive edition. Chicago: University of Chicago Press, 2011.

HEGEL, Georg W. F. *Fenomenologia do espírito*. Tradução de Henrique Cláudio de Lima Vaz. São Paulo: Victor Civita Editor, 1974. v. XXX. (Coleção Os Pensadores).

HEGEL, Georg W. F. *Filosofia do direito*. Tradução de Paulo Meneses e outros. São Leopoldo: Editora Unisinos, 2010.

HIMMELFARB, Gertrude. *Os caminhos para a modernidade*. Os iluminismos britânico, francês e americano. Tradução de Gabriel Ferreira da Silva. São Paulo: É Realizações, 2011.

HOBBES, Thomas. *Leviatã*. Tradução de João Paulo Monteiro e Maria Beatriz Nizza da Silva. São Paulo: Victor Civita Editor, 1974, v. XIV. (Coleção Os Pensadores).

HOBSBAWM, Eric. *Aspectos políticos da transição do capitalismo ao socialismo*. Em "História do Marxismo". Coordenação de Eric J. Hobsbawm. Tradução de Carlos Nelson Coutinho e Nemésio Salles. Rio de Janeiro: Paz e Terra, 1979. v. 1.

HOBSON, John A. *A evolução do capitalismo moderno:* um estudo da produção mecanizada. Tradução de Benedicto de Carvalho. São Paulo: Abril Cultural, 1983. (Coleção Os Economistas).

HUBERMAN, Leo. *História da riqueza do homem.* 10. ed. Tradução de Waltensir Dutra. Rio de Janeiro: Zahar Editores, 1974.

JAMES, C. L. R. *Os jacobinos negros.* Toussaint L'Ouverture e a revolução de São Domingos. Tradução de Afonso Teixeira Filho. São Paulo: Boitempo, 2010.

JENSEN, Michael; MECKLING, William. Theory of the firm: managerial behavior, agency costs and ownership structure. *Journal of Finance Economics*, v. 3 (4), pp. 305-360, out. 1976.

JEVONS, W. Stanley. *A teoria da economia política.* Tradução de Cláudia Laversveiler de Morais. São Paulo: Victor Civita Editor, 1983. (Coleção Os Economistas).

JOUVENEL, Bertrand de. *Du pouvoir.* Histoire naturelle de sa croissance. Paris: Hachette, 1972.

KABAT-ZINN, Jon. *Viver a catástrofe total.* Como utilizar a sabedoria do corpo e da mente para enfrentar o estresse, a dor e a doença. Tradução de Márcia Epstein. São Paulo: Palas Athena, 2017.

KAHNEMAN, Daniel. *Rápido e devagar:* duas formas de pensar. Tradução de Cássio de Arantes Leite. Rio de Janeiro: Objetiva, 2012.

KEYNES, John M. *A teoria geral do emprego, do juro e da moeda.* Tradução de Mário R. da Cruz. São Paulo: Abril Cultural, 1983. (Coleção Os Economistas).

KEYNES, John M. *Inflação e deflação.* Tradução de Rolf Kuntz. São Paulo: Abril Cultural, 1983. (Coleção Os Economistas).

KODAMA, Kaori. Em busca da gênese do Brasil nas Províncias do Norte: Gonçalves Dias e os trabalhos etnográficos da comissão científica de exploração. In: KURY, Lorelai (org.). *Comissão Científica do Império – 1859-1861.* Rio de Janeiro: Andrea Jakobsson, 2009.

KROPOTKIN, Piotr Alekseievich. *O princípio anarquista e outros ensaios.* Tradução de Plínio Augusto Coelho. São Paulo: Hedra, 2007.

LAFER, Celso. *Ensaios sobre a liberdade.* São Paulo: Perspectiva, 2011.

LAFER, Celso. Posfácio à 3ª edição de *O liberalismo antigo e moderno* de José Guilherme Merquior. São Paulo: É Realizações, 2014.

LANDSBURG, Steven. *O essencial de Milton Friedman.* Tradução de Matheus Pacini. São Paulo: Faro, 2021.

LAROCHE, Jasmine. *Le féminisme haïtien*: Portrait d'un mouvement fort. Advogados Sem Fronteiras (Canadá). Disponível em: https://www.asfcanada.ca/blogue/le-feminisme-haitien-portrait-dun-mouvement-fort/. Acesso em: 6 jul. 2021.

LASSALE, Ferdinand. *O que é uma Constituição?* Tradução de Walter Stönner. Porto Alegre: Vila Martha, 1980.

LEAL, Victor Nunes. *Coronelismo, enxada e voto*: o município e o regime representativo no Brasil. 7. ed. São Paulo: Companhia das Letras, 2012.

LÊNIN, Vladimir I. O Estado e a revolução. *In*: LÊNIN, Vladimir I. *Obras escolhidas*. Lisboa: Edições Avante!, 1978. v. 2.

LÊNIN, Vladimir I. Imperialismo, fase superior do capitalismo. *In*: LÊNIN, Vladimir I. *Obras escolhidas*. Lisboa: Edições Avante!, 1978. v. 1.

LEPORE, Jill. *Estas verdades*: a história da formação dos Estados Unidos. Tradução de André Czarnobai e Antenor Savoldi Júnior. Rio de Janeiro: Intrínseca, 2020.

LEVITSKY, Steven; ZIBLATT, Daniel. *Como as democracias morrem.* Tradução de Renato Aguiar. Rio de Janeiro: Zahar, 2018.

LLOSA, Mário Vargas. *O chamado da tribo*: grandes pensadores para o nosso tempo. Tradução de Paulina Wacht e Ari Roitman. Rio de Janeiro: Objetiva, 2019.

LOCKE, John. *Carta acerca da tolerância.* São Paulo: Victor Civita Editor, 1973. v. XVIII. (Coleção Os Pensadores).

LOCKE, John. *Segundo tratado sobre o governo.* Tradução de E. Jacy Monteiro. São Paulo: Victor Civita Editor, 1973. v. XVIII. (Coleção Os Pensadores).

LOSURDO, Domenico. *Liberalismo*: entre a civilização e barbárie. 2. ed. Tradução de Bernardo Joffily, Egle Bartoli e Soraya Barbosa da Silva. São Paulo: Anita Garibaldi: Fundação Maurício Grabois, 2021.

LUHMANN, Niklas. *Sociologia do direito I.* Tradução de Gustavo Bayer. Rio de Janeiro: Tempo Brasileiro, 1983.

LUXEMBURGO, Rosa. *A acumulação do capital.* Tradução de Luiz Alberto Moniz Bandeira. Rio de Janeiro: Civilização Brasileira, 2021.

LUXEMBURGO, Rosa. *Reforma ou revolução?* 2. ed. Tradução de Livio Xavier. São Paulo: Expressão Popular, 2019.

MACHADO, Maria Cristina Gomes. *Rui Barbosa*: pensamento e ação – uma análise do projeto modernizador para a sociedade brasileira com base na questão educacional. Campinas: Autores Associados; Rio de Janeiro: Fundação Casa de Rui Barbosa, 2002.

BIBLIOGRAFIA

MANDEL, Ernest. *O capitalismo tardio*. Tradução de Carlos Eduardo Silveira Matos, Regis de Castro Andrade e Dinah de Abreu Azevedo. São Paulo: Abril Cultural, 1982. (Coleção Os Economistas).
MARTINS, Ives Gandra da Silva. *O Estado à luz da história, da filosofia e do direito*. São Paulo: Noeses, 2015.
MARX, Karl. *Crítica ao programa de Gotha*. Tradução de Rubens Enderle. São Paulo: Boitempo, 2012.
MARX, Karl. *Miséria da filosofia*. Tradução de J. Silva Dias e Maria Carvalho Torres. Porto: Escorpião, 1976.
MARX, Karl. *O capital*: crítica da economia política. Tradução de Regis Barbosa e Flávio R. Kothe. São Paulo: Victor Civita Editor, 1983. (Coleção Os Economistas).
MAZZUCATO, Mariana. *O Estado empreendedor*: desmascarando o mito do setor público *vs.* setor privado. Tradução de Elvira Serapicos. São Paulo: Portfolio-Penguin, 2014. *E-book*.
MAZZUCATO, Mariana. *O valor de tudo*: produção e apropriação na economia global. Tradução de Camilo Adorno e Odorico Leal. São Paulo: Portfolio-Penguin, 2018. *E-book*.
MCKINNON, Susan. *Genética neoliberal*: uma crítica antropológica da psicologia evolucionista. Tradução de Humberto do Amaral. São Paulo: Ubu, 2021.
MENGER, Karl. *Princípios de economia política*. Tradução de Luiz João Baraúna. São Paulo: Victor Civita Editor, 1983. (Coleção Os Economistas).
MERQUIOR, José Guilherme. *O argumento liberal*. São Paulo: É Realizações, 2019.
MERQUIOR, José Guilherme. *O liberalismo antigo e moderno*. 3. ed. Tradução de Henrique de Araújo Mesquita. São Paulo: É Realizações, 2014.
MILL, John Stuart. *A liberdade/utilitarismo*. Tradução de Eunice Ostrensky. São Paulo: Martins Fontes, 2000.
MILL, John Stuart. *A sujeição das mulheres*. São Paulo: LeBooks, 2019. *E-book*.
MILL, John Stuart. *Autobiografia*. New York: Sheba Blake, 2019. *E-book*.
MILL, John Stuart. *Princípios de economia política*: com algumas de suas aplicações à filosofia social. Tradução de W. J. Ashley. São Paulo: Abril Cultural, 1983. v. II.

MIROWSKI, Philip; PLEHWE, Dieter (org.). *The Road from Mont Pèlerin*: the making of the neoliberal thought collective. 2. ed. Cambridge: Harvard University Press, 2015. *E-book*.

MISES, Ludwig von. *Ação humana*: um tratado de economia. 2. ed. Tradução de Ana Parreira. Campinas: Vide Editorial, 2020.

MISES, Ludwig von. *As seis lições*. 9. ed. Tradução de Maria Luiza X. de A. Borges. São Paulo: LVM, 2018.

MISES, Ludwig von. *Crítica ao intervencionismo*: estudo sobre a política econômica e a ideologia atuais. Tradução de Arlette Franco. 3. ed. São Paulo: LVM, 2019.

MISES, Ludwig von. *Liberalismo*. Tradução de Haydn Coutinho Pimenta. São Paulo: Instituto Ludwig von Mises Brasil, 2010.

MISES, Ludwig von. *O livre mercado e seus inimigos*: pseudociência, socialismo e inflação. Tradução de Flavio Quintela. Campinas: Vide Editorial, 2017.

MONTESQUIEU. *O espírito das leis*. São Paulo: Victor Civita Editor, 1973. v. XXI. (Coleção Os Pensadores).

MOREL, Marco. *A revolução do Haiti e o Brasil escravagista*: o que não deve ser dito. Jundiaí: Paco, 2017.

NEGREIROS, Erica Paula Elias Vidal de. *Viver em Toritama é trabalhar*. 2010. Dissertação (Mestrado em Serviço Social) – Universidade Federal de Pernambuco, Recife, 2010. Disponível em: https://repositorio.ufpe.br/bitstream/. Acesso em: 6 jun. 2021.

NOZICK, Robert. *Anarquia, Estado e utopia*. Tradução de Fernando dos Santos. São Paulo: WMF Martins Fontes, 2018.

OBAMA, Barack. *Uma terra prometida*. Tradução de Berilo Vargas, Cássio de Arantes Leite, Denise Bottmann e Jorio Dauster. São Paulo: Companhia das Letras, 2020.

OLSON, Mancur. *A lógica da ação coletiva*. Tradução de Fábio Fernandez. São Paulo: Edusp, 2015.

ORTEGA Y GASSET, José. *A rebelião das massas*. Tradução de Felipe Denardi. Campinas: Vide Editorial, 2016.

PAIM, Antonio (org.). *Evolução histórica do liberalismo*. São Paulo: LVM, 2019.

PAIM, Antonio. *História do liberalismo brasileiro*. São Paulo: LVM, 2018.

PAINE, Thomas. *Senso comum*. Tradução de A. Della Nina. São Paulo: Victor Civita Editor, 1973. v. XXIX. (Coleção Os Pensadores).

PIKETTY, Thomas. *Capital e ideologia*. Tradução de Dorothée de Bruchard e Maria de Fátima Oliva do Couto. Rio de Janeiro: Intrínseca, 2020.

PIKETTY, Thomas. *Capital in the Twenty-First Century*. Tradução de Arthur Goldhammer. Londres: Cambridge, 2014.

PINKER, Steven. *O novo iluminismo*: em defesa da razão, da ciência e do humanismo. Tradução de Laura Teixeira Mota e Pedro Maia Soares. São Paulo: Companhia das Letras, 2018.

POLANYI, Karl. *A grande transformação*: as origens políticas e econômicas da nossa época. Tradução de Vera Ribeiro. Rio de Janeiro: Contraponto, 2021.

POPPER, Karl. *The open society and its enemies*. Princeton: Princeton University Press, 2020. E-book.

POULANTZAS, Nicos. *O Estado, o poder, o socialismo*. 2. ed. Tradução de Rita Lima. Rio de Janeiro: Graal, 1985.

QUEIROZ, Marcos. *Constitucionalismo brasileiro e Atlântico Negro*: a experiência constituinte de 1823 diante da Revolução Haitiana. 3. ed. Rio de Janeiro: Lumen Juris, 2021.

QUIRINO, Célia N. Galvão. Introdução. *In*: CONSTANT, Benjamin. *Escritos de política*. São Paulo: Martins Fontes, 2005.

RAWLS, John. *A theory of justice*. Cambridge: Harvard University Press, 1971.

RAWLS, John. *O liberalismo político*. Tradução de Álvaro de Vita. São Paulo: WMF Martins Fontes, 2020.

REALE, Miguel. *Pluralismo e liberdade*. São Paulo: Saraiva, 1963.

RESENDE, André Lara. *Juros, moeda e ortodoxia*. São Paulo: Portfolio-Penguin, 2017.

ROCHA, Camila. *Menos Marx, mais Mises*: o liberalismo e a nova direita no Brasil. São Paulo: Todavia, 2021.

RODRIGUES, Pedro Henrique Belchior. *O maestro do mundo*: Heitor Villa-Lobos (1887-1959) e a diplomacia musical brasileira. 2019. Tese (Doutorado em História) – Universidade Federal Fluminense, Niterói, 2019. Disponível em: https://www.historia.uff.br/stricto/td/2110.pdf. Acesso em: 15 jul. 2021.

ROTHBARD, Murray N. *A grande depressão americana*. Tradução de Pedro Sette-Câmara. São Paulo: Instituto Ludwig von Mises Brasil, 2012.

ROTHBARD, Murray N. *Anatomia do Estado*. Tradução de Paulo Polzonoff. São Paulo: LVM, 2018.

ROTHBARD, Murray N. *Esquerda & Direita*: perspectiva para a liberdade. Tradução de Alexandre S. Campinas: Vide Editorial, 2016.

ROTHBARD, Murray N. *Governo e mercado*. Tradução de Márcia Xavier de Brito e Alessandra Lass. São Paulo: Instituto Ludwig von Mises Brasil, 2012.

ROTHBARD, Murray N. *La ética de la libertad*. 2. ed. Tradução de Marciano Villanueva Salas. Madrid: Unión Editorial, 2009. *E-book*.

ROTHBARD, Murray N. *O manifesto libertário*: por uma nova liberdade. Tradução de Rafael de Sales Azevedo. São Paulo: Instituto Ludwig von Mises Brasil, 2013.

ROUANET, Sérgio Paulo. Merquior: obra política, filosófica e literária – posfácio. *In*: MERQUIOR, José Guilherme de. *O liberalismo antigo e moderno*. 3. ed. Tradução de Henrique de Araújo Mesquita. São Paulo: É Realizações, 2014.

ROUSSEAU, Jean-Jacques. *Do contrato social*. Tradução de Lourdes Santos Machado. São Paulo: Victor Civita Editor, 1973. v. XXIV. (Coleção Os Pensadores).

SAFATLE, Claudia; BORGES, João; OLIVEIRA, Ribamar. *Anatomia de um desastre*: os bastidores da crise econômica que mergulhou o país na pior recessão de sua história. São Paulo: Portfolio-Penguin, 2016.

SALOMÃO, Ivan Colangelo (org.). *Os homens do cofre*: o que pensavam os ministros da Fazenda do Brasil Republicano (1889-1985). São Paulo: Unesp, 2021.

SANDEL, Michael J. *A tirania do mérito*: o que aconteceu com o bem comum? Tradução de Bhuvi Libanio. 2. ed. Rio de Janeiro: Civilização Brasileira, 2020.

SANTA CRUZ, André. *Os fundamentos contra o antitruste*. Rio de Janeiro: Forense, 2015.

SANTOS, Sales Augusto dos. *O sistema de cotas para negros da UnB*. Jundiaí: Paco, 2015.

SAY, Jean-Baptiste. *Tratado de economia política*. Tradução de Balthazar Barbosa Filho. São Paulo: Abril Cultural, 1983. (Coleção Os Economistas).

SCHALLENMÜLLER, Christian Jecov. Prefácio. *In*: CONSTANT, Benjamin. *A liberdade dos antigos comparada à dos modernos*. Tradução de Leandro Cardoso Marques da Silva. São Paulo: Edipro, 2019.

SCHEIDEL, Walter. *A violência e a história da desigualdade*: da Idade da Pedra ao século XXI. Tradução de Jaime Araújo. Lisboa: Edições 70, 2018.

SCHUMPETER, Joseph. *A teoria do desenvolvimento econômico*. Tradução de Maria Sílvia Possas. São Paulo: Abril Cultural, 1982. (Coleção Os Economistas).

SCHUMPETER, Joseph. *History of economic analysis*. New York: Oxford Press, 1954.

SCHWARCZ, Lilia Moritz. *As barbas do imperador*: D. Pedro II, um monarca nos trópicos. São Paulo: Companhia das Letras, 1998.

SCHWARCZ, Lilia Moritz; STARLING, Heloisa. *Brasil*: uma biografia. São Paulo: Companhia das Letras, 2015.

SEBRAE. *Estudo Econômico das Indústrias de Confecções de Toritama/PE*. Sebrae, 2019. Disponível em: https://www.sebrae.com.br. Acesso em: 19 nov. 2021.

SEN, Amartya. *Development as freedom*. New York: Anchor, 2000.

SEN, Amartya. *On ethics and economics*. Malden: Blackwell Pub., 2009.

SEN, Amartya. *The idea of justice*. Cambridge: The Belknap Press of Harvard University Press, 2009.

SILVA, Costa. *A África e os africanos na história e nos mitos*. Rio de Janeiro: Nova Fronteira, 2021.

SMITH, Adam. *A riqueza das nações*. Tradução de Alexandre Amaral Rodrigues e Eunice Ostrensky. São Paulo: WMF Martins Fontes, 2016.

SMITH, Adam. *Teoria dos sentimentos morais*. 2. ed. Tradução de Lya Luft. São Paulo: WMF Martins Fontes, 2015.

SOLJENÍTSYN, Alexander. *Arquipélago Gulag*: um experimento de investigação artística 1918-1956. Tradução de Lucas Simone com Irineu Franco Perpétuo, Francisco de Araújo, Odomiro Fonseca e Rafael Bonavina. São Paulo: Carambaia, 2019.

SOTO, Jesús Huerta de. *A escola austríaca*: mercado e criatividade empresarial. 2. ed. Tradução de André Azevedo Alves. São Paulo: Instituto Ludwig von Mises Brasil, 2010.

STIGLER, George. The economic theory of regulation. *Beel Journal of Economics and Management Science*, v. 2, n. 1, 1971.

STIGLITZ, Joseph E. *Os exuberantes anos 90*: uma nova interpretação da década mais próspera da história. Tradução de Sylvia Maria S. Cristovão dos Santos, Dante Mendes Aldrighi, José Francisco de Lima Gonçalves e Roberto Mazzer Neto. São Paulo: Companhia das Letras, 2003.

STIGLITZ, Joseph E. *The price of inequality*. Londres: Penguin Books, [201-]. E-book.

TAPINO, Georges. Prefácio. *In*: SAY, Jean-Baptiste. *Tratado de economia política*. Tradução do Prefácio de Rita Valente Correia Guedes. São Paulo: Abril Cultural, 1983. (Coleção Os Economistas).

THE ENCYCLOPAEDIA BRITANNICA. 11. ed. Cambridge: Cambridge University Press, 1910, v. XI.

THEODORO, Mario. Desigualdade racial e políticas públicas no Brasil. *In*: SILVÉRIO, Valter Roberto (org.). *As cotas para negros no tribunal*: a audiência pública no STF. São Carlos: EdUFSCar, 2012.

TOCQUEVILLE, Alexis de. *A democracia na América*. São Paulo: Victor Civita, 1973, v. XXIX. (Coleção Os Pensadores).

TOCQUEVILLE, Alexis de. Ensaio sobre o pauperismo. *In*: REIS, Helena Esser dos (org.). *Democracia e miséria*. Tradução de Helena Esser dos Reis. São Paulo: Almedina, 2020.

TOCQUEVILLE, Alexis de. *O Antigo Regime e a Revolução*. Tradução de Francisco C. Weffort. São Paulo: Victor Civita Editor, 1973. v. XXIX. (Coleção Os Pensadores).

TOLSTÓI, Leon. *O que é arte?* Tradução de Bete Torii. 4. ed. Rio de Janeiro: Nova Fronteira, 2019.

TRÓTSKI, Leon. A agonia do capitalismo e as tarefas da IV Internacional. *In*: LÊNIN, Vladimir I.; TRÓTSKI, Leon. *A questão do programa*. Tradução de Francisco Solano. São Paulo: Kairós, 1979.

VOLKOGONOV, Dmitri. *Stálin*: triunfo e tragédia. Tradução de Joubert de Oliveira Brízida. 5. reimpr. Rio de Janeiro: Nova Fronteira, 2004.

WALRAS, Léon. *Compêndio dos elementos de economia política pura*. Tradução de João Guilherme Vargas Netto. São Paulo: Victor Civita Editor, 1983. (Coleção Os Economistas).

WAPSHOTT, Nicholas. *Keynes x Hayek*: as origens e a herança do maior duelo econômico da história. 4. ed. Tradução de Ana Maria Mandim. Rio de Janeiro: Record, 2020.

WEBER, Max. *Economia e società*. Tradução de Tullio Bagiotti, Franco Casabianca e Pietro Rossi. Milão: Edizioni di comunità, 1981.

WILLIAMS, Eric. *Capitalismo e escravidão*. Tradução de Denise Bottmann. São Paulo: Companhia das Letras, 2012.

WILSON, Edmund. *Rumo à estação Finlândia*: escritores e atores da história. Tradução de Paulo Henriques Britto. São Paulo: Companhia das Letras, 1986.

WOODS JUNIOR, Thomas E. *Meltdown*: a free-market look at why the stock market collapsed, the economy tanked, and government bailouts sill make things worse. Washington: Regnery Pub., 2009.

WOODS JUNIOR, Thomas E. *Dissidente*: um economista na contramão das ideias permitidas. Tradução de Paulo Polzonoff Júnior. Santos: Simonsen, 2017.

ZAHY Guajajara. *Aiku'ẽ zepè (Ainda r-existo)*. Vídeo dirigido por Mariana Villas-Bôas, 2021.

ZUBOFF, Soshana. *The age of surveillance capitalim*: the fight for a human future at a new frontier of power. New York: PublicAffairs, 2020. *E-book*.

GRÁFICA PAYM
Tel. [11] 4392-3344
paym@graficapaym.com.br